ChatGPT 시대
탁월성 교육

우리 아이 탁월성
살리기 프로젝트

교육의 패러다임을 바꿀 가장 좋은 기회

인공지능 시대 교육 지침서

ChatGPT 시대
탁월성 교육

진정용 지음

좋은땅

아이들의 탁월성을 위하여

'아레테(arete)'라는 말이 있습니다. 고대 그리스 철학자 아리스토텔레스가 강조한 개념으로 그리스어로 처음 등장했을 때 '도덕적 미덕'을 의미했지만 궁극적으로는 목적이나 기능의 성취, 즉 인간의 잠재력을 최대한 발휘하는 개념인 '탁월성'을 뜻하는 말입니다. 아리스토텔레스는 모든 사물은 존재 가치가 있다고 믿었습니다. 그것은 바로 자신의 탁월성을 실현하며 사는 것입니다. 그렇습니다. 인간이 동물보다 나은 이유는 생존을 넘어 그 이상의 가치를 추구하기 때문입니다. 한마디로 자기다움의 탁월성을 실현하기 위해 존재하는 것이 인간의 궁극적인 목표이자 행복입니다.

학생들이 의욕 없이 학교에 등교하는 모습을 보면, 마치 바람 부는 날 하늘 위로 둥둥 떠다니는 검은 비닐봉지 같다는 느낌이 듭니다. 아이들마다 각자의 탁월성이 있는데 우리의 학교 교육은 많이 변했다고는 하지만 탁월성을 살리는 교육이 아닙니다. 여전히 표준화된 교육 방식으로 각자의 타고난 기질과 재능을 무시한 채 오로지 평균이라는 틀 안에서만 아이들을 평가하고 제한하고 있습니다. 이러한 교육 방식은 천재로 태어난 아이들을 평범한 아이로 만들어 내는 교육입니다.

시대가 급변화하고 있습니다. 지난해 11월 미국의 인공지능 연구재단인 오픈AI가 처음으로 공개한 ChatGPT(Chat Generative Pre-trained Transformer)는 공개 직후 전 세계적인 관심을 받아 출시 2개월 만에 1억 명 이상이 사용하면서 폭발적인 반응으로 주목받고 있습니다. ChatGPT는 질문을 통해 인터넷에 있는 방대한 양의 정보를 요약해서 알려 주는 인공지능 알고리즘입니다. ChatGPT와 같은 인공지능 기술의 등장으로 인해 앞으로의 세상은 인공지능 시대로 진입할 가능성이 큽니다. 이제 인공지능 기술은 더 많은 분야에서 활용되며 우리의 일상과 사회 구조에 큰 영향을 미칠 것으로 예상됩니다.

이러한 AI 시대 교육의 패러다임을 바꿀 가장 좋은 기회입니다. 디지털 대전환으로 많은 것들이 변화하고 있습니다. 이제는 사회가 지식 습득에 대한 중요성을 떨어뜨리고 있는 현실에 직면했습니다. 더 이상의 입시 위주의 교육 방식이 아니라 아이들의 탁월성이 발휘될 수 있는 역량 중심의 교육으로 전환돼야 합니다. 이를 위해 학교, 선생님, 학생, 학부모 모두가 교육에 대한 근본 패러다임이 바뀌어야 합니다.

정답은 AI가 더 정확하고 잘 맞출 수 있습니다. AI 시대에서는 어떻게 생각하고 '질문'하느냐가 더 중요합니다. 질문을 통해서 자신에게 필요한 정보가 무엇인지 찾아내고, 그것을 자기 분야에 맞게 재구성해서 새로운 가치를 창출할 수 있어야 합니다. 이러한 정보를 활용하기 위해서는 창의력과 비판적인 사고력이 요구됩니다. 또한 인간만이 가지고 있는 공감과 소통 그리고 인성이 무엇보다 중요한 시대입니다. 이러한 역량이 발휘되기 위해서는 무엇보다 자기만의 탁월성이 무엇인지 알고 개발해야 합니다.

　모든 교육의 시작은 가정에서부터 시작됩니다. 이제는 20세기 교육 방식을 배운 학부모가 21세의 아이들을 가르치는 시대가 아닙니다. 학부모가 먼저 변화하는 시대의 흐름을 파악하고 이해하고 실천하고 노력해야 합니다. 그래야 아이들의 탁월성을 발견하고 실현할 수 있습니다. 부모가 강한 인내심으로 다른 사람의 평가에 휘둘리지 않는 굳건함으로 우리 아이가 좋아하고 잘하는 것이 무엇인지 발견해서 자기다움의 탁월성이 발휘될 수 있도록 아이들에게 조력자가 되어 줘야 합니다.

　교육을 영어로 하면 'education'이 됩니다. 이 어원은 라틴어 'e(밖으로)'와 'ducare(끌어내다)'의 합성어로 '밖으로 끌어낸다'의 의미를 갖고 있습니다. 이 어원에서처럼 인간은 선천적으로 무한한 잠재 능력을 가지고 태어납니다. 그래서 교육이란 인간 안에 존재하는 잠재 능력, 지식 등을 밖으로 끌어내는 것을 뜻합니다. 따라서 교사의 역할도 아이들에게 무엇을 가르치고 주입하는 것이 아니라 스스로 깨달을 수 있도록 도와주는 역할입니다. 가정에서부터 새로운 교육의 패러다임으로 탁월성 교육에 관심을 가졌으면 좋겠습니다.

　이 책에서는 '어떻게 하면 부모가 아이들이 가지고 태어난 탁월성이 발휘될 수 있을까'를 고민하면서 구체적으로 아이들의 탁월성을 이끌어 낼 수 있는 방법을 담았습니다. 1장에서는 4차 산업 시대에 대해 이야기하면서 19세기식 교육의 문제점과 4차 산업 시대 교육의 방향성을 이야기합니다. 2장에서는 아이들의 탁월성은 어디에서 오는가를 주제로 유전과 환경 동기 부여 등 다양한 논쟁거리를 다루었습니다. 3장에서는 아이들이 탁월성을 발휘하기 위해서는 무의식이 중요하다는 주제로 아이들의 무의식과 익숙한 무의식을 바꾸는 방법을 이야기합니다. 4장에서는 바야흐로 'ChatGPT' 시대 나만의 탁월성 개발하기라는 주제로 'ChatGPT' 시대 아이들에게 꼭 필요한 역량이 무엇인지를 설명합니다. 마지막 5장에서는 우리 아이 탁월성을 살리는 방법이라는 주제로 구체적으로 가정에서 아이들의 탁월성을 살리는 방법이 무엇인지 실천 방법을 이야기합니다.

미래학자, 리차드 벅민스터 풀러(Richard Buckminster Fuller) 박사에 따르면 모든 아이들은 천재로 태어난다고 합니다. 하지만 만 명 가운데 9,999명의 아이들이 부주의한 어른에 의해 순식간에 천재성이 박탈당합니다. 안타깝게도 대부분의 아이들이 어른들이 주는 자극 때문에 천재로 태어난 아이들이 평범한 존재로 전락합니다. 아리스토텔레스가 이야기했던 '아레테(arete)'의 실현에는 부모님들의 노력과 시간이 절대적으로 중요합니다. 때로는 실패할 수도 있습니다. 그럼에도 아이들을 향한 사랑의 마음을 담아 지속적인 자극과 실천을 한다면 분명 우리 아이들은 타고난 탁월성이 드러나고 발휘되면서 행복하게 인생을 살아갈 수 있을 거라 확신합니다. 이 책을 읽으면서 신성을 닮고 타고난 우리 아이들만의 탁월성이 무엇인지 발견할 수 있는 안목을 기르셨으면 좋겠습니다.

끝으로 하연이, 하윤이, 하린이를 탁월하게 교육하기 위해 언제나 칭찬, 축복, 격려의 말을 아끼지 않는 저의 존재 이유, 사랑하는 아내에게 감사의 뜻을 담아 마음을 전합니다.

2023년 12월
행복바이러스 연구실에서
세 아이의 아빠 진정용

차례

제1장

4차 산업 시대의 탁월성은 무엇인가

"지금은 4차 산업혁명 시대이다. 단순한 변화가 아니라 혁명이다. 이 용어가 맞는다고 하면 말이다. 혁명은 기존의 질서가 무너지고, 새로운 질서가 구축되는 시기다. 의사, 약사만 미래가 불투명한 것이 아니다. 4차 산업혁명은 모든 분야에 적용되는 개념이라 사회 전반에 걸쳐 변화가 일어날 것이다."

- 강명구 『아무도 알려주지 않은 4차 산업혁명 이야기』 -

4차 산업 시대란 무엇인가

"가장 개인적인 것이 가장 창의적인 것이다."

– 마틴 스콜세지 –

2016년 1월 20일 스위스 다보스에서 세계경제포럼이 개최되었습니다. 이날 클라우스 슈바프(Klaus cwab)는 제4차 산업 혁명이라는 키워드를 발표했고, 그 개념은 전 세계로 급속도록 퍼져 나가기 시작합니다. "제4차 산업 혁명은 단순히 기기와 시스템을 연결하고 스마트화하는 데 그치지 않고 훨씬 넓은 범주까지 아우른다. 유전자 염기 서열 분석에서 나노 기술, 재생 가능 에너지에서 퀀텀 컴퓨팅까지 다양한 분야에서 거대한 약진이 동시다발적으로 일어나고 있다. 이 모든 기술이 융합하여 물리적 영역, 디지털 영역, 생물 영역이 상호 교류하는 제4차 산업 혁명은 종전의 그 어떤 혁명과도 근본적으로 궤를 달리한다."[1]

세계에서 처음으로 등장한 4차 산업 혁명에 대한 개념입니다. 우리나라에서도 한국정보통신학회에서 4차 산업 혁명을 다음과 같이 정의했습

---

1 제4차 산업 혁명은 세계경제포럼의 창시자인 클라우스 슈바프(Klaus Schwab)가 2015년에 포린어페어의 기고글을 통해 주장한 개념이다. 2016년 1월 20일 스위스 다보스에서 열린 세계경제포럼에서도 슈바프 스스로가 키워드로 또 제시하여 그 개념이 퍼져 나갔다.

니다. "인공지능, 사물인터넷, 빅 데이터, 모바일 등 첨단 정보통신기술이 경제·사회 전반에 융합되어 혁신적인 변화가 나타나는 차세대 산업 혁명. 인공지능, 사물인터넷, 클라우드 컴퓨팅(cloud computing), 빅 데이터, 모바일 등 지능정보기술이 기존 산업과 서비스에 융합되거나 3D 프린팅, 로봇공학, 생명공학, 나노기술 등 여러 분야의 신기술과 결합되어 실세계 모든 제품·서비스를 네트워크로 연결하고 사물을 지능화한다."[2]

내겐 너무 모호한 4차 산업 혁명

　제4차 산업 혁명은 정보통신 기술(ICT)의 융합으로 이루어지는 차세대 산업 혁명인 것은 분명합니다. 빅 데이터 분석, 인공지능, 로봇공학, 사물인터넷, 무인 운송 수단(무인 항공기, 무인 자동차), 3차원 인쇄, 나노 기술과 같은 새로운 기술의 혁신이라는 것도 알겠지만, 기술적인 전문 용어가 등장하고 한 번도 경험해 보지 않은 세계들이기 때문에 전공 지식이 전무한 상태에서 4차 산업 혁명의 뜻을 완전히 이해한다는 건 마치 외계어를 해석하는 느낌입니다. 그렇다면 4차 산업 혁명이 한마디로 무엇일까요? 우리는 귀가 따갑도록 들어는 봤지만 도대체 무엇을 의미하는지 한마디로 정의 내리기가 어렵습니다. 4차 산업 혁명이 무엇인지 알기 위해 자료를 찾고, 연구하던 중 우연히 강명구 선생님이 쓴 『아무도 알려주지 않은 4차 산업혁명 이야기』[3]라는 책을 읽게 되었습니다. 이 책을 읽으면서 조금씩 4차 산업 혁명의 본질이 무엇인지에 이해하게 되었습니다.

---

2 IT 용어사전: 제4차 산업혁명, 한국정보통신기술협회, 2017.
3 『아무도 알려주지 않은 4차 산업혁명 이야기』, 강명구 저, (주)키출판사, 2018.

제1차 산업 혁명

먼저 4차 산업 혁명이 무엇인지 알기 위해서는 과거 산업 혁명 시대에서 왜 4차 산업 혁명이 나올 수밖에 없었는지에 대한 시대적인 맥락을 이해해야 합니다. 그래야 4차 산업 혁명의 본질을 이해할 수 있습니다. 제1차 산업 혁명은 유럽 특히 영국을 중심으로 1760년에서 1820년 사이에 걸쳐 일어났습니다. 면화를 중심으로 의복에 대한 수요가 급격히 늘어나면서 이를 대응하기 위해 방적기, 방직기 같은 기계가 발명되었고 증기 기관과 연결되면서 인간의 노동력으로 충당했던 가내수공업 시대가 끝나고 기계가 대체하는 공장 시대를 열었습니다. 한마디로 **기계 혁명**입니다. 이러한 기계 혁명으로 농경 사회에서 도시화로 급격히 전환되었습니다. 이러한 시대 철강 산업은 증기의 발명으로 핵심적인 역할을 수행했습니다. 이후 증기자동차, 증기선, 증기기관차 등 교통수단의 새로운 혁명을 가져다주었으며 물류와 유통의 혁신적인 변화가 일어났습니다. 바로 이것이 제1차 산업 혁명입니다.

제2차 산업 혁명

제2차 산업 혁명은 학자들마다 견해가 조금씩 다르지만 대략 1차 세계 대전 직전인 1870년에서 1914년 사이에 일어났습니다. 가장 큰 핵심 키워드가 **전기의 발명**입니다. 전기가 발명 되면서 산업화의 속도는 더욱 가속화됩니다. 전력을 사용하면서 모든 산업 시스템이 전기를 중심으로 재편됩니다. 전기모터, 전화, 전구, 축음기 및 내연 기관이 개발되고 내연 기관이 개발되면서 자동차 시장에도 다시 한번 혁신이 일어납니다. 바로 미국의 포드 자동차를 중심으로 컨베이어 벨트 시스템이 도입됩니다. 바야흐로 포드 방식의 대량 생산의 시대가 열렸습니다.

제3차 산업 혁명

1960년대 컴퓨터가 발명되면서 인터넷이라는 **정보 통신의 혁명**이 시작되었습니다. 제3차 산업 혁명이라는 용어는 2011년 제러미 리프킨의 책 『3차 산업혁명』[4]을 통해 대중화되었지만 리프킨 이전에도 1980년대부터 앨빈 토플러의 책 『제3의 물결』[5]에서도 비슷한 개념이 발표되었습니다. 중요한 건 컴퓨터의 발명으로 이전에 없었던 정보 공유 방식이 생기면서 정보 기술이 발달하기 시작했다는 것입니다. 이러한 정보 기술의 발달은 수많은 사람들에게 서로 정보를 교환하는 방식이 그 이전보다 압도적으로 편리하게 만들었다는 것이 가장 큰 제3차 산업 혁명의 특징입니다.

산업 사회의 특징

이러한 1, 2, 3차 산업 혁명의 가장 큰 특징은 인간의 노동력을 기계가 대신해 준다는 것이었고 기계의 발명으로 인간은 힘든 노동력을 줄일 수 있었습니다. 석유와 전기 자동차가 발명되었고, 공장이 생기기 시작했으며, 대량 생산이 가능해졌습니다. 이러한 산업화 덕분에 인류는 풍요로운 혜택을 누릴 수 있었습니다. 시간이 지날수록 산업 사회는 점점 효율

---

4 『3차 산업혁명』, 제레미 리프킨, 민음사, 2012.
5 『제3의 물결』, 앨빈 토플러, 홍신문화사, 2006.

과 속도가 중요해졌고 보다 빨리 많이 생산하는 것이 산업화 시대의 중요한 목표였습니다. 이러한 목표를 달성하기 위해 규격화된 표준을 만들었고, 분업화는 생산성을 더 높여 주었습니다. 개인의 개성보다는 사회가 정해 준 표준이 기준이었고, 조직의 위계질서에 따라 모든 것이 획일화된 사회였습니다. 이러한 과정에서 생산 시스템을 독점한 자본가들이 등장했으며 컴퓨터가 개발되고 인터넷 정보 통신 혁명이 시작되었지만 본질은 산업화 시대와 비슷했습니다. 여전히 중앙 집권적이고, 폐쇄적인 독점 시스템으로 이윤을 추구하는 집단은 대기업과 시스템을 장악한 집단만이 부를 누릴 수 있었습니다. 물론 인터넷이라는 혁신적인 기술 덕분에 개인의 개별성과 익명성이 보장되고, 권력이 분산되었지만, 실제적인 경제 구조는 독과점과 폐쇄적인 운영 방식으로 기업주나 대기업 정부가 권력이 주류인 사회였습니다.

제4차 산업 혁명

2009년 애플에서 처음으로 아이폰이 출시됩니다. 그리고 한국에서는 2010년 삼성에서 갤럭시 스마트폰이 출시되면서 정보 통신 기술이 급속도로 달라지기 시작합니다. 스마트폰의 등장으로 미디어의 환경도 달라지기 시작했습니다. 이제는 더 이상 지상파라는 방송과 신문이라는 미디어를 통해 개인의 생각을 통제할 수 없게 되었습니다. 더 이상 유사한 생각을 가진 사람들을 대량으로 복제 생산할 수 있는 사회가 아닙니다. 정보에 대한 선택권이 거대한 권력이라는 시스템에서 개인으로 넘어갔습니다. 미디어의 주도권이 중앙에서 개인으로 넘어간 시대에 살고 있습니다. 사람들은 더 이상 같은 콘텐츠를 보지 않고, 시스템이 인간의 생각을 통제하지 않기 때문에 각자의 인식이 개별화되면서 개인 내면의 욕구가 반영되기 시작했습니다. 이것이 바로 4차 산업 혁명의 시작입니다.

4차 산업 혁명 시대는 미래 사회의 방향성이다

산업화 시대에서는 인간에게 물질적인 풍요로움이라는 혜택을 주었지만 빈익빈 부익부라는 '양극화' 문제로 사회적 갈등을 증폭시켰고, 인간의 정신적인 빈곤을 가속화시켰습니다. 개인보다는 우리, 조직, 국가가 먼저인 사회였습니다. 그러다 보니 점점 인간 내면의 욕구를 채워 줄 수 있는 새로운 돌파구가 필요했습니다. 내가 하는 일의 의미에 대해 묻기 시작했고 자기다움의 정체성이 무엇인지 고민하기 시작했습니다. 디지털 기술의 발달은 결핍된 인간의 욕구를 채워 줄 수 있는 새로운 수단이 되었습니다. 개인 미디어를 통해 점점 새로운 사회 질서가 만들어졌고, 이전과는 다른 원리가 사회에 작동되기 시작했습니다. 개인 맞춤과 개방성을 지향하는 새로운 패러다임이 시작됐습니다. 소수에 의한 독점 방식이 다양한 사람들과 공유하기 시작했고, 획일화는 다양성으로 바뀌었고, 중앙 집권은 분권형으로 사회가 재편되었습니다. 4차 산업 혁명의 본질은 중앙의 시대에서 개인의 시대가 왔다는 것을 의미합니다. 이러한 혁명이 바로 4차 산업 혁명입니다. 4차 산업 혁명은 한마디로 미래 사회의 방향성입니다.

가장 개인적인 것이 가장 창의적이다

이러한 시대에서 가장 중요한 교육적 가치는 바로 아이들의 고유한 탁월성을 살려 줄 수 있는 자기다움의 교육입니다. "가장 개인적인 것이 가장 창의적이다."라는 말처럼 아이들마다 가지고 있는 개별성과 자기다움에 집중할 때 탁월성이 발휘될 수 있습니다. 교육의 목표는 시대의 흐름을 반영합니다. 이제는 더 이상 지식 위주의 획일적인 교육이 중요한 시대가 아닙니다. 만약 모르는 지식이 있다면 인터넷이나 AI에게 물어보면 문제가 해결됩니다. 더 이상 표준화된 지식을 주입식으로 머리에 넣는 교육이 아닌 아이들마다의 개별적인 자기다움에 집중해서 자기만의 탁월성이 발현될 수 있도록 어떻게 교육해야 하는지에 대한 고민이 필요합니다. 자기만의 탁월성이 무엇인지 찾아서 계발할 때 사회가 주목하는 인재가 될 수 있습니다. 사회적인 성공의 기준점도 달라졌습니다. 명문대 출신의 특정 전공의 엘리트들이 정해진 성공의 공식이 아닌 자기다움의 정체성을 찾으면서 개별적인 창의성에 열광하는 시대입니다. 좋은 학벌이 더 이상 성공의 보증 수표가 아닙니다. 명문대 출신이 한 직장에서 헌신하면서 평생 보장받는 종신 고용의 시대는 끝났습니다.

4차 산업 혁명 시대 뉴 엘리트

『뉴 엘리트』의 저자 엘표트르 펠릭스 그지바치는 말하고 있습니다. "이제 올드(old) 엘리트 시대는 저물고 뉴(new) 엘리트 시대가 도래했다. 올드 엘리트의 가치에 머물러 있지 말아야 한다."[6]고 주장하고 있습니다.

---

6 『뉴 엘리트』, 6-20p, 표트르 펠릭스 그지바치, 사과나무, 2020.

올드 엘리트 사람들의 사고방식은 '좋은 대학을 나와야 성공한다.', '대기업 직원이나 공무원이 되면 인생이 탄탄대로가 된다.', '팀에서 가장 잘하는 사람이 리더가 되어야 한다.', '고급 승용차와 명품 시계가 나의 성공을 증명해 준다.'라는 가치를 붙들고 있지만, 뉴 엘리트적 사고를 지향하는 사람들은 전혀 다른 가치와 행동 패턴으로 가르쳐야 한다고 역설합니다. '자녀가 14세에 창업한다면 지지해 준다.', '사회를 변화시키는 것에 보람을 느낀다.', '자신이 좀 손해를 보더라도 남을 위해 헌신한다.', '미니멀리즘을 지향한다.', '항상 새로운 배움으로 자신을 성장시킨다.', '기존의 룰(rule)을 따르기보다 새로운 흐름을 창조하고 새로운 원칙을 만든다.', '다양한 커뮤니티에 참여한다.'라는 새로운 가치와 기준입니다. 이제는 학벌이 아닌 개인의 창의성에 집중해야 합니다.

나만의 탁월성을 발견하라

대표적인 현상으로 유튜버 크리에이터들이 그렇습니다. 자신이 잘하고 좋아하는 것을 기반으로 콘텐츠를 만들어서 사람들과 공유하고 소통하고 있습니다. 엉클대도 대표이자 대도서관이라는 게임 유튜브를 운영하고 있는 나동현 씨는 1인 미디어 시장에서 큰 영향력을 행사합니다. 그는 고졸이지만 자신이 좋아하고 잘할 수 있는 탁월성을 발견해서 사람들과 소통했는데 그것이 사람들에게 인정받고 공감받으면서 성공한 유튜버로 유명합니다. 그는 크리에이터를 꿈꾸는 지망생들에게 성공의 비결에 대해 이렇게 이야기합니다. "내가 관심 있고, 잘할 수 있는 분야를 지속 가능한 콘셉트로 기획해서 꾸준히 업로드해 봐야 한다."[7] 이 말의 핵심은 자신이 잘할 수 있는 분야 즉 나만의 탁월성이 무엇인지 발견하고 찾는 것이 중요하다는 뜻입니다. 4차 산업 혁명 시대 이제는 누구나 하고 있는 분야에서의 넘버원이 아닌 온리 원의 방향성으로 자기만의 탁월성을 발견해서 창의성으로 연결하는 시대입니다.

---

7 『유튜브의 神』, 6p, 대도서관, 비즈니스북스, 2018.

〈4차 산업 시대란 무엇인가 생각해 보기〉

4차 산업 혁명이란 한마디로 중앙의 시대에서 개인의 시대가 왔다는 것을 의미합니다. 바로 이것이 미래 사회의 방향성입니다. 이러한 시대에서 가장 중요한 교육적 가치는 개별적인 탁월성을 살려 줄 수 있는 자기다움의 교육이 중요합니다. '가장 개인적인 것이 가장 창의적'입니다. 4차 산업 시대 뉴 엘리트란 '자녀가 14세에 창업한다면 지지해 준다.', '사회를 변화시키는 것에 보람을 느낀다.', '자신이 좀 손해를 보더라도 남을 위해 헌신한다.', '미니멀리즘을 지향한다.', '항상 새로운 배움으로 자신을 성장시킨다.', '기존의 룰을 따르기보다 새로운 흐름을 창조하고 원칙을 만든다.', '다양한 커뮤니티에 참여한다.' 등 입니다. 이제는 학벌이 아닌 개인의 창의성에 집중해야 하는 시대입니다. 기존의 룰을 따르기보다는 우리 아이의 개별성에 집중해야 합니다. 우리 아이가 좋아하고 잘하는 것이 무엇인지 주목해야 합니다.

Q. 탁월성 교육을 위한 질문

1. 4차 산업은 미래 사회의 방향성입니다. 한마디로 앞으로의 사회에서는 학벌이 중요한 것이 아니라 개인의 탁월성에 주목하겠다는 의미입니다. 그렇다면 남들과 다른 우리 아이만의 개별성은 무엇인가요? 우리 아이만의 개별성이 무엇인지 생각해 봤으면 좋겠습니다.

2. 아이들의 탁월성을 발견하기 위해서는 처음부터 좋아하고 잘하는 것을 찾겠다는 생각을 내려놓고, 최대한 아이가 많은 경험을 쌓는 시간이 필요합니다. 평소 나는 아이들에게 어떤 교육의 방향성으로 교육하고 있는지 생각해 보셨으면 좋겠습니다.

3. 아이가 실행했던 작은 도전에도 칭찬해 주고 응원해 주세요. 성공 경험이 쌓여야 아이들은 성취감이 생기고, 자신감이 생겨 다음 도전도 두려워하지 않습니다. 지금까지 아이들이 했던 작은 성공 경험들은 무엇인가요?

2

평균주의에 대한 허상

"많은 사람들이 '평균적 인간'의 관점을 취하는 사고 경향에
곧잘 빠지는데 이는 조심해야 할 함정이다."

– 대니얼스 –

　토즈 로즈가 쓴 『평균의 종말』[8]이라는 책을 읽어 보면 아주 흥미로운 실험 몇 가지가 소개됩니다. 2002년 캘리포니아 대학교 샌타바버라 캠퍼스의 신경과학자였던 마이클 밀러는 fMRI(기능적 자기공명영상)를 이용해 16명의 참가자들에게 일련의 단어들을 보여 준 다음 앞에서 봤던 단어가 나올 때 마다 버튼을 누르게 하면서 좀 전에 봤던 단어인지 아닌지 판단하는 순간 뇌가 어떻게 작동하는지 일종의 뇌 활성화에 대한 디지털 지도를 만들기 위한 실험이었습니다. 이 실험을 통해 전형적인 인간의 뇌에서 언어기억에 관여하는 신경회로의 평균치를 알아보는데 중요한 자료가 될 것으로 예측했습니다. 그런데 놀랍게도 실험 결과 기대와는 달리 참가자들의 뇌는 평균적인 뇌와 완전히 달랐습니다. 어떤 참가자들은 오른쪽 뇌 영역이 활성화되었고, 앞쪽의 뇌가 활성화된 사람들도 있었고 뒤쪽 뇌가 활성화된 사람들도 있었습니다. 모든 참가자의 뇌 지도가

---

8 『평균의 종말』, 토드 로즈, 21세기북스, 2021.

비슷한 모양을 나타내지 않았습니다. 밀러는 혹시나 실험 장비에 기술적인 결함이 있었던 게 아닐까 불안한 마음에 두 달 뒤 똑같은 참가자들에게 같은 실험을 통해 뇌를 스캔했습니다. 결과는 동일했습니다. 이번에도 뇌 지도는 평균적인 뇌 지도와 큰 차이를 나타냈습니다. 그리고 이렇게 결론을 내렸습니다.

> "그 일로 저는 확신하게 됐습니다. 그런 식의 개개인별 기억 수행 패턴이 불규칙 잡음 같은 무작위 패턴이 아니라 개개인별로 나름의 체계를 띠는 패턴 같다고요. 말하자면 각 개인의 기억 시스템이 저마다 독특한 신경 패턴으로 이뤄져 있다는 확신이었죠. 하지만 제가 가장 놀랐던 부분은 따로 있었어요. 그런 패턴의 차이가 미묘하지 않고 현저하게 두드러진다는 점이었죠."[9]

밀러가 뇌 스캔 연구에서 밝혀 낸 사실은 단지 기억의 영역에만 국한된 것이 아니라 인간이 느끼는 감정과 인식, 심상에 대한 변화까지 사람마다 다르다라는 사실입니다. 다시 말해 평균치를 가지고 인간의 사고나 인식 인격에 대한 어떤 이론을 세우고 인간에게 적용할 경우 그 누구에게도 적용되지 않는 이론이 됩니다. 그러니까 수십 년 동안 신경과학계에서 정설처럼 믿었던 평균적인 뇌라는 것은 없다는 뜻입니다.

---

9 같은 책, 45p.

평균적인 사람은 없다

1950년대 미 오하이오주 소재의 라이트 공군 기지에서는 조종사들을 대상으로 엄지손가락 길이, 가랑이 높이(바닥면에서 가랑이 지점까지 수직 거리), 조종사의 눈과 귀 사이의 간격 등 140가지 항목의 치수를 측정합니다.[10] 이렇게 조종사의 신체 항목별 수치를 측정한 이유는 평균 치수를 산출해서 조종석이 보다 적합하게 설계돼 추락 사고의 확률을 줄이기 위함이었습니다. 조종사 4,063명의 치수를 재면서 축적된 자료를 토대로 키, 가슴둘레, 팔 길이 등 조종석 설계상 가장 연관성이 높다고 판단되는 10개 항목의 신체 치수에 대해 평균값을 냈습니다. 그리고 이러한 평균값을 바탕으로 평균적 조종사를 각 평균값과의 편차가 30퍼센트 이내인 사람으로 넓게 잡습니다. 예를 들면 자료상으로 구해진 평균 키를 약 175센티미터에서 약 180센티미터로 정한 다음 개개인의 수치를 평균적 조종사의 수치와 일일이 대조하는 방식이었습니다. 조종사들 대다수가 대부분의 치수에서 평균치에 들어갈 것으로 예상하는 분위기였습니다.

하지만 실제 값을 일람표로 작성해 보니 예상 밖의 결과가 나왔습니다. 0명이었습니다. 조사 대상 4,063명 중 10개 전 항목에서 평균치에 해당하는 사람은 단 한 명도 없었습니다. 어떤 조종사는 팔 길이가 평균치보다 길지만 다리 길이는 평균치보다 짧았고 어떤 조종사는 가슴둘레가 평균치보다 넓은 편이지만 엉덩이 둘레는 좁은 편으로 나타났습니다. 더욱 놀라운 사실은 10개 항목 가운데 임의로 3개 항목(목둘레, 허벅지 둘레, 허리둘레)만 골라서 비교해 본 결과에서도 3개의 전체 항목에서 평균

---

10 같은 책, 19p.

치에 드는 조종사의 비율이 채 3.5%도 안 됐습니다. 그리고 내린 결론은 '평균적인 조종사는 없다.'이었습니다.

다시 말해 평균적인 조종석을 설계해 봐야 어느 누구에게도 맞지 않는 조종석을 설계하는 셈입니다. 대니얼스는 1952년도 공군 기술 보고서에 '평균적 인간'이라는 제목으로 자신의 조사 결과를 발표합니다. 이 글을 통해 병사들의 임무 수행 환경의 설계 방식을 바꿔야 한다라는 주장을 펼치게 됩니다. 그리고 놀랍게도 미 공군 측에서는 대니얼스의 주장을 수용합니다. 조종석을 개개인 조종사에게 맞춰 설계하는 방식으로 차츰 개선됩니다. 이후 조절 가능한 시트를 설계했으며 조절 가능한 가속 페달을 만들어 내고 조절 가능한 헬멧 조임 끈과 비행복도 개발됩니다.

평균주의는 틀렸다

위 앞 두 사례에서 보는 것처럼 토즈 로즈는 평균직인 신체 치수는 없으며 평균적인 재능, 평균적인 지능, 평균적인 성격 같은 것은 없고 평균적인 학생이나 평균적인 직원 평균적 두뇌 역시 잘못된 과학적 상상이 빚어낸 허상에 불과하다고 주장하고 있습니다. 이러한 평균주의적인 사고방식은 교육에서도 마찬가지로 적용됩니다. 교육에서도 표준화된 점수를 만들어 놓고 학생들을 평가합니다. 평균 점수가 높은 아이 평균 이하인 아이로 합격과 불합격이라는 시스템을 만들어서 아이를 재단하고 규격화하고 있습니다.

저도 학창 시절 선생님으로부터 가장 많이 들었던 말 중 하나가 "반 평균 점수를 깎아 먹은 아이 누구야!"라는 질책을 많이 들었습니다. 이런 말을 많이 듣다 보니 학생 스스로가 '나는 반 평균 점수에도 미치지 못하는 아이로구나.'라는 열등감과 자괴감이 내면화된 채 살았습니다. 이러한 표준주의적인 사고방식은 학생들의 성장과 발전 가능성을 포착하지 못합니다. 항상 비교 의식으로 원천적인 잠재 가능성을 묵살시킵니다. 한 사람의 인격체를 오직 점수와 표준화된 시스템 안에서 비교하고 평가하고 분류하면서 평생 관리됩니다. 평균주의는 허위 정보를 제공하기 때문에 한 개인이 가지고 있는 탁월성이나 잠재된 가능성을 알아보지 못하게 만드는 위험한 함정이 될 수 있습니다. 토즈 로즈가 지적했듯이 평균주의는 잘못된 과학적 허상이자 잘못된 통념이고 잘못된 이상입니다.

〈평균주의에 대한 허상 생각해 보기〉

우리가 지금까지 정설처럼 믿었던 평균적인 뇌는 없습니다. 평균적인 사람도 없습니다. 평균주의는 잘못된 신념입니다. 평균적인 재능, 평균적인 지능, 평균적인 성격은 잘못된 과학적 상상이 빚어낸 허상입니다. 무엇보다 교육에서의 평균주의적인 사고방식에서 벗어나야 합니다. 지금까지 우리의 교육은 표준화된 점수를 만들어 놓고 학생들을 평균이라는 틀에 가둬 놓고 평가했습니다. 아이의 재능을 재단하고 규격화했습니다. 이러한 평균주의적 사고방식은 우리 아이의 성장 가능성과 발전 가능성을 포착하지 못합니다.

Q. 탁월성 교육을 위한 질문

1. 가장 먼저 세상이 만든 평균주의라는 신념에서 벗어나야 합니다. 우리 아이만의 고유성이라는 관점에서 바라보세요. 남들과 다른 고유한 우리 아이의 장점이 무엇인지 주목해 보세요.

2. 우리나라 공교육에서 가르치는 표준화된 평가 방식에 함몰된 채 아이를 학업 지능에만 목표를 두는 건 시대를 역행하는 겁니다. 학업지능에만 목표를 둘 때 우리 아이도 학업지능에만 가치 부여합니다.

3. 나는 어떤 평균주의 기준을 가지고 우리 아이들을 바라보았나요? 부모가 중요하게 실행해야 할 역할은 가장 먼저 관점을 바꿔야 합니다. 우리 아이의 잠재력에 가치 부여하고 잠재력이 개발될 수 있도록 가정에서부터 칭찬, 격려, 축복, 문화를 만들어 보세요.

4. 학습 방법보다는 우리 아이의 성장 의욕부터 살리는 데 노력해 보세요. 아이들은 의욕이 생겨야 성취하고 싶은 마음이 생기고, 성취 경험이 쌓여야 아이가 성장합니다.

3

누가 평균주의를 만들었는가

"평균적인 사람은 아무도 없다."

– 토드 로즈 –

커틀레의 평균주의

그렇다면 이러한 평균주의는 과연 언제부터 시작되었을까요? 평균주의 역사에서 꼭 알아야 하는 한 사람이 있는데 바로 벨기에 사람이었던 커틀레(A. Quetelet, 1796~1874)라는 천문학자이자 사회과학자입니다. 이 사람은 통계학의 역사에서 반세기 동안 유럽의 통계를 지배했던 중요한 인물로 기록되고 있습니다. 이 사람의 가장 큰 업적은 이전까지는 천문학을 비롯한 다양한 수학적 이론을 과학이라는 한 가지 분야에서만 사용했지만 커틀레는 과학 분야인 천문학의 평균법을 차용해서 과학적인 방법으로 사회 현상을 설명하고 분석하는 데 적용한 최초의 사회과학자였습니다. 다시 말해 인간 행동과 사회 현상에 대한 연구를 과학적으로 증명한 최초의 사회 과학자였습니다.

커틀레가 남긴 것 중에서 통계학에서 가장 유명한 것이 바로 '평균인

28

(average man)'이라는 개념[11]입니다. 평균인이란 다양한 사람들로부터 측정한 신체적, 정신적인 특성들을 더해 평균을 내서 만든 사람을 지칭합니다. 원래 커틀레의 전공은 천문학이었습니다. 천문학자들은 주로 천체의 회전 속도를 계산해서 행성이나 혜성, 별과 같은 천체의 속도 값을 알아내서 천체가 망원경 렌즈상의 두 평행선 사이를 지나갈 때의 시간을 계산하고 앞으로의 경로를 예측하는 연구를 주로 했었는데 어느 날 이러한 측정 방식에 심각한 문제점이 있다는 것을 발견합니다. 10명의 천문학자들이 각자 같은 천체의 속도를 측정했는데 사람들마다 서로 다른 측정값이 나오면서 오류가 있다는 것을 발견합니다. 이러한 문제점 때문에 여러 명이 관찰한 측정값을 취합해서 하나의 평균값을 산출해 내는 방법을 택하게 됩니다. 왜냐하면 개별 측정값보다 전체 오류값은 평균 측정값을 통해 최소화할 수 있다고 믿었기 때문입니다.

바로 이러한 천문학의 평균법을 그대로 차용해서 사회 현상 속에 숨겨진 인간의 패턴을 연구했습니다. 시기적으로도 19세기에는 국가에서 월별 출생아 수, 사망자 수, 연간 수감되는 범죄자 수, 도시별 발병자 수 등 다양한 국민과 관련된 데이터를 일람표로 만들어서 발표하기 시작합니다. 하지만 당시의 과학자들은 다양한 데이터를 보면서도 자료가 뒤죽박죽 엉켜 있기 때문에 분석이 불가능했지만 커틀레는 천문학의 평균법이라는 것을 차용해서 응용합니다. 이러한 그의 단순한 발상에서 시작된 통계치의 연구는 사회적으로 일대의 변혁을 불러일으킵니다.

---

11 케틀레는 1835년의 논문에서 평균인의 개념을 도입하였다. 평균인의 개념은 "개개인을 많이 관찰하면 할수록, 일반적인 사실이 큰 영향을 미치게 되어 개개인의 특성은 신체적으로 또는 도덕적으로 사회에 종속하게 된다."는 것이다.

평균의 시대를 열다

1840년대 초 커틀레는 스코틀랜드 병사 5,738명의 가슴둘레 치수를 인치로 측정해서 기록한 일람표 자료를 근거로 분석을 시도합니다.[12] 각 측정값을 합산한 다음, 총 병사의 수로 나눠서 평균값을 구합니다. 예컨대 평균 가슴둘레 값이 39.75인치일 경우 이 병사는 합한 병사로서의 본질에 적합하다고 결론을 내립니다. 커틀레는 여기에 만족하지 않고 평균 키, 평균 체중, 평균 얼굴빛, 연간 평균 출산, 평균 빈곤 인간, 연간 평균 범죄 발생 건수, 평균 범죄 유형, 평균 교육 수준, 평균 자살률까지 계산합니다. 이러한 평균값을 구해서 유일한 참인간 평균적인 인간을 만들어 냅니다. 그리고 '이러한 평균적인 인간에서 벗어난 사람들은 불운한 개인이다.'라는 생각과 함께 혐오감을 가져오게 했습니다. 실제로 그는 사람들에게 자신의 연구 결과를 바탕으로 사람들에게 이러한 발언까지 하게 됩니다.

> "평균적인 인간의 비율 및 몸 상태와 다른 모든 측면은 무조건 기형과 질병에 해당될 소지가 있다. 간주된 비율이나 형태와 비슷하지 않을 뿐만 아니라 관측된 한계를 초과하는 모든 것은 기형에 해당할 소지가 있다."[13]

커틀레가 착안해 낸 이 평균적인 인간이라는 개념은 평균의 시대를 열었습니다. 인간의 고유성을 정형화하였고, 중산층을 만들어 냈으며, 군

---

12 같은 책, 54p.
13 같은 책, 58p.

대의 표준 설계 원칙이 세워졌습니다. 평균이 정상이 되면서 개개인은 오류가 되었습니다. 이처럼 과학적인 통계가 평균에 대한 정당성을 부여해 주면서 사회는 바야흐로 평균의 시대를 열게 되었습니다.

우생학의 탄생

프랜시스 골턴 경(Sir Francis Galton, FRS, 1822년 2월 16일~1911년 1월 17일)은 영국의 인류학자이자 우생학자입니다. 찰스 다윈이 그의 배다른 외사촌 형입니다. 그의 외사촌 형의 영향을 받아서인지 그는 유전학과 진화론에 관심이 많았으며 특히 유전학에 관심이 많았습니다. 그의 주장에 따르면 인류의 발전을 위해서는 부적격자의 탄생률을 확인해야 하고, 적격자의 탄생율을 높이기 위해서는 국가가 체계적인 노력을 해야한다고 주장했습니다. 이러한 골턴의 주장에 따라 실제로 1904년 런던 대학교에서는 '물리적, 정신적으로 후대의 종족의 질 향상을 위한 사회적 통제를 위한 연구'[14]라는 이름하에 우생학 연구를 지원합니다.

골턴은 인간은 스스로의 진화에 책임이 있다고 주장했는데 우생학이 형성되던 당시 인위 선택을 통해 동식물에서 원하는 형질을 선택적으로 강화하는 것을 착안해서 인간도 인위적으로 개선될 수 있으며 이는 문명화 발전에 중요한 토대가 될 것이라고 믿었습니다. 이러한 그의 신념은 유전학적으로 인간의 종 중에서 해가 되는 계층은 축소해야 하고, 이로운 계층은 증가시켜야 한다. 이를 위해 국가가 적극적으로 정책을 만들어야

---

14 위키백과, 프랜시스 골턴 참조.

한다며 주장하고 나서게 됩니다. 생존에 유리한 인간과 불리한 인간들의 비율을 적절하게 조절함으로써 인간의 열등한 유전 형질의 확산을 막을 수 있다는 논리였습니다.

골턴은 최하위 계층인 저능층에서부터 중간 계층인 평범층, 최상층인 우월층까지 14가지 계층으로 분류하였는데 이 분류는 커틀러의 평균이라는 정상의 개념을 평범함의 개념으로 바꾸어 놓게 됩니다. 골턴이 만든 통계법은 평균 이탈의 법칙을 적용해 개개인의 구분에서 가장 중요한 것은 평균보다 얼마나 우월한가와 얼마나 열등한가에 초점이 맞춰집니다. 이처럼 극단적이면서 단순한 그의 이론은 유전자의 상호 관계성까지 주장하는데 한마디로 '우월한 사람이 지적, 신체적, 도덕적 차원까지 모두 훌륭하다.'라는 주장까지 하게 됩니다.

> "통계 자료가 잘 보여 주고 있다시피 최고의 자질들은 대체로 상호 관계에 있다. 영국에서 판사, 주교, 정치인, 진보의 선도자가 된 이들을 한창 전성기 때 한 팀으로 짰다면 막강한 운동 팀이 됐을 것이다."[15]
>
> – 1909, 프랜시스 골턴 –

우생학의 영향
이러한 골턴의 영향으로 미국은 19세기 말부터 인종 문제로 큰 어려움

---

15 Francis Galton, Essays in Eugenics(London: The Eugenics Education Society, 1909).

을 겪게 됩니다. 원래 미국은 영국으로부터 독립할 때부터 흑인을 포함하고 있었으며 19세기 이후부터는 동부 남부 유럽인과 중국인, 일본인 등 이민자들까지 많았습니다. 하지만 미국의 정치적, 경제적인 권력을 가진 사람들 중 영국에서 이주해 온 주류 계층이 앵글로-색슨족이었는데 이들은 다른 이민자들의 수가 많아지자 서서히 자신들의 민족주의에 대한 정체성을 내세우면서 이민자들을 배척하기 시작했습니다. 흑인은 물론 아시아, 황인종, 심지어 백인이지만 앵글로-색슨족이 아닌 다른 유럽인들까지 순수 영국 혈통이 아니거나 다른 문화와 관습을 가지고 있는 종족들을 배척하기 시작했는데 특히 정신박약, 범죄, 매춘, 알코올 중독 등 사회문제 속에서 자연스럽게 인종주의적 우생학이 나타나기 시작했습니다.

1900년대 루스벨트 대통령은 하버드 대학교 재학 시절부터 인종주의적 편견을 가지고 있었는데 그는 대통령 취임 후 "미국의 성공은 앵글로-색슨족의 우월한 피 때문이다."[16]라는 식의 발언으로 인종주의를 드러내기까지 했습니다. 루스벨트의 절친한 친구였던 우생학자 그랜트 또한 새로운 이민자들과 미국 앵글로-색슨족의 혼혈은 생물학적 퇴화를 일으킬 것이라는 주장을 펼치며 인종주의적 이론을 퍼뜨리는 것에 일조하였으며 우생학을 미국 전체로 널리 확산시키는 데 큰 기여를 하였습니다. 그후 제1차 세계 대전을 겪은 미국인들은 '앵글로-색슨족이 전쟁에서 승리하기 위해서는 우월한 인종의 질을 더욱 향상시켜야 한다며 자신의 피에 다른 종족의 피가 섞이는 것은 인종의 퇴화다.'라는 생각에 인종주의적 우생학을 더욱 강화시켰습니다.

---

16 위키백과, 미국의 우생학 참조.

마침내 1924년에는 이민제한법이 통과되고 이러한 영향에 힘입어 우생학자들은 통계적인 방법을 이용하여 이민자들이 열등한 유전자를 가지고 있으며 이들의 빠른 수적 증가가 미국 사회에 악영향을 준다고 주장합니다. 그래서 이민제한법의 통과에 과학적 기초를 제공하게 됩니다. 이 시기 우생학은 더 발전하면서 인간의 가계도 연구, 우생학적으로 뛰어난 가족 선발 대회, 지능 검사들을 통해 더욱 활발히 전파되었으며 덕데일, 고더드 등의 우생학자들은 '칼리카크 가족'과 같은 가계도 연구를 통해 범죄, 사기, 매춘, 정신박약 등의 형질이 한 가족 내에서 계속 유전된다는 것을 주장하게 됩니다. 이 연구서들에서는 우생학적으로 열등한 가족과 우월한 가족의 도덕적, 신체적, 인종적 차이를 부각시키면서 우생학의 이론을 뒷받침했습니다. 이와 같은 연구와 집단주의 그리고 대규모 정책적인 지원을 받으면서 강제적인 불임 수술을 허가하는 법이 통과되었고 우생학적으로 열등하다고 지목된 이민자들은 불임 수술을 받게 됩니다.

우생학의 영향(독일)

독일의 우생학은 인종 위생학(Rassenhygiene)[17]이라고 불렸습니다. 1933년 히틀러의 나치의 집권 이후 인종 위생 운동은 흑인, 유대인, 동부 유럽인들을 인종적으로 열등하다고 구분하면서 정치적 운동으로 급속히 확산됩니다. 선천성 정신 질환, 조현병, 간질, 선천성 시각장애인, 심한

---

17 인종 위생(Racial hygiene)은 20세기 초기에 일어났던 우생학의 한 접근방식을 묘사하는 데 사용하는 용어이다. 이것은 나치 독일이 가장 광범위하게 실행했던 것이다. 이것은 잡혼(miscegenation)을 금하는 것을 포함하는데, 이것은 동물 교배 시 순종 교배만을 원칙으로 하는 것과 유사한 의미이다.

알코올 중독이 있는 사람을 대상으로 강제 불임법을 통과시켰으며, 1937년 모든 독일 유색 아동을 대상으로 확대해서 나치 말기까지 약 350,000명의 아동의 생식 능력을 제거했습니다.

1930년대 말 신체나 정신장애를 지니고 태어난 아동들을 학살하기 시작했는데 초기에는 3살 미만의 아동을 대상으로 하였으나 1941년엔 17살, 그리고 1943년에는 유대인을 비롯한 건강한 아동까지 포함했습니다. 자국민의 불구 아동을 대상으로 시작한 안락사 프로그램은 이렇게 그 대상 나이와 인종을 계속 확대해서 결국 타 인종의 건강한 성인을 대상으로 한 집단 학살까지 벌였습니다. 독일이 소련과 폴란드를 침공했을 때 수많은 유대인, 집시, 정신 질환자가 이러한 이유로 총살당하였고, 결국 강제 수용소에서 노동력이 없거나 병들거나 반사회적이라는 이유로 무고한 수백만 인명이 살인 가스로 대량 학살당하는 인류 역사상 유례없는 홀로코스트라는 참극[18]이 벌어지게 된 것입니다.

우생학의 영향(한국)

한국에서도 우생학의 영향을 받은 몇 가지 사례들이 있습니다. 일제 강점기 독일에서 유학한 의사인 이갑수가 1933년 조선우생협회를 창립하면서 독일의 우생학을 여러 차례 소개합니다. 1959년, 1964년에는 우생법 제정을 천주교의 반대로 실패하였으나, 현재의 모자보건법 14조 1항에는 우생법 항목이 들어가 있습니다. 1941년 치료약의 보급으로 한센

---

18 위키백과 독일의 우생학 참조.

병은 피부병으로 분류되었으나 국내에서는 전염병으로 알려지며 환자들은 격리 수용되었습니다. 전국적으로 한센병 환우들을 대상으로 강제 낙태가 시행되었고, 1992년까지 소록도에서는 한센병 환자들을 대상으로 강제 불임 시술이 행해졌습니다. 1996년까지 학술 연구가 아닌 한센병 환자들의 임신을 위협할 목적으로 낙태한 태아 표본들을 소록도 병원의 해부실에 비치[19]하였습니다.

우생학의 몰락

유전학이 발달하면서 '나쁜' 유전자가 모든 부적절한 형질을 유발한다는 생각은 거부되기 시작합니다. 유전학의 발전으로 어떤 형질이 수많은 유전자들에 의해 영향을 받을 수 있으며 환경도 유기체의 성장에 영향을 미칠 수 있다는 논리가 힘을 얻어 갔습니다. 우생학은 1930년경을 기점으로 사이비 과학으로 전락해 갔고, 우생학에 대한 비판도 거세졌습니다. 경제 대공황도 우생학의 쇠퇴 요인 가운데 하나로 작용했습니다. 대공황은 생물학적 차이의 중요성보다는 사회적 환경의 중요성에 대한 인식을 대중에게 각인시켜 주는 계기가 되었습니다. 즉 대공황과 그에 따른 사회적 고통은 대중에게 인간의 능력과는 무관하게 동일하게 감수해야만 하는 현실이었고, 이는 유전적 차이에 따른 인간의 서열화를 무시하는 사회 심리적 요인으로 작용했습니다. 하지만 우생학이 사회로부터 결정적으로 퇴출되게 된 이유는 무엇보다 나치의 홀로코스트 때문이었습니다. 나치에 의한 유대인 대학살은 대중에게나 우생학자들에게나 공포

---

19 위키백과 한국의 우생학 참조.

그 자체였고, 이는 우생학의 몰락을 가져왔습니다. 이제 인간을 유전적 차이에 따라 서열화하려는 시도는 거부되었고, 유전자 결정론에 대한 비판도 거세졌습니다.

평균적 인간과 우생학이 사회 문화적으로 준 영향

토즈 로즈의 견해에 따르면 인류는 커틀레의 평균적 인간이라는 개념이 1840년대 지성계를 사로잡았으며 1890년대에는 골턴의 우생학이 지성계를 매료시켰다[20]고 주장합니다. 그리고 이러한 관념은 사실상 사회 과학계와 행동과학계 전체에 침투하면서 인간의 행동을 규정하는 문화를 양산했습니다. 실제 제가 배웠던 한국의 공교육 현장에서도 커틀레의 평균적 인간이라는 개념이 적용되면서 표준화된 교수법과 평균 점수라는 용어가 생겨났고, 지금도 적용되고 있으며 앞으로도 완전히 사라지기란 시간이 많이 걸릴 것 같습니다. 골턴의 우생학은 다양한 형태로 변형되면서 인간을 계층화, 서열화, 양극화라는 사회 문제를 야기시켰습니다. 평균적인 인간은 잘못된 신념입니다. 커틀레의 단순한 발생에서 시작된 통계치 연구는 허구입니다. 산업화라는 시대 흐름 안에서 인간의 고유성을 정형화했습니다. 사회적으로 양극화라는 문제를 대두시켰으며, 중산층 문화를 양산했습니다. 인간을 이분법으로 바라보는 기준이 되었습니다. 이제는 평균적인 인간이라는 사고의 틀에서 벗어나야 합니다. 서로의 다름을 인정해 주고, 다양성에 초점을 맞춰서 각자의 재능과 역량이 무엇인지 주목해야 합니다. 각자의 고유성과 개별성이 무엇인지

---

20 『평균의 종말』, 66-67p, 토드 로즈, 21세기북스, 2021.

발견하고, 찾아야 하는 시대입니다. 세상에 평균적 인간은 없습니다.

〈누가 평균주의를 만들었는가 생각해 보기〉

커틀레의 평균법 연구는 사회적으로 일대의 변혁을 불러일으켰습니다. 평균적인 인간이라는 개념을 만들었고, 인간의 고유성을 정형화하였으며 중산층을 만들었습니다. 뿐만 아니라 군대의 표준 설계 원칙으로 세워졌습니다. 평균이 정상이 되는 시대가 되었습니다. 평균에 대한 정당성을 부여해 주면서 사회는 평균의 시대를 열게 되었습니다. 프랜시스 골턴은 우생학 연구를 통해 우월한 인간과 열등한 인간으로 분류했습니다. 그의 신념은 유전학적으로 인간의 인종 중에서 해가 되는 계층은 축소해야 하고, 이로운 계층은 증가시켜야 한다고 주장했습니다. 이러한 그의 연구는 우생학이라는 것을 만들었고, 인류 역사상 유례없는 홀로코스트라는 참극의 배경이 되었습니다. 사회적으로는 인간을 계층화, 서열화, 양극화라는 문제를 야기시켰습니다.

Q. 탁월성 교육을 위한 질문

1. 커틀레의 평균적인 인간에 대해 어떻게 생각하시나요? 평균적인 인간은 과연 세상에 존재할까요?
2. 아직까지 우리나라도 평균이 정상이 되는 시대에 살고 있습니다. 문제는 아이들도 평균을 내면화하고 있다는 사실이죠. 아이들에게 평균 이상의 가치에 목표를 두고 서로의 다름을 생각해 보셨으면 좋겠습니다.
3. 우리 사회에서의 계층화, 서열화에 대한 원인은 무엇이라고 생각하시나요? 그리고 이러한 문제를 해결할 수 있는 근본적인 교육은 무엇이라고 생각하시나요?

4

누가 표준화된 시스템을 만들었는가

"공교육의 목표는 계몽화가 아니다. 현재의 공교육은 가능한 한 많은 개개인들을 똑같은 안전 수준으로 강등시키고 표준화된 시민을 길러내고 훈련시키면서 반대 의견과 독창성을 억누르고 있을 뿐이다. 이는 미국뿐만이 아니라 (중략) 세계 전역에서의 공교육이 내세우고 있는 목표다."

– 헨리 루이스 멩켄(미국의 언론인) –

전 세계적으로 퍼져나간 테일러식 교육

1911년 프레더릭 테일러는 『과학적 관리법』[21]이라는 책을 세상에 내놓게 됩니다. 이 책에서 사람들은 왜 효율적이지 못한지에 대한 의문을 품고 어떻게 하면 이를 개선해서 효율성과 생산성을 극대화할 수 있는지에 대한 방법을 설명합니다. 그 후 이 책은 동시대 사람들에게 가장 영향력 있는 경영 지침서가 되었고 많은 산업 분야에서 조직의 경영 방식을 획기적으로 바꾸어 놓았습니다. 특히 고용주 입장에서 많은 돈을 절약하게 되었고 일을 누구나 할 수 있는 개별 과업으로 쪼개서 숙련된 전문가에게

---

21 과학적 관리법은 미국의 공학 기술자 프레더릭 테일러가 19세기 말부터 연구하고 발표한 이론이다.

높은 임금을 지불할 필요가 없게 되었습니다. 테일러의 과학적 관리론으로 세상은 일 처리하는 방식이 빠르게 변했습니다. 효율성을 떨어뜨리는 고객 맞춤형 방식은 사라지고 창의성보다는 누구나 쉽게 따라 할 수 있는 표준화된 매뉴얼을 만들어서 대량 생산 체계가 만들어졌습니다. 이러한 테일러의 책이 출간되고 정확하게 1년 후 교육계에도 새로운 패러다임이 불었습니다.

> "우리는 이런 사람들이나 이들의 아이들을 철학자나 학자나 과학자로 만들고 싶은 생각이 없다. 이들 가운데서 작가, 연설가, 시인, 또는 문인을 키우지 않을 것이다. 뛰어난 예술가, 화가 음악가의 배아를 찾지 않을 것이다.(중략) 변호사, 의사, 전도사, 정치인의 배아도 찾지 않을 것이다.(중략) 이런 일을 하는 사람들의 공급은 충분하다. 우리가 제시하는 과제는 아주 단순할 뿐더러 대단히 아름답다.(중략) 우리는 아이들을 작은 공동체로 조직해서 아이들의 아버지들과 어머니들이 불완전한 방식으로 하고 있는 일을 완전한 방식으로 하도록 가르칠 것이다."[22]

이 글을 읽어 보시면 아시겠지만 이 글의 취지는 미국 정규교육의 목적이 '평균의 학생을 위한 표준 교육'을 제공해야 한다는 테일러주의자들의 강력한 의지가 담겨 있습니다. 록펠러가 설립하고 후원하는 교육위원회에서는 근본적으로 교육의 목표가 시대에 필요한 노동력을 준비시키

---

22 Frederick T. Gates, "The Country School of To-Morrow", Occasional Papers 1(1913): 6-10.

는 교육을 시켜야 한다고 주장했습니다. 그래서 '높은 수준의 사고력이나 창의성보다는 산업 현장에서 필요한 일꾼을 준비시키는 과정으로 교육해야 한다.'고 생각했습니다. 재밌는 점은 지금 현재 우리나라에서의 교육과 비교해 봐도 별반 다르지 않게 느껴집니다. 우리나라의 교육 목표를 들여다봐도 대학은 취업 준비를 위한 교육인가 아니면 학문 탐구를 통해 진리를 깨닫고 자기만의 삶의 가치를 찾아가는 교육인가라는 질문이 생각났습니다. 답은 아직까지 논쟁거리로 남아 있습니다. 테일러주의가 확산되면서 교육계는 획일화된 교육 과정이 도입되기 시작했습니다. 표준화된 시험이 마련되었으며, 동일한 잣대로 학생들을 평가한 다음 등급이 매겨졌습니다. 대부분의 교육은 학교에서, 교실에서, 한 명의 교사와 다수의 학생들에게 일괄적으로 지식과 정보를 전달하는 방식으로 이루어졌습니다. 한마디로 테일러주의자들이 생각했던 교육의 목표는 평균의 학생을 위한 표준화 교육이 전부였습니다.

> "에드워드 손다이크(Edward L. Thorndike)가 승리하고 존 듀이(John Dewey)가 패배했다는 사실을 깨닫지 못하면 20세기 미국 교육사를 이해할 수 없다."[23]

존 듀이의 교육관 VS 에드워드 손다이크의 교육관

미국 교육의 아버지 존 듀이(John Dewey, 1859~1952)는 자신만의 신

---

23 이 말은 역사학자 엘런 라그만(Ellen Lagemann)의 말로 『언택트 교육의 미래』, 51p, 저스틴 라이시, 문예출판사, 2021, 인용.

념과 특별한 교육철학으로 진보적인 교육의 발전을 위해 노력했던 교육자였습니다. 당시 미국 교육은 주입식 교육이었는데 기존의 주입식 교육으로는 인간의 지적 성장이 힘들다고 판단했습니다. 교육의 진정한 본질은 주변 환경과 상호작용하는 가운데 문제를 해결할 수 있다는 교육철학으로 교사가 일방적으로 지식을 주입하는 교사 중심의 주입식 교육이 아닌 아동 중심 교육을 강조했습니다. 아동이 적극적인 학습자라는 생각에 바탕을 두고, 모든 교육의 초점을 학생들에게 맞추어야 한다고 생각하면서 교육에서 가장 중요한 것은 학생 자신의 경험이라고 생각했습니다. 그래서 효과적인 교육이란 학생들에게 일방적으로 지식을 주입하고 외우면서 이해시키는 것이 아니라 학생들에게 다양한 경험을 제공해 주고, 이를 통해 학생 스스로가 깨닫게 하는 데 참된 목표가 있다고 생각했습니다. 교육의 주체는 교사도 학교도 아닌 스스로의 경험을 통해 깨달아가는 학생 그 자신에 있다는 것이 존 듀이의 핵심 철학입니다.

반면 에드워드 테드 손다이크(Edward Lee "Ted" Thorndike, 1874~1849)는 존 듀이와는 반대로 학교 교육에서 표준화된 시스템으로 가르쳐야지만 좀 더 효율적으로 운영되고 관리될 수 있다고 주장했습니다. 모름지기 학교란 학생들의 재능에 따라 관리자형일지 근로자형일지, 탁월한 리더형일지 아니면 리더십이 없는 유형일지 효율적으로 정해 그에 따라 교육 자원을 제대로 배분해야 한다는 것이 손다이크의 교육관이었습니다. 또한 평등보다는 질이 더 중요하다고 생각해 우등생을 가려내서 지원하는 것이 모든 학생들에게 똑같은 교육 기회를 부여하는 것보다 중요하다고 여겼습니다. 그는 골턴의 계층이론을 옹호했던 학자였기 때문에 학습 속도가 빠른 뇌를 타고난 사람들은 학교에서만 성공하는 것이 아니라 삶에서도 성공할 수 있으며 반대로 우둔한 머리를 타고난 사람들은 학교에서도 공부를 못하고 평생 고생하면서 살게 된다라는 생물학적 학습이론을 주장하기도 했습니다.

손다이크는 교육 시스템의 모든 측면이 평균을 중심으로 표준화돼야 한다는 주장에 동의했는데 그 이유를 평균 중심의 표준화가 표준화된 결과를 보장해 줄 뿐만 아니라 학생 각자의 평균 편차에 대한 측정이 용이하고 그에 따라 누가 우등생이고 누가 열등생인지 구분하기 쉽기 때문이라고 생각했습니다. 그는 사회 시스템에 잘 맞는 평균적인 인간을 고용해야 비효율성을 최소화할 수 있다고 생각했습니다. 이러한 손다이크의 교육철학에 따라 미국의 공교육은 표준화된 분류 시스템으로 등급화되었고 전 세계적으로 퍼져 나갔으며 교육의 체계를 잡았습니다. 명문대학이라는 입학시험의 체계를 만들었고 이것이 오늘날까지 교육의 정석이 되어 지속되고 있습니다. 한마디로 손다이크는 테일러처럼 교육도 과학적으로 조직될 수 있었다고 믿었던 사람이었습니다. 그는 교육과 경제 모두 시스템을 위해 존재한다고 생각해 시스템에 잘 적응하는 인간을 걸러 내기 위해 '평균'이라는 개념을 채택했던 것입니다. 결국 존 듀이는 미국 교육의 역사에 있어 손다이크에게 패배했고, 테일러주의와 손다이크의 교육 정책의 영향으로 전 세계는 경제적 성과를 위한 효율성과 편의성, 평균주의 사회로 변해 갔습니다.

표준화된 시스템을 넘어

테일러주의와 손다이크의 표준화된 시스템은 동일한 기준을 만들어서 평가하고 측정했기 때문에 학생들을 단순히 이분법으로만 평가하는 문화를 낳았습니다. 학습에 문제 있는 학생과 학습에 문제없는 학생으로만 치부해 버립니다. 그래서 사회에서 학생들을 바라보는 시각도 공부를 잘하는 학생과 공부를 못하는 학생으로만 바라봅니다. 모든 학생은 타고난 기질과 성향 환경, 지적인 수준을 고려하지 않은 채 같은 내용과 같은 속도 같은 교수법으로 지도하고 평가합니다. 이렇게 만들어진 표준화된 지식 안에서 높은 점수를 받은 학생만이 박수 받는 시대입니다. 학교 교육의 역할은 표준화된 교과서 즉 국, 영, 수를 누가 잘하는지? 등급은 어떻게 받았는지? 평균 점수에서 성적은 얼마나 올랐는지? 배운 내용과 개념은 얼마나 잘 이해하고 추론해서 문제를 잘 풀었는가?로만 평가되고 취급받습니다. 학생들마다 학습 유형이 다르고, 학습 속도도 다르고 배우고 싶은 내용도 전부 다릅니다. 이러한 학습자의 잠재력이 무시되고 극히 제한된 영역만을 평가하기 때문에 개인의 개별성과 잠재가능성은 보지 못합니다. 오로지 표준화된 기준 안에서 상대적 위치를 선별해 내는 일이 학교 교육의 역할입니다.

이렇게 표준화된 교육을 받은 학생과 학부모는 미래 직업을 선택하거나 사회를 바라보는 기준도 표준화로 내면화된 채 살아갑니다. 직업에 대한 우열의 기준도 표준 서열에 따라 객관적으로 정해지고, 심지어 집, 자동차, 생활 수준까지 표준화로만 평가하고 비교와 우위 속에서 살아가기 때문에 양극화와 같은 사회적인 문제점들이 발생하고 있습니다. 이러한 교육은 마치 전혀 다른 소질과 재능이 있는 동물(코끼리, 펭귄, 다람쥐, 토끼, 사자, 독수리, 원숭이, 개)을 모아 놓고 '누가 나무에 빨리 올라가는가?'라는 시험으로만 평가하는 것과 같습니다. 이처럼 표준화된 시스템은 학생들에게 제한된 패턴으로 내면화된 채 사회를 바라봅니다. 평균이라는 잣대로 비교하고 평가하도록 조장하며 아이들의 가능성과 잠재력을 제한하고 있습니다. 따라서 표준화된 교육으로 개인의 다양성을 무시하고 차별하는 교육이 아닌 표준화 교육을 넘어 학생 개개인에게 필요한 개별화된 교육이 필요합니다. 진정한 교육의 본질은 개인이 지닌 다양한 탁월성이 발휘될 수 있도록 돕는 과정이 되어야 합니다.

〈누가 표준화된 시스템을 만들었는가 생각해 보기〉

1911년 프레더릭 테일러는 『과학적 관리론』이라는 책을 세상에 내놓게 됩니다. 이 책은 동시대 사람들에게 가장 영향력 있는 경영 지침서가 되었고 많은 산업 분야에서 조직의 경영 방식을 획기적으로 바꾸어 놓았습니다. 세상은 일을 처리하는 방식이 빠르게 변했습니다. 효율성을 떨어뜨리는 고객 맞춤형 방식은 사라지고 창의성보다는 누구나 쉽게 따라 할 수 있는 표준화된 매뉴얼을 만들어서 대량 생산 체계가 만들어졌습니다. 이러한 변화는 1년 후 교육계에도 새로운 패러다임의 바람을 불게 했습니다. "교육의 목표가 시대에 필요한 노동력을 준비시키는 교육을 시켜야 한다."라는 테일러주의자들의 강력한 의지가 반영된 결과입니다.

Q. 탁월성 교육을 위한 질문

1. 테일러주의가 확산되면서 교육계는 획일화된 교육 과정이 도입되기 시작했습니다. 표준된 시험으로 학생들을 평가한 다음 등급이 매겨졌습니다. 다수의 학생들에게 일괄적으로 지식과 정보를 전달하는 교육입니다. 교육의 목표가 평균의 학생을 생산하기 위한 교육이라는 사실입니다. 손다이크도 "모름지기 학교란 학생들의 재능에 따라 관리자형일지 근로자형일지, 탁월한 리더형일지 아니면 리더십이 없는 유형일지 효율적으로 정해 그에 따라 교육 자원을 제대로 배분해야 한다."는 것이 이들의 주장입니다. 오늘날 한국 공교육의 현실과 비교해 보면서 이들이 주장했던 교육의 목표와 지금의 교육이 얼마나 달라졌는지 생각해 보셨으면 좋겠습니다.

2. 한국 공교육은 표준화된 교과서를 가지고 국, 영, 수를 누가 잘하는지? 등급은 어떻게 받았는지? 평균 점수에서 성적은 얼마나 올랐는지? 배운 내용과 개념은 얼마나 잘 이해하는지? 오로지 점수로만 아이들을 평가합니다. 학생들마다 학습 유형이 다릅니다. 학습 속도도 다르고 배우고 싶은 내용도 전부 다릅니다. 한국 교육의 평가 방식에 대해 어떻게 생각하시나요?

5

이제는 넘버원이 아니라 온리 원이다

"온리 원 하나밖에 없는 사람이 되라."

"누구나 뛰어가는 곳을 향해 뛰는 것이 아니라 내가 뛰고 싶은 방향으로 가다 보면 360명이 다 1등 할 수 있어. 베스트 원 될 생각하지 마라!! 온리 원 하나밖에 없는 사람이 되라!! 자기 삶은 자기의 것이기 때문에 나답게 살면 된다. 모든 사람은 천재로 태어났고 그 사람만이 할 수 있는 일이 있는 것이다. 온리 원 하나밖에 없는 사람이 되라!"

– 이어령 –

전 교육부 장관이었던 지금은 고인이 된 이어령 선생님의 말입니다. "베스트 원 아닌 온리 원이 되라!"라는 말이 격하게 공감합니다. 저는 교육의 본질도 이어령 선생님의 말처럼 내가 좋아하고 잘하는 것이 무엇인지를 발견해서 남들보다 잘하는 베스트 원이 아니라 대체할 수 없는 나만의 길을 가는 온리 원의 삶이 우리가 추구해야 할 교육의 방향성이라고 생각합니다.

생각해 보면 너무나 당연한 이치인데 현재 우리나라의 교육 방식은 모든 학생들이 똑같은 수업을 받고 있습니다. 초등 6년, 중등 3년, 고등 3년 동안 전국의 모든 학생들은 같은 내용을 배우고 평가 방식도 똑같습니다. 스스로 의문을 갖고 답을 찾는 것이 아니라 정해진 답이 학생들에게 제시됩니다. 이러한 답에 권위가 생기고, 권력이라는 무기가 따라옵니다. 이렇게 해서 일명 노예 교육 또는 복종 교육으로 노동 시장에 필요한 인간으로만 길러지고 사회에 나오고 있다는 안타까움이 있습니다. 이러한 교육은 아이들마다 가지고 있는 탁월성이나 다양한 성향 수준을 반영하기에는 역부족입니다. 획일화된 수업을 받은 아이들은 자신이 하고 싶은 일이나 공부를 찾을 수 없게 만듭니다. 단순히 기업이나 국가가 원하는 노동자가 될 수밖에 없는 교육입니다.

혹자들은 이렇게 말합니다. "그걸 누가 모르나요? 하지만 사회 현실이 이런데 우리가 어떻게 이걸 바꿀 수 있습니까? 싫으면 사교육을 시키면 되고, 집에서 홈스쿨을 하면 되지 않습니까? 남들 다하는데 우리 아이만 안 시킬 수 없습니다. 공교육은 그래도 최소한으로 알아야 하는 기초 과정입니다. 이걸 알아야 한국 사회에서 살아갈 수 있습니다."라면서 문제의식은 느끼지만 어쩔 수 없는 사회 구조 때문에 순응하고 따라야 한다는 의견이 대부분입니다.

저도 이러한 의견에 공감하지만 그래도 한 가지 제안 드리고 싶은 부분은 가정에서라도 부모가 우리 아이를 바라보는 교육의 방향성만큼은 자기다움의 방향성으로 온리 원의 관점에서 아이를 바라봐야 한다고 생각합니다. 책 읽기와 토론을 좋아했던 저희 집 큰딸은 저와 함께 논술 수업을 하고 있습니다. 총 네 명의 또래 아이들로 구성된 모둠에서 국어 문법과 문제집을 풀면서 공부하고 있습니다. 그런데 얼마 전부터 무슨 이유 때문인지 요즘에는 책도 잘 안 읽어 오고, 문제집도 안 풀어 오고, 수업 시간에 학습 태도도 좋지 않았습니다. 최대한 아이 입장에서 공감하고 존중하면서 책을 다시 읽게 하려고 설득했지만 아이가 좀처럼 달라지지 않았습니다. 학원 강사들끼리 하는 "혈육은 가르치지 마라!", "교육은 전문가에게 맡겨라!"라는 말처럼 남의 아이는 돈을 받고 가르치기 때문에 책임감을 가지고 최선을 다하는데 내 아이만큼은 남의 아이처럼 잘되지 않았습니다. 이렇게 하면 안 되는지 알면서 자꾸 못하는 걸 지적하고, 개입하면서 아이를 믿어 주지 못하고 잔소리가 많아졌습니다.

지난 번 수업 시간에는 그동안 배운 내용으로 시험을 봤는데 딸아이 점수가 가장 낮게 나왔습니다. 함께 시험 봤던 한 아이가 점수가 낮게 나온 딸아이를 보고 "야! 너는 선생님 딸인데 왜 이렇게 문제를 많이 틀렸냐?"라면서 핀잔주는 소리를 들었습니다. 그 순간 저도 모르게 아이에게 짜증을 내면서 버럭 소리를 질렀습니다.

"하연아! 너 앞으로 이렇게 수업할 거면 하지 마!"

아이를 심하게 다그치고 집으로 돌아오는 차 안에서 수업 시간에 있었던 일을 다시 생각했습니다. '내가 왜 하연에게 화가 났을까?' 생각해 보니 제가 한 행동이 '아이의 행복을 위한 행동이 아니라 부모의 욕심이었구나!'를 깨달았습니다. '선생님 딸이니까 당연히 다른 아이들보다는 잘해야 한다.'라는 강박이 있었고, 그래서 아이의 행복보다는 부모의 공부 욕심이 앞섰던 것이고, 다른 아이들과 비교하게 되었고, 못하면 화가 나서 아이를 윽박지르면서 다그쳤습니다. 저의 교육관이 잘못됐다는 걸 다시 한번 깨달았습니다. 저 역시 한 아이의 존재 자체를 인정하거나, 다양성에 바탕을 두고 아이를 교육했던 것이 아니라 '무조건 공교육이라는 시스템 안에서 공부만 잘하는 아이로 만들어야겠다.'라는 욕심에 한 가지 목표만 있었습니다. '아이의 성향과 기질은 생각하지 않고 내 방식대로만 끌고 왔구나!'라는 후회가 들었습니다.

학부모님들과 상담할 때에는 "모든 아이들은 다릅니다. 아이를 있는 그대로 인정하고 존중해야 합니다."라면서 학습 상담을 했지만 정작 현실에서 제 자신은 그렇게 행동하지 못했습니다. 그날 이후로 다시 한번 교육의 방향성을 생각하면서 다짐했습니다. '모든 아이들은 다르다. 각자 다양한 재능과 탁월성이 있다. 따라서 부모의 역할은 아이의 기질과 성향에 따라 각자의 탁월성을 발휘할 수 있도록 아이에게 맞는 맞춤 교육이 중요하다. 자기다움의 교육으로 아이를 키워야겠다.'라는 결론을 내렸습니다.

그렇습니다. 모든 아이들은 서로 다른 성향과 기질을 가지고 있습니다. 사물이나 기계, 도구와 같은 물건에 관심이 많고 손재주가 뛰어나서 컴퓨터를 뜯었다가 다시 조립하는 아이, 축구나 농구 등 운동에 관심이 많고 활동적인 놀이를 좋아하는 아이, 솔직하고 말이 적고 고집이 센 아이, 지적인 호기심이 많고 학구적이며 토론과 논쟁을 좋아하는 아이, 자기주장이 강한 아이, 친구 의견에 무조건 동의하는 아이, 상상력과 감정이 풍부하여 호기심이 많은 아이, 논리적이고 매사에 신중한 아이, 꼼꼼한 아이, 자유분방하고 개방적인 아이, 친절하고 이해심이 많고 남을 잘 도와주는 아이, 매사에 비판적인 아이, 지배적인 아이, 언어 능력이 뛰어난 아이, 변화를 좋아하지 않는 아이, 책임감과 성실성이 강한 아이, 가만히 놔둬도 혼자스스로 잘하는 아이 등 정말이지 아이들의 성격과 기질이 천차만별입니다.

이렇게 서로 다른 성향의 아이들은 서로 다른 탁월함의 꽃을 피워야 합니다. 공부라는 한 가지 꽃만 바라보고 아이를 키우면 아이가 행복할 수 없습니다. 너무나 상식적이고 당연한 진리인데도 부모의 욕심 때문에 공교육이라는 제도권에서 공부라는 한 가지 목표만 집착하고 있었습니다. 한 가지 꽃에만 집착하게 되면 아이가 가지고 태어난 탁월함의 꽃을 보지 못합니다. 부모가 생각해야 할 교육의 근본은 저마다 서로 다른 아이들의 성향과 기질을 이해해야 합니다. 그래야 아이의 강점을 살려서 자기다움이 무엇인지 스스로 찾고 발견할 수 있습니다. 아이들을 믿고 지지해 주고 도와줘야 합니다. 서로 다른 자기만의 기질과 성향 속에서 자기만의 꽃을 피울 수 있도록 그래야 아이가 진정으로 행복한 인생을 살 수 있습니다. 우리 아이의 성향과 기질이 무엇인지 공부해 보세요.

예를 들면 우리 아이가 외향적인지 내향적인 아이인지 정보를 받아들일 때 감각형인지 직관형인지 어떤 의사 결정을 내릴 때는 감정적으로 하는지 아니면 이성적으로 하는지 아이의 생활 양식이 자유분방한지 아니면 계획에 따라서 신중하게 행동하는 아이인지 먼저 부모가 아이의 성격에 대해 공부해야 합니다. 제가 이렇게 생각해 보니 딸아이의 성향이 보이기 시작했습니다. 누구보다 타인에 대한 공감 능력이 뛰어난 아이고, 아이들과 관계를 잘 맺고, 호기심이 많고, 창의력이 남다르고, 이것저것 새로운 것을 경험하고 싶어 하고, 꾸미는 것을 좋아해 친구들과 사회성이 좋아서 재미있는 일들을 기획하는 전형적인 예술가 기질을 타고난 우뇌형 아이였습니다. 우뇌형 아이들은 직관적이며 그림, 시범 등 상징적인 지시에 잘 반응합니다. 문제에 대해 전체적인 패턴을 보고 해결합니다. 그림 그리기나 조작하기를 좋아합니다. 물론 단점도 있습니다. 자주 덤벙거리거나 지루한 시간을 못 견뎌 하고, 자기가 좋아하는 것이 아니면 게으르고 나태한 행동을 보입니다. 보완해야 할 점도 많이 있습니다. 중요한 것은 어떤 기질이냐가 아니라 타고난 아이의 기질을 이해하는 부모의 안목입니다.

제가 아이에게 화가 났던 이유도 아이의 타고난 기질과 성향을 이해하지 못하고 오직 한 가지 기준에서 아이를 평가하고 바라봤기 때문에 서로 갈등이 있었던 것입니다. 좌뇌적인 사고에서는 주로 수학적인 추론 능력과 논리 분석적인 사고 기능을 중요하게 생각하고 판단하기 때문에 아이의 강점을 보지 못하고 못하는 부분만 지적했던 것입니다. 상대적으로 학교 교과과정에서는 논리와 분석 능력이 요구되는 이성적인 좌 뇌형 아이들이 훨씬 더 유리합니다. 감성적인 우뇌형 아이들에게는 불리한 영역이 될 수 있습니다. 아이를 평가할 때 단순히 수학적인 추론 능력이나 글자의 의미를 정확하게 분석할 수 있는 이성적인 논리력 한 가지로만 평가하면 아이의 강점을 발견할 수 없습니다. 오히려 아이의 콤플렉스만 발견하고, 패배감만 줄 수 있습니다. 물론 좌뇌적 사고와 우뇌적인 사고가 서로 균형 있게 발달해야 하지만 각자 타고난 영역이 서로 다르기 때문에 우선 우리 아이의 강점이 무엇인지부터 파악하고 아이의 성향에 따른 맞춤식 교육이 필요합니다.

우리 아이의 기질과 성격을 잘 파악할 수 있도록 부모가 먼저 공부해 보시기를 추천 드립니다. 아이가 가지고 태어난 기질이나 성격을 파악하고 수용하는 것이 부모가 가져야할 첫 번째 자세입니다. 내 아이의 기질이나 성격을 이해하게 되면 아이가 어떤 상황에서 무엇에 반응하는지 이해할 수 있고, 아이의 스트레스도 파악할 수 있습니다. 우리 아이만의 아름다운 꽃을 피우기 위해서는 아이의 씨앗이 무엇인지부터 알아야 합니다. 아이의 성향과 기질을 파악해서 아이에게 맞는 학습 방식으로 접근해서 아이의 강점을 살릴 수 있습니다. 우리 아이만의 탁월함의 꽃을 피울 수 있도록 믿고 지지해 주십시오. 그래야 아이가 행복하고 자기다운 온리 원의 삶을 살 수 있습니다.

〈이제는 넘버원이 아니라 온리 원이다 생각해 보기〉

현재 우리나라의 교육 방식은 모든 학생들이 똑같은 수업을 받고 있습니다. 초등 6년, 중등 3년, 고등 3년 전국의 모든 학생들은 같은 교과서와 같은 내용을 배우고 평가 방식도 똑같습니다. 문제는 스스로 의문을 갖고 답을 찾는 것이 아니라 정해진 답이 학생들에게 제시됩니다. 이러한 답에 권위가 생기고, 권력이라는 무기가 따라옵니다. 일명 노예 교육, 또는 복종 교육으로 노동 시장에 필요한 인간으로만 길러지고 사회에 나오고 있습니다. 이러한 교육은 아이들마다 가지고 있는 탁월성이나 다양한 성향 수준을 반영하기에는 부족합니다. 획일화된 수업을 받은 아이들은 자신이 하고 싶은 일이나 역량을 발휘할 수 없습니다. 단순히 기업이나 국가가 원하는 노동자가 될 수밖에 없습니다. 서로 다른 성향의 아이들은 서로 다른 탁월함의 꽃을 피워야 합니다. 공부라는 한 가지 꽃만 바라보고 아이를 키우면 아이가 행복할 수 없습니다. 지극히 상식적이고 당연한 진리인데 공부라는 한 가지 목표만 집착하고 있다는 생각이 듭니다. 한 가지 꽃에만 집착하게 되면 아이가 가지고 태어난 탁월함의 꽃을 보지 못합니다. 부모가 생각해야 할 교육의 근본은 저마다 서로 다른 아이들의 성향과 기질을 이해해야 합니다. 그래야 아이의 강점을 살리고 자기다움이 무엇인지 스스로 찾고 발견할 수 있습니다. 이제는 넘버원 교육이 아닌 온리 원 교육으로 바라보셨으면 좋겠습니다.

Q. 탁월성 교육을 위한 질문

1. 우리 아이의 성향은 무엇인가요? 아이가 외향적인지 내향적인 아이인지 외부 정보를 받아들일 때 감각형인지 직관형인지 의사결정을 내릴 때는 감정적으로 하는지 아니면 논리적인 이성으로 하는지 아이의 생활 양식이 자유분방한지 아니면 계획에 따라서 신중하게 행동하는 아이인지 우리 아이의 특별한 기질과 성향이 무엇인가요?
2. 교육의 방향성만큼은 자기다움의 방향성으로 온리 원의 관점에서 아이를 바라보세요. 우리 아이만의 탁월함의 꽃을 피울 수 있도록 믿고 지지해 주세요. 그래야 아이가 행복하고 자기다운 온리 원의 삶을 살 수 있습니다.

6

문해력은 위기가 아닌 기회다

> "앞으로의 세계에서는 텍스트를 읽고 쓰는 능력으로서의
> 문해력은 소리와 이미지, 공간과 제스처 등을 포괄하는 멀
> 티리러러시의 하위 분야로서 존재하게 될 것이다."
> – Harvard Educational Review –

문해력이 위기다

한 초등학교 수업 시간에 아이들에게 '삼별초의 항쟁'을 이야기하자 아이들은 어느 초등학교인지를 물어봅니다. 또한 '가제'의 뜻이 무엇인가? 라는 질문에서도 아이들은 랍스터라고 대답합니다. '사흘'과 '나흘'이 정확하게 언제인지 모르는 아이들이 많이 있습니다. 이러한 아이들의 답변을 근거로 최근 한국 사회에서는 문해력이 심각한 위기다라며 문해력 위기의 열풍이 불고 있습니다.

EBS〈당신의 문해력〉제작팀에서는 ㈜낱말과 함께 전국 중학교 3학년 학생 2,405명을 대상으로 문해력 진단평가를 실시했습니다. 결과는 중학교 3학년 수준에 미달하는 아이들의 비율이 27%에 달했으며, 적정 수준

이 35%, 초등 수준에 해당하는 아이들의 비율이 11%였습니다.[24] 이러한 결과 때문인지 문해력이 위기다라며 불안감을 조성하는 분위기입니다. 뿐만 아니라 우리나라 10대 학생들의 문해력 저하의 근거로 OECD에서 실시하는 PISA(국제학업성취도평가)를 보여 주는데 2018년도에 실시한 PISA의 읽기 영역의 평가 결과를 보면 우리나라는 평균 점수가 514점으로 6위~11위를 차지했습니다.[25] 이는 읽기 영역의 순위가 지난 2006년 이후 지속적으로 하락하고 있다는 것을 보여 주고 있는데 최하위 수준에 해당하는 비율이 2000년 5.7%에서 2018년 15.1%로 늘어났다며 문제의 심각성을 보여 줍니다. 2021년 한국교원단체 연합회가 전국 초 중 고교 교사 1천 152명을 대상으로 한 조사에서도 10명 중 4명의 문해력 수준이 70점대(C 등급)라며 한국 청소년의 문해력 위기가 심화되고 있다고 발표[26]하고 있습니다.

문해력 열풍

청소년들의 문해력 수준이 낮은 이유로는 유튜브와 같은 영상 매체에 익숙해져서가 73%로 가장 많았고, 독서를 소홀히 해서가 54.3%, 한자 교육을 소홀히 해서가 16.6%, 학교에서 어휘 교육을 소홀히 해서가 13.9%로 문해력이 낮아진 이유를 진단하고 있습니다.[27] 전주교육대학교 국어

24 EBS 특별기획 프로그램 〈당신의 문해력〉은 2021년 3월부터 총 6부작으로 방영되었으며 문해력의 본질적 속성에 대한 논의를 통해 대한민국 문해력의 충격적인 현실을 보여 주면서 학생, 직장인, 학부모 등 다양한 연령대의 사람들에게 많은 화제가 되었다.

25 OECD 국제 학업성취도 비교 연구(PISA 2018) 결과.

26 SBS 뉴스, 〈"고지식은 높은 지식?" 읽어도 이해 못하는 아이들〉, 유영규, 2021.12.17.

27 같은 기사.

교육과 최규홍 교수는 학생들의 문해력 저하의 원인을 책으로 정보를 접하기보다는 인터넷으로 정보를 접하기 때문에 글을 꼼꼼하게 읽기보다 필요한 정보만 골라서 보는 것에 익숙해져 문해력이 저하된다[28]고 원인을 지적하고 있습니다.

또한 최근 들어서는 코로나19 이후 학생들이 학교 교육을 거의 받지 못해 읽기 능력이 더 발달하지 못하고 있다는 지적도 문해력 저하의 원인으로 꼽고 있습니다. 이러한 문해력의 문제를 적극적으로 해결하지 못한다면 단순히 학습 손실을 넘어 고등교육 기회와 노동 시장 참여 기회가 줄어들고 종국적으로 미래 소득의 감소로까지 이어질 수 있다고 전문가들은 진단합니다. 국가 평생교육 진흥원에서 실시한 성인 문해능력 조사에서도 문해력과 소득 수준의 상관성이 있다고 합니다. 월 가구 소득 100만 원 미만은 평균 40.8점, 100만~299만 원은 72.8점, 300만~499만 원은 85.8점, 500만 원 이상은 90점으로 문해력의 차이가 곧 소득 수준의 차이[29]로까지 이어졌습니다. 이러한 사례들을 제시하면서 지금 대한민국에서는 문해력이 위기다라는 담론이 유행처럼 번지고 있습니다.

문해력 열풍의 문제

문해력 위기의 열풍 때문인지 우리나라의 공교육과 사교육 현장에서는 아이들의 문해력을 높이기 위한 다양한 독서 프로그램과 방법론이 성

28 매일신문, 〈문해력의 중요성과 우리나라 학생들의 문해력 실태〉, 이신혜, 2020.02.24.
29 SBS 뉴스, 〈"고지식은 높은 지식?" 읽어도 이해 못하는 아이들〉, 유영규, 2021.12.17.

행합니다. '문해력을 높이는 독서교육', '책 좋아하는 아이로 만드는 독서 습관', '아이들의 문해력을 키우는 엄마표 학습법', '초등 문해력이 평생 성적을 결정한다', '문해력 교육은 국가가 책임져야 한다', '초등 문해력 향상을 위한 '적기 교육', '문해력 유치원' 등등 문해력과 관련된 키워드만 검색해 봐도 나오는 자극적인 문구로 문해력 교육에 대한 열기가 높다는 것을 쉽게 알 수 있습니다.

분명 아이들이 글을 읽고 이해하는 역량이 심각한 것은 사실입니다. 그리고 아이들의 문해력을 높여 주기 위한 다양한 시도와 교육 방법론이 필요한 것은 맞는 말이지만 문자 텍스트를 읽고 이해하는 능력만으로 아이들의 역량을 평가하는 것 또 하나의 획일화된 평가 방식입니다. 시대의 흐름에 맞지 않는 교육 방법입니다. 아이들 입장에서 생각해 보면 문해력이란 또 하나의 과목입니다. 영어도 벅찬데 코딩까지 이제는 문해력까지 완벽하게 마스터해야만 하는 버거운 과목입니다.

문해력 교육 왜 문제인가

문해력의 위기가 무엇인지 자세히 들여다보면 다양한 어휘에 대한 뜻은 알고 있는지 글을 읽을 때 이 텍스트가 무엇을 말하고 있으며 어떤 것을 의미하는지 문맥을 파악해서 추론할 수 있는지에 대한 문자 텍스트 해석 능력을 문해력으로 보고 있습니다. 이러한 문자 텍스트에 대한 이해력만으로 문해력을 평가하는 건 입시라는 경쟁 사회에서 시험이 요구하는 역량만을 기르기 위한 잘못된 평가 방식입니다. 문자로 된 긴 지문을 읽어낼 수 있느냐 글의 뜻을 파악해서 문제가 요구하는 정답을 찾아낼 수 있느냐의 방식은 좁은 의미에서의 평가 방식입니다. 한마디로 입시용 독해력이자 학과 시험을 잘 보기 위한 평가 방식입니다. 지극히 입시를 위한 도구로서의 잘못된 교육입니다.

공정하지 못한 문해력 평가

지금의 아이들은 태어나면서부터 디지털 기기에 익숙한 디지털 네이티브(Native speaker) 세대입니다. 디지털 네이티브 세대란 어린 시절부터 디지털 환경에서 성장한 세대를 뜻합니다. 미국의 교육학자인 마크 프렌스키가 2001년 처음 제시한 개념으로 디지털 기술과 함께 성장한 세대를 '디지털 네이티브'라고 말했는데 이들에게는 기존의 교육 방식만으로는 효과적이지 않고, 새로운 교육과 환경이 필요한 세대입니다. 이들은 스마트폰과 컴퓨터 등 디지털 기기를 원어민처럼 자유자재로 활용하고 멀티태스킹에 능숙하고 반응이 즉각적이면서 디지털 기기 사용에 능숙합니다. 동시다발적으로 여러 가지 정보를 취합하면서 정보를 생산하고 유통하면서 새로운 문화와 트렌드를 주도하고 있습니다. 이들이 의사소통하는 방식은 텍스트로 된 책이나 문서보다는 디지털로 활용하는 것이 거부감이 없고 자연스러운 세대입니다. 다시 말해 디지털 기술의 급속한 보급으로 학생들의 정보 습득과 사고방식으로 새로운 디지털 문화를 주도하고 있기 때문에 이들 세대에 맞는 새로운 가치의 교육관이 필요합니다.

읽기의 매체가 이제는 온라인으로

실제로 디지털 네이티브들이 등장하면서 다양한 영역에서 많은 변화들이 진행되고 있습니다. 온라인이라는 공간을 소통과 협업의 공간으로 활용하고 있고, SNS를 통해서 공통의 관심사를 공유하고 있으며 타인과 대면 접촉을 하는 것보다는 온라인에서 접촉하는 것을 좋아합니다. 또한 기존의 TV 광고나 다양한 매체나 신문 광고보다는 SNS나 블로그 등을 통해 후기를 보면서 상품 체험의 경험을 바탕으로 상품 구매 의사를 결정하면서 새로운 경제 효과를 만들어 내고 있습니다. 제품의 가격이나 품질보다는 자신이 그 물건을 가지고 있는 의미나 취향, 개성을 표현하는 데 소비의 기준이 되고 있습니다. 이들 소비 트렌드의 핵심은 온라인을 통한 공유 경험입니다. 이러한 새로운 트렌드의 주역인 디지털 네이티브 세대들에게는 새로운 방식의 문해력 교육이 필요합니다.

문해력에 대한 개념을 바꾼다

1996년에 발간된 『하버드 에듀케이션 리뷰』라는 학술지를 보면 지금까지는 텍스트를 중심으로 하는 리터러시가 근대 사회를 관통해 왔지만 1990년대 중반에 들어서면서 다양한 사회적 변화가 나타나고 있기 때문에 문해력의 개념을 다시 새롭게 정립해야 한다고 주장하고 있습니다.[30] 앞으로의 세계는 텍스트를 읽고 쓰는 능력으로서의 문해력이 소리와 이미지 공간과 제스처 등을 포괄하는 멀티 리터러시의 하위 분야로서 존재하게 될 것이라고 합니다. 다시 말해 문자 기반의 텍스트만의 교육만으

---

30 『유튜브는 책을 집어삼킬 것인가』, 31-32p, 김성호, 엄기호, 따비, 2020.

로 더 이상 사회와 교육에서 중심적인 리터러시를 구성할 수 없다고 선언한 것입니다. 이러한 시대의 변화에 한국적인 상황에서의 문해력 교육은 아직도 텍스트 중심의 독해력 교육에만 초점을 맞추고 있습니다. 여전히 성인 중심으로 자신들이 배워 왔던 방식을 기준으로 디지털 네이티브 세대를 가르치고 평가하고 있습니다. 성인 중심의 평가 방식에도 불구하고 10대들은 자신들만의 방식으로 기성세대들보다도 더 많은 정보와 다양한 미디어 환경을 접하면서 새로운 정보를 만들어 내고 생산하면서 의미있는 새로운 문화를 주도하고 있습니다. 단순히 텍스트에 대한 이해력이 높냐 낮냐의 수준으로만 아이들을 평가한다면 아이들의 다양성이 저평가되거나 잠재력이 계발되지 못할 수 있습니다.

시대의 흐름 안에서 문해력에 대한 평가

시대 흐름 안에서 아이들의 문해력을 공정하게 평가해야 합니다. 텍스트에 대한 문해력뿐 아니라 실제 미디어 활용 능력이라던가, 소셜미디어 활용성, 동영상, 이미지, 음성언어 코딩에 대한 이해 능력 의사소통 능력 등 폭넓은 의미에서 아이들의 문해력을 평가할 수 있는 사회적인 분위기가 조성돼야 합니다. 단순히 기성세대가 정의하는 텍스트 중심의 문해력만 평가한다면 하위 분야에서의 문해력만을 평가하는 것입니다. 지극히 성인 중심의 발상이고 이분법 안에서의 권력이 될 수 있습니다. 다시 말하지만 텍스트도 중요하지만 다른 영역 즉 디지털이라는 새로운 생태계에 대한 이해 안에서 문해력을 평가할 수 있는 새로운 기준이 필요합니다. 태어나면서부터 다양한 미디어 환경에 노출된 아이들에게 단순히 '넌 글을 읽을 수 있느냐 없느냐.'라는 잣대로 아이들을 평가하는 건 공정한 평가 방식이 아닙니다.

미래 사회에서 요구되는 역량

그렇다면 문해력이란 본질적으로 무엇을 의미할까요? 문해력의 어원을 살펴보면 라틴어로 'literatus(리테라투스)'에서 파생된 단어입니다. 고대에는 '문학에 조예가 있는 학식 있는 사람'으로, 중세 시대에는 '라틴어를 읽을 수 있는 사람'으로, 그리고 종교 개혁 이후 근대에서는 '자신의 모국어를 읽고 쓸 수 있는 능력을 가진 사람'으로 정의되었고 현대에서는 의사소통을 목적으로 하는 문자 언어의 사용 능력, 즉 모어를 읽고 쓸 수 있는 능력을 말합니다. 또한 전 세계적으로 널리 사용되고 있는 문해력의 정의는 유네스코(UNESCO) 국제학업성취도 평가(Program me for Internationai Asswssment, PISA)를 기준으로 "다양한 맥락과 연관된 인쇄 및 필기 자료를 활용하여 정보를 찾아내고, 이해하고, 만들어 내고, 소통하고 계산하는 능력이다."라고 문해력을 정의[31]하고 있습니다. 정리해 보면 문해력의 개념은 한마디로 시대의 흐름에 따라 그 의미가 확장되고 변화되고 있으며 사회가 요구하는 문해력의 역량이 각 시대마다 다르다는 것을 알 수 있습니다. 중요한 건 지금의 시대에서는 문해력이 곧 창조 능력으로 주목해야 한다는 사실입니다. '너는 무엇을 만들어 낼 수 있는가?'에 대한 창조 능력이 곧 문해력의 본질입니다. 물론 앞으로도 문해력의 개념은 계속해서 진화할 것입니다.

---

31 UNESCO, 2004.

변화하는 시대 문해력 다르게 생각하기

최근 초등학생들이 필요한 정보를 찾는 걸 유심히 지켜보면 네이버나 구글 같은 검색엔진을 사용하기보다는 틱톡이나 SNS, 유튜브를 통해 자신이 필요한 정보를 검색해서 찾는 것을 쉽게 볼 수 있습니다. 특히 압도적으로 틱톡과 유튜브 활용에 대한 비율이 높은 편입니다. 이러한 차이가 무엇을 의미하고 있는지를 생각해 보면 불과 얼마 전까지만 하더라도 자신이 필요한 정보를 인터넷 검색엔진을 통해 먼저 키워드 검색을 하면서 필요한 자료가 나오면 문자 텍스트로 읽어 보고 이해한 다음에 추가적으로 필요한 자료를 영상으로 찾아봤는데 이제는 순서가 역전되었습니다. 먼저 영상 즉 유튜브부터 검색합니다. 아이들은 영상을 보면서 필요한 정보는 영상을 제작한 유튜브 제작자에게 채팅으로 서로의 의견을 주고받고 소통합니다.

그러니까 문자를 읽고 자신의 의견을 주고받는 시대가 아닌 영상을 보면서 자신의 의견과 생각을 개진하고 있는 시대입니다. 아이들 입장에서 문자보다는 영상이 더 익숙하고 정보를 활용하고 기억하는 데 편리한 수단이 된 시대입니다. 이러한 현상은 문자를 읽고 해석하는 역량보다는 영상을 보고 의미를 파악해서 의사소통할 수 있는 역량이 요구되고 있다는 신호라는 것을 감지해야 합니다. 문제는 급변하고 있는 미디어 생태계에서 아이들을 보는 시각이 지극히 전통적이면서 어른 중심적이라는 점입니다. 어른들의 시각에서는 "아이들은 문자 텍스트에 약하다.", "문해력이 떨어진다."라면서 문해력에 대한 문제점만 지적하고 있습니다. 오로지 문자 텍스트를 읽어 내는 역량만이 중요하고 영상을 읽고 이해하면서 의사소통하면서 새로운 것을 창조하는 역량에 대해서는 좋은 점수를 받지 못합니다. 오히려 아이들이 스마트폰 때문에 유튜브 때문에 문해력에 문제가 있다며 전통적인 방식에서의 문해력만을 생각합니다.

새로운 것을 창조할 수 있는 능력이 문해력이다

앞서 이야기했던 논문 '하버드 에듀케이션 리뷰, 1996'에서도 지적했듯이 이제는 단순히 문자 텍스트만이 중요한 문해력이 아닌 멀티 리터러시 즉 다중 문해력이 필요한 시대에 살고 있습니다. 단순히 문자 기반의 텍스트로만 사회가 구성되거나 문자 중심의 교육만 필요한 것이 아닌 다양한 미디어 기반의 디바이스와 디지털 환경 속에서 정보를 찾고 이해하면서 새로운 것을 창조하는 역량도 중요합니다. 따라서 이제는 전통적 방식에서의 문해력 평가만이 아닌 다양한 분야에서도 문해력을 평가해야 합니다.

창조력이라는 관점에서 살펴보면 태어나면서부터 손에는 핸드폰이 주어지고, 패드를 가지고 놀면서 유튜브를 시청하고, 터치 화면에 손으로 조작하면서 자신이 필요한 앱을 다운로드하거나 기본적인 컴퓨터 조작을 무리 없이 사용합니다. 아주 자연스럽게 미디어라는 환경에 스며들면서 생활하고 있습니다. 이러한 사회 현상에서 어른들이 눈여겨봐야 할 것은 단순히 문해력을 하나의 절대적인 범주로 규정짓고 '너는 난독증이다.', '글을 읽고 이해를 못 하는 아이'라며 낙인찍는 것이 아니라 내가 알고 있던 정보를 활용해서 내가 무엇을 할 수 있느냐에 대한 역량이 무엇인지 주목해 봐야 합니다. 그것이 문자 텍스트든, 영상이든, 시각적인 정보든 청각적인 정보든 상관없습니다. 중요한 건 이러한 정보들을 읽어 낼 수 있고, 활용하면서 자기만의 새로운 콘텐츠를 만들어 낼 수 있느냐가 더 중요합니다. 글을 잘 읽고 이해하는 것도 문해력에 대한 역량이고, 시각적인 정보를 보면서 자기만의 새로운 정보로 창조하는 행위도 시각적인 문해력이 높은 아이로 볼 수 있어야 합니다.

글자보다는 영상에 더 익숙했던 아이가 어느 날 영상을 보면서 영상미디어에 대한 문법이 무엇인지 공부합니다. 어떻게 어떤 포인트에서 촬영을 하고, 편집해야 하는지 영상을 보면서 문맥을 이해합니다. 몇 년 후이 아이는 자기만의 영상 콘텐츠를 만듭니다. 그리고 자신이 만든 영상을 사람들과 공유합니다. 많은 사람들에게 영감을 주고 공감을 준다면이 아이는 미디어 문해력, 컴퓨터 문해력, 인간에 대한 공감 능력이 뛰어난 아이입니다. 바로 21세기 창의적 인재의 기준이 됩니다. 문해력이 라는 개념이 다양한 스펙트럼이 있다는 것을 이해하고 우리 아이가 재밌고흥미를 갖게 공부할 수 있는 창조력이라는 기반 위에서의 문해력이 무엇인지 고민해 봐야 합니다. 특히 시대가 급변하고 있는 사회에서 단순 문자 텍스트만이 아닌 다양한 텍스트를 읽어 낼 수 있고 이해할 수 있으며새로운 것을 창조할 수 있는 능력이 오늘날의 문해력입니다. 결론적으로이러한 다양한 문해력을 평가할 수 있는 사회적인 기준과 시스템이 필요합니다.

〈문해력은 위기가 아닌 기회다 생각해 보기〉

분명 아이들이 글을 읽고 이해하는 역량이 심각한 것은 사실입니다. 이러한 원인으로 아이들의 문해력을 높이기 위한 교육이 필요한 것도 매우 중요합니다. 하지만 문제는 문자 텍스트를 읽고 이해하는 능력만이 전부가 아니라는 사실입니다. 단순히 글을 읽고 이해하는 아이, 글을 읽고 이해 못하는 아이로만 구분해서 낙인찍는 사회 분위기는 또 하나의 획일화된 교육입니다. 급변화하는 디지털 시대에서 아이들을 보는 시각이 지극히 전통적이면서 어른 중심적이라는 점을 생각해 봐야 합니다. 어른들의 시각에서 "아이들은 문자 텍스트에 약하다.", "문해력이 떨어진다."라면서 문해력에 대한 문제점만 지적하고 있습니다. 물론 글을 잘 읽고 이해하는 것도 문해력에 대한 역량이지만 디지털 환경 속에서 우리 아이는 어떤 시각적인 정보를 보면서 자기만의 새로운 정보와 컨텐츠를 창조하는 행위도 디지털 문해력이 높은 아이로 볼 수 있습니다. 디지털 생태계에서 문맥을 읽고 이해하면서 많은 사람들에게 영감을 주고 공감을 준다면 이 아이는 미디어 문해력, 컴퓨터 문해력, 인간에 대한 공감 능력이 뛰어난 아이입니다. 21세기 창의적인 인재의 기준이 될 수 있습니다. 문해력에 대한 스펙트럼을 넓게 바라보셨으면 좋겠습니다.

Q. 탁월성 교육을 위한 질문

1. 우리 아이가 좋아하는 디지털 콘텐츠는 무엇인가요? 주로 어떤 미디어를 통해서 정보를 습득하고 자기화하는지 살펴보세요. 아이를 보는 눈이 달라집니다. 최근 초등학생들은 문자 텍스트보다는 유튜브, 틱톡이나, 쇼츠, 릴스를 통해 스스로 필요한 정보를 찾아보면서 익히고 받아들입니다. 오히려 어른들보다 정보 습득력은 더 뛰어날 수 있습니다.
2. 글을 읽고 이해하는 능력과 함께 자기만의 새로운 콘텐츠를 만들어 낼 수 있는 역량이 중요한 시대입니다. 글을 잘 읽고 이해하는 능력도 문해력에 대한 역량이고, 다양한 시각적인 정보를 보면서 자기만의 새로운 정보로 창조하는 행위도 디지털 문해력이 높은 아이로 인정하고 볼 수 있는 부모의 안목이 필요합니다.

7

자기만의 WHY가 있어야 한다

"모든 것은 '왜'라는 질문에서부터 시작되었다."

– 사이먼 사이넥 –

직업과 꿈은 다르다

아이들에게 자주 하는 질문이 있습니다. "얘들아! 너희들 꿈은 뭐니?" 라고 물어보면 대부분의 아이들은 이렇게 대답합니다. "저의 꿈은 선생 님이에요.", "저의 꿈은 공무원이에요.", "저는 의사예요.", "저는 가수요.", "저는 작가요.", "저는 축구선수요.", "저는 유튜브 크리에이터요.", "저는 연예인이요." 등등 자신의 꿈에 관해 신나게 이야기합니다. 그러면 저는 다시 아이들에게 이렇게 답변합니다. "얘들아! 그건 꿈이 아니라 그냥 내가 되고 싶은 직업을 말한 거야!"라고 말이죠. 꿈과 직업은 완전히 다른 개념입니다. 쉽게 말해 직업은 명사고 꿈은 동사입니다. 꿈은 내가 이루고 싶은 간절한 마음 상태입니다.

꿈은 간절한 소명이다

SBS 월화 드라마 〈김 사부〉는 많은 사람들에게 존경받는 이국종 선생님의 실제 이야기를 모티브로 만들어졌습니다. 이분의 아버지는 6·25 전쟁 때 한쪽 눈을 잃고 팔다리를 다친 장애 2급 국가유공자였습니다. 하지만 친구들이 '병신의 아들'이라 고 놀리는 게 두려워 아무에게도 자신이 국가 유공자의 가족이라는 사실을 알리지 않았습니다. 그러다가 중학교 때 축농증을 심하게 앓게 되었습니다. 가난하기 때문에 유공자 의료복지 카드를 들고 병원을 찾아갔는데 당시 간호사들과 의사들은 여기에서는 치료해 줄 수 없다며 다른 병원에 가 보라고 싸늘한 말투로 문전 박대를 당했습니다. 그는 이런 일들을 겪으면서 사회가 장애인과 가족들에게 차갑고 비정하게 대우해 준다는 걸 느끼게 됩니다. 그 후 선생님은 '나는 절대로 사람을 가리지 않고 아픈 사람에게 함부로 대하지 말아야겠다!'고 다짐하는 사건을 겪었습니다.

아무튼 그렇게 다른 병원을 전전하다가 우연히 외과 의사였던 김학선 선생님을 만나게 됐는데 이국종 선생님이 내민 국가유공자 카드를 보고 이분은 다른 의사들과는 다르게 어린 이국종에게 이렇게 이야기했습니다. "너는 아버지가 국가 유공자라서 자랑스럽겠구나!"라는 말을 하면서 진료비도 받지 않고 정성껏 치료해 주시는 모습을 보게 됩니다. 그뿐만 아니라 "너도 열심히 공부해서 꼭 훌륭한 사람이 되어라"라고 격려까지 해 줍니다. 이 말을 들은 이국종 선생님은 처음으로 하얀 가운을 입은 외과 의사! 사람 가리지 않고 성심성의껏 치료해 주시는 이학선 선생님의 모습을 보면서 의사가 되고 싶다는 꿈을 키웠습니다. 몇 십 년이 흐른 지금 이국종 선생님은 대한민국 최고의 외상외과 의료진으로 손꼽히며 2019년에는 정부포상 국민추천제에 따른 2번째 국민훈장인 무궁화장(1등급) 수훈자로 선정되었습니다.

이국종 선생님은 의사라는 직업을 선택하기에 앞서 자신이 병원에서 문전 박대를 당하면서 느꼈던 경험이 있었습니다. '나는 앞으로 사람을 가리지 않고 누구나 아픈 사람을 치료해 주는 그런 의사가 되겠다. 이국종 선생님은 의사라는 직업이 목표가 아니라 사람을 가리지 않고 누구나 아픈 사람을 치료해 줄 것이다.'라는 소명감이 먼저였습니다.

한 가지 더 비슷한 사례가 있습니다. 최태성 선생님이 쓴 『역사의 쓸모』를 읽어 보면 우리나 일제 강점기 때 박상진이라는 1호 판사의 이야기[32]가 나옵니다. 이분은 대한민국에서 처음으로 판사 시험에 합격해 최초의 판사로 기록된 사람입니다. 이분이 판사가 된 목적도 비슷합니다. 어린 시절 주변에 법을 잘 몰라서 억울하게 당하는 사람들이 많다는 것을 알게 됩니다. 그래서 '이렇게 억울하게 당하는 사람들이 많은데 내가 이런 사람들을 위해서 조금이라도 도움이 됐으면 좋겠다.'라고 생각합니다. 자기 스스로 '무슨 일을 할 수 있을까?'고민하다가 판사가 되기로 합니다. 그리고 미친 듯이 열심히 공부해서 판사가 되었습니다. 그것도 일본에 나라를 빼앗긴 1910년대 판사가 된 것입니다. 하지만 기쁨도 잠시 당시 박상진 판사는 억울한 조선인을 도와주는 일보다는 일제 식민지 관리의 역할을 한다는 것을 깨닫고 판사복을 집어던집니다. 판사를 그만둔 박상

---

32 『역사의 쓸모』, 199-205p, 최태성, 다산초당, 2019.

진은 그 후 대한 광복회를 조직해서 독립운동을 하면서 조국의 광복을 위해 헌신하다가 1921년 8월 13일 대구형무소에서 순국하게 됩니다.

박상진이라는 사람도 만약 판사가 되는 것이 꿈이었다면 끝까지 일본을 위한 판사로 살다가 죽었을 것입니다. 하지만 그의 꿈은 억울하게 당하는 사람들을 돕고 싶은 마음이 그를 판사로 만들었기 때문에 판사라는 직업 자체는 중요한 게 아니었습니다. 그에게 중요했던 것은 독립운동을 하다가 억울하게 고문당하고 옥고를 치르는 사람들을 돕는 게 그의 소명이었던 것입니다.

자기만의 Why가 있어야 한다

저는 아이들에게 무엇이 되겠다라는 직업보다는 왜 내가 유튜버가 돼야 하는지, 왜 내가 선생님이 되고 싶은지, 왜 내가 의사가 되고 싶은지에 대한 자기만의 Why가 더 중요하다고 생각합니다. 만약 자기만의 Why가 없는 상태에서 꿈을 이야기한다면 그 꿈은 단순히 여러 직업 중 마음에 드는 단어 하나를 이야기한 것입니다. 더 이상 확장되거나 발전할 수 없습니다. 따라서 직업이 무엇인지 말하기 이전에 왜 내가 그 일을 해야만 하는지 어떤 이유에서 나는 그 꿈을 원하는지에 대한 자기만의 스토리가 있어야 합니다. 이국종 선생님이나 박상진 판사는 거룩한 부담감이 있었습니다. 이 일을 반드시 해야만 한다는 사명감이 있었기에 그것을 이루기 위한 준비를 했던 것입니다.

자기만의 Why란 무엇인가?

얼마 전 저와 함께 독서논술 수업을 했던 한 아이가 이번에 과학 고등학교에 진학했다는 소식을 들었습니다. 이 친구는 누구보다 과학에 대한 열정이 많았던 아이였습니다. 학교에서 누가 시키지 않았는데 직접 과학 동아리를 만들고 실험도 하면서 과학을 어려워하는 친구들에게 쉽게 설명해 주는 과학 프로젝트를 학교에서 진행했습니다. 정말이지 과학적 재능이 탁월한 친구였습니다. 자신의 꿈은 미래 과학자라며 '과학을 어려워하는 친구들에게도 과학은 쉽고 누구나 이해할 수 있어야 된다.'라는 생각으로 동아리를 만들어서 과알못 프로젝트를 진행하게 됐다고 이야기했습니다. 이 친구가 과학고에 진학하기 위해서 썼던 자소서(자기소개서)를 보면 이런 이야기가 나와 있습니다.

> "중학교 2학년 여름이었습니다. 그날따라 너무 더워서 PT병에 생수를 넣고 냉동실에 보관해서 시원하게 얼려 먹고 싶었습니다. 약 3시간 30분 정도의 시간이 지났을 때 '이 정도면 물이 꽝꽝 얼었겠지?'라는 생각으로 냉장고 문을 열었는데 '아뿔싸!' 물이 얼지 않았습니다. '설마 냉장고가 고장난 건가?'라고 생각했는데 냉장고는 멀쩡했습니다. 그런데도 물이 얼지 않았던 게 너무 신기하다는 생각이 들었습니다. 도대체 왜 이런 현상이 일어날까? 이상해서 인터넷을 찾아보고 관련된 자료도 찾아보았습니다. 그래도 호기심이 풀리지 않아 과학 선생님에게 찾아가 여쭤보았습니다. 그제야답을 알았습니다. 물이 빠르게 냉각되는 과정에서 얼음의

형태를 만들어 내지 못했기 때문에 물은 얼지 않고 그대로 액체 상태로 존재했던 것을 깨달았습니다.

아주 우연한 경험으로 시작된 지적인 호기심이 과학에 대한 탐구로 이어졌고 이러한 탐구 과정에서 알게 된 지적인 깨달음이 너무 재밌고 신기해서 과학과 친해지게 되는 계기가 되었습니다. 그동안 저도 과알못이었는데 제가 경험을 통해 하나씩 차근차근 알아가는 과정이 생각했던 것보다 어렵지 않다는 것을 알게 되었습니다. 제가 이렇게 경험 속에서 터득한 과학의 원리를 어느 날 친구들에게 이야기해 줬는데 친구들이 재밌어하면서 과학을 좋아하게 된 친구들이 많아졌습니다. 그때부터 저는 과학을 쉽게 이야기해 주는 게 보람 있고 의미 있게 느껴져 과학 동아리를 만들었습니다. 저는 과학은 쉽고 재밌는 과목이라는 것을 알려 주고 싶습니다. 이러한 마음에 과학자의 꿈을 키웠습니다.”

이 친구가 쓴 자소서를 읽어 보면서 자신이 왜 과학자가 되고 싶은지? 과학자가 돼서 무엇을 하고 싶은지에 대한 자기만의 진정성 있는 스토리 분명한 Why가 담겨 있구나라는 생각이 들었습니다. 그리고 앞으로 이 친구의 미래까지 그려졌습니다. 이 친구는 분명 미래의 훌륭한 과학자가 될 것입니다. 왜냐하면 과학자가 되고 싶은 자기만의 Why가 분명하기 때문입니다.

자기만의 Why는 내 안에 있다

그렇다면 자기만의 Why는 어떻게 알 수 있을까요? 그 씨앗은 바로 내 안에서 발견해야 합니다. 어떻게? 자신의 감정에 주목해 보면 알게 됩니다. 이국종 선생님도 박상진 판사도 공통적 느꼈던 신호는 감정이 출발이었습니다. 감정을 통해 자신의 사명이 무엇인지 발견했습니다. 우리는 자신의 마음이 무엇을 원하는지 모른 채 자세하게 들여다보는 훈련을 받지 못했습니다. 내 감정보다는 나를 둘러싼 주변 환경 즉 외부의 자극에 더 신경 쓰면서 살았습니다. 사회가 무엇을 중요하게 생각하는지 더 무게 중심을 둘 때가 많습니다. 그래서 진정으로 자신이 원하는 삶이 아닌 타자가 원하는 삶을 선택하는 것을 수없이 반복했습니다.

라캉이라는 철학자가 이야기했듯이 인간은 타자의 욕망을 욕망하는 존재입니다. 부모님의 욕망, 선생님의 욕망, 사회가 요구하는 욕망에 더 주목합니다. 지금부터는 타자의 욕망이 아닌 자신의 감정과 욕망이 무엇인지 자기 마음을 들여다보면 좋겠습니다. 이성보다는 감정이 더 솔직하고 정확합니다. 내가 만약 어떤 일을 하는 데 즐겁고 시간 가는 줄 모른다면 바로 그 일이 여러분이 원하는 일일 가능성이 큽니다. 원하는 일이 있다면 실행해 보시고 수정 보완하면서 성공 경험을 많이 쌓아야 합니다. 그래야 경험을 통해 잘하는 일이 되고, 좋아하는 일이 될 수 있습니다. 중요한 것은 자신이 원하는 일이 무엇인지 감정에 솔직해야 합니다. 그리고 실행을 통해서 구체적으로 좋아하는 분야를 좁혀 봐야 합니다. 내가 누군가로부터 잘한다는 이야기를 듣거나 그 일을 할 때 즐겁다면 그것이 바로 자신의 탁월성이라는 증거입니다. 이처럼 자신의 감정을 거울삼아 자기 마음이 무엇을 원하는지 알아차리는 연습을 하면서 실행해 보세요. 점점 확장될 것이고, 거룩한 부담감 즉 이 일을 하지 않으면 안 될 것 같은 견딜 수 없는 마음이 생깁니다. 바로 이것이 자기만의 Why입니다. 바로 이것이 자기다움이고 자기만의 탁월성입니다.

〈자기만의 WHY가 있어야 한다 생각해 보기〉

직업과 꿈은 다릅니다. 직업은 명사이고, 꿈은 동사입니다. 다시 말해 내가 무엇인가 이루고 싶은 간절함 즉 마음 상태입니다. 아이들에게 무엇이 되겠다는 명사형 직업보다는 내가 왜 선생님이 되고 싶은지? 내가 왜 유튜버가 되고 싶은지에 대한 자기만의 WHY가 무엇인지 생각해 보는 질문이 더 중요합니다. 만약 자기만의 Why가 없는 상태에서 꿈을 이야기한다면 그 꿈은 단순히 여러 직업 중 마음에 드는 단어 하나를 이야기한 것입니다. 더 이상 확장되거나 발전할 수 없습니다. 따라서 직업이 무엇인지 말하기 이전에 왜 내가 그 일을 해야만 하는지 어떤 이유에서 나는 그 꿈을 원하는지에 대한 자기만의 스토리가 있어야 합니다. 자기만의 Why를 찾기 위해서는 아이들이 자신의 감정에 주목할 수 있도록 도와주셔야 합니다. 이국종 선생님도 박상진 판사도 공통적 느꼈던 신호는 감정이 출발이었습니다. 자기감정을 통해 자신의 사명이 무엇인지 발견했습니다. 아이들이 원하는 일이 있다면 직접 실행해 보시고 도전해 볼 수 있도록 많은 기회를 주세요. 스스로 수정 보완하면서 성공 경험을 많이 쌓아야 알 수 있습니다. 성공 경험을 통해 잘하는 일이 될 수 있고, 좋아하는 일이 될 수 있습니다. 중요한 것은 우리 아이가 원하는 일이 무엇인지 자기감정을 솔직하게 표현하고, 실행해 볼 수 있도록 기다려 주고 응원해 주면서 지지해 주는 가정의 문화가 필요합니다.

Q. 탁월성 교육을 위한 질문

1. 우리 아이의 꿈은 무엇인가요? 그리고 왜 그 꿈을 꾸게 되었는지 질문해 보세요.
2. 우리 아이는 무엇을 할 때 충족감을 느끼나요? 우리 아이가 행복 감성을 느끼는 일은 무엇인가요? 오늘은 우리 아이가 좋아하는 일 세 가지만 적어 보고, 가능하다면 함께해 보세요. 아이가 부모의 말을 신뢰합니다.

8

세계가 주목하는 미래 학교 미네르바 스쿨

"우리가 맞이한 새로운 시대는 두 가지 원동력으로 이끌려
간다. 즉, 널리 유행하는 아이디어를 만들어 내는 행동 그리
고 따로 떨어진 것들을 하나로 연결하는 행동이다."

– 세스 고딘 –

미래 학교 미네르바 스쿨

2010년 미국의 벤처 투자자였던 벤 넬슨(Ben Nelson)은 KGI(미국 대
학 연합체, Keck Graduate Institute)의 인가를 받아 대학을 설립합니다.
그는 '기존의 대학 교육의 시스템으로는 세계 발전에 기여하는 인재를 양
성하지 못한다.'라는 생각에 완전히 다른 대학을 만들었습니다. 일단 모
든 수업이 100% 온라인으로 진행됩니다. 시설이라곤 전 세계 일곱 군데
에 있는 기숙사가 전부입니다. 캠퍼스 건물이 없습니다. 체육관도 없으
며, 도서관이나 학생 식당, 심지어 강의실도 없습니다. 학생들은 온라인
플랫폼으로 공부하고 기숙사에서 생활합니다. 온라인과 오프라인 대학
의 특성을 결합한 새로운 패러다임의 대학입니다. 4년 동안 7개국을 돌
아다니며 수업이 진행됩니다.

처음 1년은 대학 본부가 있는 샌프란시스코에서 공부하고, 다음 3년은 서울(대한민국)·하이데라바드(인도)·베를린(독일)·부에노스아이레스(아르헨티나)·런던(영국)·타이베이(대만) 등 여섯 도시를 옮겨 다니면서 전세계의 다양한 문화를 체험하고 다민족을 경험하면서 인간을 이해하는 공부를 합니다. 2020년 기준 미네르바의 합격률은 0.8%로 25,000명이 지원해서 단 200명만이 합격했습니다. '미네르바 스쿨'은 하버드보다 들어가기 힘들고, 세상에서 가장 흥미로운 학교가 됐습니다. 2014년 28명의 학생이 처음 입학했으며 2019년 5월에는 첫 졸업생을 배출했습니다. '미래의 학교'라 불리는 미네르바 스쿨은 대학이라는 틀에서 완전히 벗어난 미래형 대학입니다.

학생 중심의 참여형 수업

이 학교의 설립자인 벤 넬슨은 90년대 말 세계 최고 명문 대학 중 하나인 펜실베이니아에서 경제학을 전공하면서 자신의 사고력 발전에 도움을 줄 것이라 기대했습니다. 하지만 그의 바람과는 달리 '본인이 직접 대학을 경험한 결과 대학의 공부는 대학생의 사고력 증진에 별로 도움이 되지 않는다.'라는 생각이 들었습니다. 그래서 대학 교육 제도 개혁에 관심을 갖고 본인이 직접 대학을 설립하게 됩니다. 그가 추구하는 대학 교육의 철학은 철저히 이론 중심이 아닌 실무 중심의 살아 있는 지식을 배우게 하는 것입니다.

얼마 전 한국 기자와의 인터뷰에서도 그는 "뇌 수술에 버금가는 생각을 혁신할 것"[33]이라고 말했습니다. 그가 말하는 뇌 수술은 생각의 체계를 새롭게 바꾸는 것입니다. 그래야 불가능해 보이는 문제를 해결할 수 있는 능력이 생기고 만약 뭔가를 배웠다면 한 상황에서 배운 것을 다른 상황에도 적용할 수 있어야 한다고 주장합니다. "기존 대학교육에서는 물리학, 역사학, 심리학을 따로 가르치는데 물리학을 열심히 파고든다고 해도 그 지식을 다른 데 적용할 줄 모르는데 미네르바 대학에서는 한 분야에서 습득한 지식을 통해 다른 분야에도 적용할 수 있도록 가르칩니다."[34]

매 학기 수업마다 LBA(Location Based Assignme)와 시빅 프로젝트(Civic Project)라는 수업을 통해 바로 현장에서 적용할 수 있는 살아 있는 지식을 습득하도록 가르치고 있습니다. 학생들의 설문조사 결과 전체 학생의 83%가 학교 수업에서 배운 내용을 가지고 실제 현장에서 적용할 수 있다고 답했습니다. '교수' 중심의 주입식 교육이 아닌 '학생' 중심의 참여형 교육으로 만들었습니다. 모든 클래스가 20명 이하로 구성돼 '포럼(Forum)'이라는 형식으로 온라인에서 교수와 모든 학생이 서로 얼굴을 보며 토론 수업이 진행됩니다. 평가 방식도 특이합니다. 학생들이 수업 시간에 발언량을 측정해서 평가합니다. 수업 중 말을 많이 한 학생에게는 빨간색으로 표시되고, 발언량이 적은 학생은 초록색으로 표시해서 교수는 색깔을 기준으로 학생들의 참여도를 알 수 있기 때문에 자연스럽게 참여도를 높일 수 있습니다. 기존의 학점 제도가 아닌 발표, 과제, 프로젝트 등을 종합적으로 고려해 '학생 자체'의 역량을 평가합니다. 수업이 끝

---

33 EBS 뉴스, 〈세계 1위 혁신대학 '미네르바'의 비결은?〉, 황대훈, 2022.09.19.
34 같은 기사.

나면 교수의 상세한 피드백이 이어집니다. 가령 학생이 말한 부분에 대해 어떤 부분이 설득력이 있고, 없었는지 자세히 알려줍니다. 그래서 단한 번의 '벼락치기'로는 좋은 성적을 받을 수 있는 시스템이 아닙니다. 매수업 과제는 물론 모든 프로젝트에 성실히 임하고 적극적으로 참여해야만 좋은 평가를 받을 수 있습니다.

미네르바 스쿨 커리큘럼

미네르바 스쿨에는 융합된 전공을 가르치고 있습니다. 1학년 때는 기반 과정으로 비판적 사고력, 창의적 사고력, 효과적인 소통 능력, 협업 능력을 향상시키는 과정을 배웁니다. 2학년 때에는 전공의 방향성 과정으로 학업 조언가와 협력해서 다양한 전공에 대해 알아본 후, 전공을 선택합니다. 3학년 때는 집중 과정으로 전공을 기반으로 더 깊이 있게 공부합니다. 이때부터 캡스톤 프로젝트(자신이 배운 것의 축적물)를 시작합니다. 4학년 때에는 합성 과정으로 캡스톤 프로젝트의 완성물을 만듭니다. 자신이 그동안 미네르바에서 배운 것을 바탕으로 의미 있다고 생각하는 것을 만들어 내야 합니다. 이러한 과정으로 4년을 보내게 됩니다. 켄 로스 미네르바 스쿨 아시아 지역 총괄 디렉터는 "대학 교육은 학생들에게 불확실하고 급변하는 미래를 살아갈 수 있는 힘을 줘야 합니다. 정보나 지식은 언제든 배울 수 있어요. 배워야 할 지식들은 계속 시대마다 바뀌고요. 대학 교육은 학생들에게 생각하는 법, 계속 무언가에 적용하는 법을 가르쳐야 한다. 한 가지를 통달하는 것보다 넓게 볼 수 있는 힘을 길러주고, 꼭 리더나 혁신가가 되지 않아도 리더십이 무엇인지 혁신이 무엇인지 이해하게 만들어야 한다고 생각합니다."[35]라고 말하면서 한마디로 모든 커리큘럼의 목표는 실무 현장에서 내가 배운 내용을 적용하고 활용할 수 있도록 가르치는 교육에 중점을 두고 있습니다.

미네르바 입학 조건

미네르바 스쿨은 SAT(Scholastic Assessment Test)나 ACT(American College Testing Program) 같은 표준화된 시험 성적을 반영하지 않습니다. 정형화된 시험 성적을 반영하지 않기에 미네르바 스쿨에 합격한 학생조차 '어떻게 해야 합격한다.'고 조언해 주지 못합니다. 합격하기 위해서는 '당신이 미네르바에서 성공할 수 있는 학생'이라는 것을 입증해야 합니다. 예를 들면 '나는 누구인지' 지난 학업 과정과 그것을 통해 얻은 결과물이 무엇인지 보여 줘야 하고 6개의 자체 시험을 통해서 자신의 생각을 어필해야 합니다. 이러한 과정에서 지원자의 사고력을 평가하고 어떻게 문제를 해결해 나가는지를 평가하게 됩니다. 또한 마지막으로 지금까지 살아오면서 자신이 성취한 것이 무엇인지도 보여 줘야 합니다. 그뿐만 아니라 지원자의 열정과 헌신도 판단하기에 자원 봉사 활동, 문학, 예술 작품, 등 자신의 활동 분야도 포함됩니다. 그러나 이것 또한 참고사항이지 완전히 정해진 기준은 아닙니다. 벤 넬슨이 "미네르바의 입학 과정은 매년 바뀐다. 물론 입학 전형에서 우리가 원하는 것들이 있지만, 그것들은 일부이지 전부가 아니다."라고 말한 만큼 명확한 입학 기준은 정해져 있지 않습니다.

---

35 불로터, 〈"캠퍼스 없는 혁신대학, '미네르바스쿨'을 아시나요?"〉, 이지현, 2016.05.11.

세계가 주목하는 인재의 기준은 무엇인가?

미네르바 스쿨은 2022년에 WURI(세계 혁신대학 평가)에서 1위로 선정되었습니다. 미네르바 스쿨을 보면서 앞으로 미래 사회에서 필요한 인재의 기준이 어떻게 달라지고 있는지 유추해 볼 수 있습니다. 미네르바 스쿨에서 교육하고 있는 핵심가치를 크게 세 가지 관점에서 생각해 보면 다음과 같습니다.

첫째 정보 중심 교육이 아닌 아웃풋 교육이 중요합니다. 미네르바 스쿨이 기존의 대학과 가장 크게 다른 점이 있다면 전통적으로 정보 중심 교육이 아닌 아웃풋 중심의 실용 교육을 지향하고 있습니다. 이는 대학에서 습득한 지식을 단순히 채우는 것으로 끝나는 것이 아니라 반드시 배운 지식이 사회에서도 어떻게 적용 가능한지 생각해 봐야 합니다. 미네르바의 설립자인 넬슨은 "대학은 학생이 실제로 지식을 활용할 수 있도록 교육해야 한다.", "개념을 배우는 것뿐 아니라 응용하고 적용하는 단계로 나아가야 한다."라며 배운 지식을 사회에서 활용할 수 있는 교육이 중요하다고 말했습니다.

두 번째로 이러한 실제적인 지식을 배우기 위해서는 역량 중심의 교육이 필요합니다. 미네르바 교육철학의 핵심은 비판적 사고력, 창의적 사고 능력, 효과적인 의사소통 능력, 효과적인 상호작용 능력 등 철저하게 역량 중심의 교육입니다. 예를 들면 비판적 사고 과정을 거친 하나의 개념이 생물학, 컴퓨터 과학, 공중 보건, 심리학의 많은 분야에 걸쳐 활용할 수 있어야 합니다. 역량 중심의 교육이란 특정 분야의 지식이나 사실을 습득하는 것이 아니라 구체적인 지식과 기술을 배양하고 초점을 맞춘 교육을 말합니다. 최근 우리나라에서도 지식 습득이 아니라 학생들의 역량 함양을 위한 교육을 목표로 2015년도 개정 교과부터 6대 핵심 역량 교육으로 자기관리 역량, 지식 정보처리 역량, 창의적 사고 역량, 심미적 감성 역량, 의사소통 역량, 공동체 역량을 핵심 역량으로 제시하고 있지만 아직은 입시 위주의 교육에 더 중점을 두고 있는 현실입니다.

셋째 연결 지능이 중요합니다. 현시대에서는 단순히 알고 있는 정보만으로는 복잡한 과제들을 해결하지 못합니다. 정보를 통합하고 연결해서 적절한 순간에 사용할 줄 아는 리더와 혁신자가 필요한 시대입니다. 이러한 연결 지능은 자신이 배운 다양한 지식과 경험, 의욕, 인적자원 등을 결합해서 새로운 가치와 의미를 창출하는 능력입니다. 미네르바 스쿨은 4년 동안 문화 인류학적 여행을 합니다. 여행을 하다 보면 자신도 모르게 서로 다른 문화를 가진 사회들을 연결하는 능력을 갖게 되고 학부 과정에서도 맥락과 맥락의 연결을 중요한 개념으로 배우고 있습니다. 이러한 연결 능력이 바로 4차 산업 혁명 시대의 인공지능은 절대 가질 수 없는 인간 고유 능력인 공감 능력과 21세기 창의융합형 인재가 아닐까 생각합니다.

〈세계가 주목하는 미래 학교 미네르바 스쿨 생각해 보기〉

미네르바 스쿨은 2022년에 WURI(세계 혁신대학 평가)에서 1위로 선정되었습니다. 미네르바 스쿨에서 교육하고 있는 핵심 가치는 정보 중심 교육이 아닌 아웃풋 교육입니다. 전통적으로 정보 중심 교육이 아닌 아웃풋 중심의 실용 교육으로 대학에서 습득한 지식을 사회에서도 어떻게 적용하고 연결하는지를 가르칩니다. 미네르바의 설립자인 넬슨은 "대학은 학생이 실제로 지식을 활용할 수 있도록 교육해야 한다.", "개념을 배우는 것뿐 아니라 응용하고 적용하는 단계로 나아가야 한다."라며 배운 지식을 사회에서 활용할 수 있는 교육이 중요하다고 합니다. 이러한 교육이 역량 중심의 교육입니다. 역량 중심의 교육이란 특정 분야의 지식이나 사실을 습득하는 것이 아닌 학습의 결과가 이후의 삶에서 부딪치는 다양한 문제와 과제, 일을 효율적으로 수행하는 데 실질적인 도움이 되는 교육을 의미합니다. 한마디로 연결지능을 키워 주는 교육입니다. 연결지능이 높은 아이가 21세기 창의융합형 인재입니다.

Q. 탁월성 교육을 위한 질문

1. 아이들이 배운 지식을 융합하고 응용하는 연결 지능은 현실 세계에서 문제를 해결하고 창의적인 아이디어를 생산하는 능력을 강화시키는 것으로 중요합니다. 이는 다양한 분야에서 요구되는 능력으로 과학, 공학, 예술 등 여러 분야의 지식을 융합하여 창의적인 문제 해결 방안을 제시합니다.
2. 연결지능을 키우기 위해서는 무엇보다 글쓰기와 독서가 중요합니다. 가정에서도 아이와 함께 책을 읽고 글을 쓸 때 느낀 점, 깨달은 점만 이야기하지 말고 반드시 아이의 삶과 현실에서 내가 배운 책의 내용이 어떻게 현실에서 연결하고 활용할 수 있는지 생각해 보고 표현해 보세요. 바로 이것이 연결지능을 키우는 방법입니다.

제2장

아이들의 탁월성은 어디에서 오는가?

"탁월함은 훈련과 습관을 통해 얻어지는 예술이다. 인간은 덕이나 탁월함을 가지고 있기 때문에 올바르게 행동하는 것이 아니라, 올바르게 행동했기 때문에 탁월해지는 것이다. 인간은 습관적으로 행동하는 그대로의 존재이다. 탁월함은 행위가 아니라 습관이다."

- 아리스토텔레스 -

①

아이들의 탁월성은 유전이다

"인간의 잠재력은 빼앗길 수 없는 유일한 소유이며, 그것은
마음껏 개발되고 이용될 수 있다."

－ 토마스 만 －

아이들의 탁월성 특히 학업 지능과 관련된 오래된 논쟁이 있습니다.
과연 공부는 재능인가 노력인가 하는 담론입니다. 이러한 담론에 대한
다양한 연구 결과를 살펴보면서 학업 지능과 관련된 다양한 입장을 정리
해 보겠습니다.

노력의 배신

세계에서 가장 오래되고 저명하다고 평가되는 영국의 과학 학술지인
네이처(Nature)는 지난 2016년 5월 12일 DNA 연구와 관련한 결과를 발
표했습니다. 대니얼 벤저민 미국 남 캘리포니아대 교수와 필리프 쾰링거
네덜란드 암스테르담 자유대 교수 등 과학자 253명이 참여한 사회과학
유전자 협회 컨소시엄에서 유럽인 29만 3723명의 DNA를 조사해 학업능
력과 유전자의 관계를 밝혔는데 이런 결론을 내렸습니다. "학업 기간이

긴 사람들에게 발견된 DNA의 특징은 뇌와 신경 발달에 관여하는 유전자에 집중적으로 분포되어 있다. 그리고 이러한 유전자들은 태아기에 특히 활발하게 활동하고 공부와 관련이 있다." 연구팀이 주장한 바에 따르면 실제 사람들의 염색체 수는 23쌍으로 모두 같지만 피부색과 키 등 생김새가 서로 다르고 성인병이나 당뇨병, 암에 대한 내성도 제각각이다. 이는 "염색체를 구성하는 DNA의 일부 정보가 조금씩 다르기 때문이다."라며 염색체의 74곳에서 공부를 장기간 하는 사람들이 갖는 공통적인 특징을 찾아냈다고 말했습니다.[36]

이러한 연구 결과에 대해서 우리나라의 공구 한양대 의과대 교수도 "사람의 키만 해도 타고난 DNA뿐 아니라 자라난 환경과 영양 상태에 의해 복합적으로 결정되는 것이 정설"[37]이라며 "이번 연구 결과는 인과관계가 아닌 상관관계를 찾아낸 것"이라고 밝혔습니다. 한마디로 공부 잘하는 유전자(DNA)는 따로 있다는 뜻입니다.

"내가 14년간 봐 온 것은 정말 공부에 있어서 중요한 것은 객관적으로 유전자야! 여기서 잘 생각을 해야 돼. 내가 유전자가 아니다 싶으면 빨리 공부를 포기하는 게 현명한 일이야! 여기에 대해서 솔직해야 된단 이야기야 주위에서 봐 봐. 어떤 집단은 다 서울대야. 그런데 어떤 집안 식구는 사촌까지 모조리 다 관광버스 타고 다녀."[38]

36 동아일보, 〈공부 잘하는 DNA 따로 있다?〉, 이우상, 2016.05.12.
37 같은 기사.
38 유튜브 영상, 〈손주은 제자 이야기, 하루 17시간 공부, 행정고시 수석 졸업〉, 2001.12. 공부를 잘

메가스터디 손주은 회장의 이야기입니다. 이분은 진심으로 아이들을 잘 가르치기 위해서 신발까지 숨기면서 가르쳐 봤지만 정작 공부를 잘하는 데 있어서 가장 중요한 변수는 노력이 아니라 부모의 유전자라고 이야기합니다. 다시 말해서 '공부 유전자가 없으면 아무리 노력해도 공부로는 성공할 수 없다.'라는 이야기로 들립니다.

미시간 주립대 잭 햄브릭 교수팀이 노력과 선천적 재능 즉 유전자와의 관계를 다룬 88개의 논문을 조사했는데 학술·교육 분야에서 노력한 시간이 결정적으로 실력 차이를 결정짓는 비율이 4%에 불과한 것으로 나타났습니다. 음악, 스포츠, 게임 분야에서도 후천적인 노력의 결과는 20~25% 나왔습니다.[39] 어떤 분야이든지 선천적인 재능이 부족하면 아무리 노력해도 실력이 뛰어날 확률이 높지 않다는 뜻을 말합니다. 연구를 진행했던 햄브릭 교수는 말합니다.

> "한 분야에서 최고가 되기 위해서는 꾸준한 노력이 필수적
> 이지만, 선천적 재능과 비교했을 때 대부분의 사람이 생각
> 하는 것만큼 절대적인 요소는 아니다."[40]

최근의 화제작 『유전자 로또』(원제: The Genetic Lottery)에서도 이와 비슷한 주장을 하고 있습니다. 이 책을 쓴 텍사스대 심리학과 캐슬린 페

하는가 못하는가를 결정하는 가장 중요한 요인은 '유전자'라는 발언을 했지만 전체 맥락은 그만큼 어려우니 목숨을 걸 각오로 공부해야 한다는 것이 주된 메시지로 들린다.
39 중앙일보, 〈노력하면 된다? '1만 시간의 법칙' 틀렸다〉, 하선영, 2014.07.17.
40 같은 기사.

이지 하든 교수는 뛰어난 어휘력, 빠른 정보 처리 능력, 높은 질서 의식, 그리고 사회적 성공을 좌우하는 열정과 끈기와 같은 특성들은 상당 부분 개인이 태어날 때 받은 유전자 조합에 큰 영향을 받는다[41]고 주장하고 있습니다. 일란성 쌍둥이 같은 경우 부모로부터 태어나서 유전자를 거의 똑같이 공유하고 같은 환경에서 자라나기 때문에 그들 대부분이 학교 시험 점수와 교육 정도가 매우 비슷했습니다.

재단법인 플라톤 아카데미에서 이용범이 쓴 칼럼 「심리 지능은 유전되는 것일까?」[42]를 읽어 보면 유전과 지능에 대한 다양한 연구 결과들이 나옵니다. 먼저 행동유전학자 존 로에린(John C. Loehlin)의 연구에서는 1989년 형제자매들을 대상으로 10년 간격으로 지능 지수를 측정하면서 유전적 요인과 환경적 요인을 비교 분석했습니다. 실험 결과 일란성 쌍둥이가 한 부모 밑에서 자랐을 경우 지능과의 상관성은 0.85였고, 한 아이가 다른 가정에 입양되어 서로 다른 환경에서 자랐을 때의 상관성은 0.74였습니다. 또 같은 환경에서 자란 보통 형제간의 상관성은 0.54로 나타났습니다. 이를 바탕으로 로에린은 1992년에 지능의 유전적 영향력이 38~49%, 환경의 영향력이 0~11%라는 연구 결과를 발표[43]합니다.

다음으로 유전학자인 토머스 부샤르(Thomas J. Bouchard Jr.)의 연구도 있었는데 그는 1993년 한 연구에서 환경과 IQ와의 상관관계를 연구했

41 조선일보, 〈누구나 노력하면 성공? 그 '노력'조차 유전자가 결정한다〉, 양지호, 2023.03.04.

42 재단법인 플라톤아카데미, 이용범, 〈심리 지능은 유전되는 것일까〉, 2021.10.21.

43 Loehlin JC. Should we do research on race differences in intelligence? Intelligence, 16, 1-4, 1992.

습니다. 이 연구에서는 환경의 영향은 매우 적게 나타났고, 유전의 영향력이 더 높게 나타났습니다. 특히 성인기에는 유전의 영향력이 80~90%로 오히려 상승한다[44]고 밝혔습니다. 나이가 들수록 유전의 영향이 더 커진다는 것입니다. 2015년 로버트 플로민(Robert Plomin) 연구에서도 비슷한 결과를 드러냈습니다. 부모와 자녀 8,000여 명, 형제자매 2만 5,000여 쌍, 쌍둥이 1만 1,000 쌍, 그리고 수백 명의 입양 가족을 대상으로 DNA를 분석했는데 지능에서의 유전적 영향력이 40~80%에 달했습니다.[45] 유아기에는 유전적 영향력이 20%에 불과했지만 나이가 들수록 점점 높아져 성인기에 이르면 60%를 넘어섰습니다.

영국에서도 비슷한 실험이 있었습니다. 2013년 한 연구팀이 쌍둥이 1만 1,000쌍의 중등교육 자격시험(GCSE) 점수를 비교했습니다. 이 시험은 영국 학생들이 만 16세가 되었을 때 의무적으로 치러야 하는 시험입니다. 시험 분석 결과 쌍둥이 형제간의 점수 차이 중 58%는 유전적 차이에 의한 것으로 나타났습니다.[46] 점수 차이가 100점이라면 그중 58점은 유전적 차이로 인해 생긴다는 것을 의미합니다.

이러한 유전의 영향은 부의 불평등에도 영향을 미친다는 연구 결과도 있습니다. 경제학자 대니얼 바스와 다른 학자들이 작성한 논문인 「유전

44 Bouchard TJ Jr. The genetic architecture of human intelligence. In: Vernon PA (ed) Biological approaches to the study of human intelligence. Ablex, Norwood, NJ, pp 33-93. 1993.

45 Plomin R. & Deary I.J. Genetics and intelligence differences: five special findings. Mol Psychiatry. 2015 Feb; 20(1): 98-108.

46 Shakeshaft NG et al. Strong genetic influence on a UK nationwide test of educational achievement at the end of compulsory education at age 16. PLoS ONE 8(12): e80341, 2013.

적 자질과 부의 불평등」에 따르면, 은퇴한 70세 이상의 백인 중에서 교육 능력에 영향을 미치는 유전자 지수 상위 25%에 속하는 사람들이, 교육 수준이 낮은 사람들보다 평균적으로 47만 5천 달러 정도 더 많은 돈을 가지고 있다고 알려져 있고 또 다른 연구에도 유전적으로 뛰어난 학생들이 대학 졸업률이 55%로 매우 높은 반면, 유전자적으로 능력이 낮은 학생들은 단지 11%만이 대학을 졸업할 수 있었다[47]라는 사실이 밝혀져 충격을 주고 있습니다.

'공부는 유전이다' 연구의 한계

불편하지만 지금까지의 사례를 종합해 보면 아이들의 학습 능력 즉 공부는 상당 부분 유전적으로 결정된다는 주장입니다. 일정 부분 인정이 필요한 부분입니다. '공부는 유전이다.'라는 주장은 아직까지 유전학과 교육에 관련된 분야에서 많은 논쟁을 일으키고 있습니다. 그러나 이러한 주장에는 몇 가지 분명한 한계점이 있습니다. 먼저 환경의 영향을 무시합니다. 유전적 요소가 공부에 중요한 역할을 할 수 있지만 환경의 영향도 공부에 큰 변수입니다. 학습 환경, 교육 방법, 가정 환경, 문화적 배경 등은 개인의 학습에 영향을 미칠 수 있는 환경의 영향이 있습니다. 단순히 유전적 요소만으로는 개인의 학습 능력을 평가하기에는 설명이 부족하다는 한계가 있습니다. 그뿐만 아니라 학습 능력과 관련된 유전자는 다양하고 복잡하며, 아직 완전히 밝혀진 사실이 아닌 통계적인 사실입니다.

---

47 연합뉴스, 〈공부 잘하는 유전자는 따로 있을까? … 신간 『유전자 로또』〉, 송광호, 2023.03.03.

이러한 연구는 다른 요인들과의 상호작용을 고려하지 않고 생물학적인 요인만을 분석한 결과입니다. 단순 통계치로 학습 능력을 설명하기는 일반화에 대한 오류가 생길 수 있습니다. 또한 아무리 유전적으로 뛰어난 학습 능력을 가지더라도 실제 성과를 이끌어 내기 위해서는 적절한 학습과 훈련이 필요한 것은 사실입니다. 노력, 의지력, 목표 설정, 학습 전략, 인지적인 인내심 등의 요소가 학습 성과에 영향을 미칩니다. 아무리 유전적으로 우수한 능력을 가지더라도 이러한 학습과 훈련 과정 없이는 절대로 성과를 달성하기 어렵습니다. 마지막으로 학습 능력은 개인마다 다를 수 있습니다. 유전적인 요소는 개인 간 차이를 설명하는 데 도움이 되지만, 사람들은 다양한 능력과 잠재력을 가지고 있습니다. 학습은 다양한 영역에서 이루어지며, 각각의 개인은 각자의 강점과 약점을 가지고 있습니다. 따라서 학습 능력을 단순히 유전에 귀속시키는 것은 개인의 다양성과 잠재 능력을 고려하지 않는다는 한계가 있습니다.

종합적으로, '공부는 유전이다.'라는 주장은 학습 능력의 일부를 설명하는 데에는 일정한 근거가 있을 수 있지만, 절대적이지 않습니다. 학습에 영향을 미치는 다른 요인들과의 복잡한 상호작용을 고려하지 않고 생물학적인 특성만 비교했기 때문에 한계가 있습니다. 결론적으로 학습은 유전적인 영향뿐만 아니라 환경, 노력, 훈련, 개인의 다양성 등 다양한 요소들의 복합적인 영향으로 이루어진다고 저는 생각합니다.

〈아이들의 탁월성은 유전이다 생각해 보기〉

미시간 주립대 잭 햄브릭 교수의 "공부는 유전이다."라는 주장은 아직까지 유전학과 교육에 관련된 분야에서 많은 논쟁을 일으키고 있습니다. 그러나 이러한 주장에는 몇 가지 분명한 한계점이 있습니다. 환경의 영향을 무시합니다. 다른 환경적인 요인들과의 상호작용을 고려하지 않고 오직 생물학적인 요인만을 분석했다는 결함이 있습니다. 또한 단순 통계치로 학습 능력을 설명하기는 일반화에 대한 오류가 생길 수 있습니다. 아무리 유전적으로 뛰어난 학습 능력을 가지더라도 실제 성과를 이끌어 내기 위해서는 적절한 학습과 훈련이 필요한 것은 사실입니다. 유전적인 요소는 개인 간 차이를 설명하는 데 도움이 되지만, 절대적이지 않습니다. 학습에 영향을 미치는 다른 요인들과의 복잡한 상호작용을 고려하지 않고 생물학적인 특성만 비교했습니다. 개인의 다양성과 잠재 능력을 고려하지 않는다는 한계가 있습니다.

Q. 탁월성 교육을 위한 질문

1. 이 글을 읽고 여러분은 학습 능력의 가장 큰 변수는 무엇이라고 생각하나요? 타고난 유전의 영향인지? 아니면 후천적인 노력과 환경인지 생각해 보세요.

2. "아이들의 탁월성은 유전이다."라는 주장에 대해 어떤 생각이 들었나요? 동의하는지? 만약 동의하지 않는다면 무엇 때문인지? 생각해 보고 그럼 나는 주로 어떤 관점에서 아이들을 양육하고 교육하는지 근거를 생각해 보세요. 그것이 어떤 효과가 있었나요?

2

아이들의 탁월성은 환경이다

"공부란 것은 정서라는 바다에 띄워진 인지라는 배가 항해
하는 것이다."

– 임작가 『완전학습 바이블』 –

1993년 앤더스 에릭슨 플로리다 주립대 에릭슨 교수는 음악가를 대상
으로 한 연구에서 일급 연주자와 아마추어 연주자 간의 차이가 연주 시간
즉 노력이 실력의 80%라고 주장했습니다. 그러니까 '실력은 재능이 아닌
노력의 영향이다.'라는 주장입니다. 이러한 에릭슨의 연구를 바탕으로 지
난 2005년 맬컴 글래드웰은 『아웃라이어』라는 책을 집필해 '1만 시간의
법칙' 즉 선천적인 재능보다는 꾸준한 노력이 천재를 만든다라는 책을 써
서 전 세계에 큰 반향을 일으켰습니다.

또 다른 변수 환경

그렇다면 공부 즉 학습에 있어서 과연 유전이 중요할까요? 아니면 노
력이 중요할까요? 이러한 질문에 또 다른 접근이 있습니다. 바로 '공부의
변수는 유전과 노력이 아닌 환경이 더 중요하다.'라는 주장입니다. 1999

년 미국에서 가장 머리가 좋았던 사람이었습니다. 52세의 크리스토퍼 랭건이라는 남자가 있었는데 전문가들이 측정한 그의 IQ는 195~210이었습니다. 생후 6개월 만에 말을 하기 시작했고, 3살 때 글을 쓰기 시작했습니다. 시험공부를 전혀 하지 않은 상태에서 교과서만 대충 훑어보고 시험을 보면 항상 일등을 했습니다. 그림 또한 실제 사진처럼 똑같이 그렸고, 기타 연주 실력 또한 아주 뛰어났으며, 대학 입학시험이었던 SAT 시험에서도 만점을 받았습니다. 그뿐만 아니라 철학, 수학, 물리학에도 학자 못지않은 지식을 갖고 있을 정도로 학습에 천재였습니다. 한마디로 선천적인 지능을 가지고 태어난 천재였습니다.

하지만 그의 후천적 환경은 매우 열악했습니다. 그의 어린 시절에는 술주정뱅이 의붓아버지로부터 가정 폭력에 시달렸고, 최빈곤층으로 경제적으로 어려운 생활 속에서 생활해야만 했습니다. 고교 졸업 때 SAT를 만점 받았지만, 생활고 때문에 학업을 그만둬야 했고 찢어지게 가난해 할 수 없이 막노동으로 건설 현장을 떠돌거나 고기잡이배를 타면서 노동을 하거나 카우보이, 삼림 소방관, 나이트클럽 경비원, 말 돌보는 일 등으로 지금까지 학문적인 분야에서 자신의 탁월성을 발휘하는 것보다는 전혀 상관없는 육체 노동자로 생계를 이어 가고 있습니다.[48] 이처럼 아무리 좋은 재능과 유전적인 머리를 타고났지만 후천적인 환경이 뒷받침되지 않는다면 성공이 보장되는 것은 아닙니다.

---

48 『아웃라이어』, 말콤글래드웰, 4장 랭건과 오펜하이머의 결정적인 차이 참조, 김영사, 2009.

공부머리에 유리한 기질은 있다

랭건의 사례를 통해서 공부와 유전과의 관계를 생각해 볼 수 있는데 먼저 '공부에 유리한 머리가 있다.'라는 사실입니다. 즉 '공부머리는 선천 적으로 타고난다.'입니다. 분명 선천적으로 공부하기에 유리한 기질이 있 습니다. 이러한 가설을 증명해 줄 수 있는 이론이 있는데 바로 성격 이론 인 MBTI 이론입니다.

MBTI(Myers Briggs Type Indicator)라는 성격 이론은 마이어스라는 어머니의 이름과 브릭스라는 딸이 만든 타고난 성격 유형지표입니다. 이 이론이 만들어지게 된 배경은 1939년 2차 세계대전 당시 남자들이 전쟁 터로 많이 끌려가게 되었습니다. 그래서 여자들은 어쩔 수 없이 남자들 이 했던 산업 현장에서 일을 하게 됩니다. 그런데 남자들이 했었던 일이 었기 때문에 여자들이 일하는 것이 쉽지가 않았습니다. 이러한 상황에서 만약 여성들의 성격 유형에 따라 낯선 업무를 배치할 수 있다면 전쟁 수 행 노력에도 도움이 될 수 있을 것 같다는 판단이 들었습니다. 이러한 이 유로 마이어스와 브릭스 모자는 카를 융의 『심리적 유형』을 토대로 성격 유형을 분류하기 시작합니다. 먼저 여러 자서전의 인물들을 분석하기 시 작했고, 이를 근거로 드디어 1943년 성격 유형 검사라는 지표를 만들었 습니다. 실제로 자신들이 분석한 지표에 따라 12년간의 추적조사가 이루 어졌고, 검사 결과 마침내 자신이 가설을 세운 성격 유형에 따라 진로가 정해지는 놀라운 결과로 나타났습니다. 그래서 1957년 처음으로 마이어 스 브릭스 성격 유형 검사(MBTI)라는 책자로 출간하였으며 1970년대부 터 대중화되기 시작합니다. MBTI 성격 유형 분석은 사람의 성격을 16가지로 나누고 각 성격적 특성과 행동 양식으로 인간의 성격을 이해하기 위한 검사 지표입니다.

N, T 성향의 아이들이 유리하다

이러한 MBTI(성격유형지표)를 근거로 학습 능력은 직관(intuition) 능력과 사고(Thinking) 기능을 타고난 사람들이 유리합니다. 쉽게 말해서 N 성향과 T 성향을 가지고 태어난 아이들의 특징은 눈에 보이지 않는 추상적인 것을 즐기고 좋아하며, 이성적으로 사고하고 이해하는 능력이 매우 높게 나타납니다. 그래서 학교 공부도 매우 유리합니다. 대부분 학교에서 배우는 내용은 현실에서는 눈에 잘 보이지 않는 추상적인 개념들을 배우고 익히게 되는데 수학을 예로 들면 함수나, 미적분, 지수와 같은 내용은 보이지 않는 아주 복잡한 추상적인 개념입니다. 그래서 선천적으로 추상적 개념에 대한 호기심이 있어야 하고, 냉철한 이성적 사고를 하고 있어야지만 학습 내용을 정확하게 이해할 수 있습니다. 그렇기 때문에 상대적으로 N, T 성향을 가지고 태어난 아이들이 학습에 유리합니다.

MBTI 유형 중 INTJ(전략가) 유형이 있습니다. 일명 천재 전략가형으로 지식 탐구 그 자체를 너무 좋아하고, 책 읽는 것, 생각하는 것을 좋아하는 아이들입니다. 이런 유형이 보통 영재 중에 많이 있습니다. 이런 아이들은 뭐 하나에 꽂히면 자신이 이해할 때까지 집요하게 끝까지 생각하기 때문에 지식 정보처리 역량이 매우 뛰어납니다. 그뿐만 아니라 일반 학교 교과과정이 아이들한테는 너무 시시하기 때문에 잘 품어 주지 못합니다. 과학자들이 많이 배출되고 천재들이 보통 이런 유형에 포함됩니다. 전체 비율의 2% 정도 되고 여자아이들은 0.8% 정도 됩니다.

INTP 유형(논리적인 사색가)은 미국 인구의 3~5% 정도를 차지하며 매우 분석적이고 논리적이며 객관적 비평을 잘합니다. 한마디로 직관과 통찰력이 뛰어나 계속 무엇인가를 찾고 생각을 끊임없이 연이어서 하는 아이들이라 탐구하는 것을 좋아합니다. 특히 요즘 수능에서 요구하는 통합 교과적 사고 즉 종합적 성찰을 잘하는 아이들이 이런 유형입니다.

ENTP(토론가)는 이들이 바라보는 세계는 항상 가능성과 흥미로 다가옵니다. 그래서 자극적인 도전을 즐기면서 지적인 유희를 즐기는 스타일 때문에 지적인 도전을 두려워하지 않고 해당의 지식을 탐구하고 다른 사람들과 논쟁하면서 토론하는 걸 매우 좋아하는 아이들입니다. 그래서 어떤 문제든지 도전적이기 때문에 창의적으로 돌파하고자 합니다.

ENTJ(사령관)는 성취 욕구가 높은 아이들입니다. 경쟁적인 상황에서 절대 지기를 싫어하는 유형으로 목표를 향한 집념이 매우 강하게 나타납니다. 그래서 성과를 올리고 항상 지도하는 위치를 더 좋아합니다. 인기와 사랑보다는 '일 잘한다.', '공부 잘한다.'와 같은 능력을 더 중요하게 생각합니다. 일 중독자들 중에 이런 유형이 많이 있습니다.

지금까지 이야기했던 네 가지 유형 모두 공통으로 N, T 성향의 아이들입니다. 이러한 성향의 아이들은 공부 머리를 타고나기 때문에 상대적으로 입시에 유리한 것은 사실입니다. 또한 이런 아이들은 전체 인구의 10% 정도밖에 되지 않습니다.

공부는 태어나면서 결정되는가?

그렇다면 나머지 90%의 아이들은 아무리 열심히 공부해 봤자 소용없을까요? 그렇지 않습니다. 일단 기본적으로 우리나라 공교육에서 배우게 되는 모든 교과과정은 평균적인 지능과 평균적인 노력만 한다면 누구나 타고난 머리와 상관없이 쉽게 이해하고 배울 수 있는 난이도로 구성되어 있습니다. 따라서 아무리 나는 공부머리를 타고났다고 하더라도 스스로 노력하지 않거나, 반대로 N, T 성향이 아니더라도 누구나 노력하면 성취할 수 있는 기본 과정이라는 뜻입니다. 그런데 통계적으로 보면 보통의 경우 부모가 서울대를 나오면 아이들도 서울대를 가거나 공부를 잘하는 것을 볼 수 있습니다. 그것은 부모가 서울대를 나왔기 때문에 자녀들도 서울대를 가는 것이 아니라 중요한 변수는 부모가 공부를 잘했던 경험에 있습니다. 즉 부모가 공부를 잘해 본 경험이 있었기 때문에 자녀들도 공부 방식을 그대로 배울 수 있는 기회가 높다는 뜻입니다.

쉽게 말해 공부라는 것은 누적의 효과입니다. 그때그때 꼭 중요한 개념을 배워야 어렵지 않게 잘 따라갈 수 있습니다. 만약 그때그때 배워야 할 개념을 익히거나 배우지 못하면 나중에 따라가기 어렵습니다. 이러한 누적 효과를 경험해 본 부모가 상대적으로 자녀를 더 잘 지도할 수 있습니다. 하지만 공부를 잘해 본 경험이 없는 부모들은 계속 잘못된 학습 방식으로 아이들을 양육하고 지도할 확률이 높습니다. 이런 부모가 어떤 특별한 변화를 겪지 않는 이상 자녀가 공부를 잘하게 될 확률은 거의 불가능합니다. 그러나 공부를 잘해 본 경험이 있었던 부모들은 누적 효과를 잘 알기 때문에 교육에 있어서 어떻게 학습해야 하는지에 대해 아이들에게 적절한 가이드 역할을 해 줄 수가 있습니다. 바로 이러한 맥락에서 공부는 유전이라고 이야기합니다.

지금까지의 이야기를 종합해 보면 먼저 공부를 잘하는 것 이것은 유전이 아니다. 하지만 공부에 유리한 머리는 타고날 수 있다. 그러나 이것을 유전이라고 보는 것은 지나친 편견이고 고정형 사고방식입니다. 타고나는 공부 머리보다 더 중요한 변수는 공부하는 환경입니다. 즉 나는 어떤 학습 방식으로 공부하느냐가 절대적인 변수가 될 수 있습니다. 제대로 된 학습 방식을 익혀야 공부를 잘할 수 있다는 뜻입니다. 결론적으로 생물학적인 유전이 아닌 심리·사회적인 측면에서 학습 동기와 적절한 학습 방법을 끊임없이 자극하고 꾸준히 노력한다면 누구나 평균 이상의 학습 효과를 볼 수 있습니다.

〈아이들의 탁월성은 환경이다 생각해 보기〉

아무리 좋은 재능과 유전적인 머리를 타고났지만 후천적인 환경이 뒷받침되지 않는다면 성공이 보장되는 것은 아닙니다. 하지만 공부에 유리한 머리가 있다는 것은 사실입니다. 즉 공부 머리는 선천적으로 타고납니다. 이러한 가설을 증명해 줄 수 있는 이론이 MBTI 이론입니다. MBTI(성격유형지표)를 근거로 학습 능력은 직관(intuition) 능력과 사고(Thinking) 기능을 타고난 사람들이 유리합니다. 쉽게 말해서 N 성향과 T 성향을 가지고 태어난 아이들이 이성적으로 사고하고 추론하는 능력이 매우 높게 나타납니다. 그래서 학과 공부에 매우 유리합니다. 그렇다면 N, T 성향이 아닌 아이들은 아무리 열심히 공부해 봤자 소용없을까요? 그렇지 않습니다. 우리나라 공교육에서 배우게 되는 모든 교과과정은 평균적인 지능과 평균적인 노력만 한다면 누구나 타고난 머리와 상관없이 쉽게 이해하고 배울 수 있는 난이도로 구성되어 있습니다. 따라서 아무리 나는 공부머리를 타고났다고 하더라도 스스로 노력하지 않거나, 반대로 N, T 성향이 아니더라도 누구나 노력하면 성취할 수 있는 기본 과정입니다. 결론은 공부를 잘하는 것 이것은 유전이 아니다. 하지만 공부에 유리한 머리는 타고날 수 있다 입니다. 그러나 이것을 유전이라고 보는 것은 지나친 편견이고, 고정형 사고방식입니다. 타고나는 공부머리보다 더 중요한 변수는 공부하는 환경입니다. 즉 나는 어떤 학습 방식으로 공부하느냐가 공부에 있어서 절대적인 변수가 될 수 있습니다. 답은 제대로 된 학습 방식을 익혀야 공부를 잘할 수 있습니다.

Q. 탁월성 교육을 위한 질문

1. 타고나는 공부머리보다 더 중요한 변수는 공부하는 환경입니다. 우리 아이는 어떤 환경에서 학습하느냐가 절대적인 변수입니다. 부모가 먼저 제대로 된 학습 방식을 알고 아이 성향에 맞게 적절한 학습 자극을 줄 때 아이가 달라질 수 있습니다.
2. 우리 아이의 MBTI 성향은 무엇인가요? 어떤 성향의 아이인지 검사지를 통해 파악해 보세요. 우리 아이를 이해할 수 있는 좋은 방법입니다.

아이들의 탁월성은 동기 부여다

"아이들은 부모님, 형제들을 보고 관찰하고 그걸 그냥 통째로 다운로드합니다."

- 브루스 립튼 박사 -

아이들과 함께 논술 수업을 하면서 물어봤습니다. "얘들아 너는 커서 뭐가 되고 싶니?" 한 명씩 아이들이 대답합니다. "저는 세계적인 비행기 조종사가 되고 싶어요.", "저는 세계적인 메이크업 아티스트가 되고 싶어요.", "저는 아인슈타인을 능가하는 세계적인 과학자가 되고 싶어요.", "저는 세계적인 소설가가 되고 싶어요." 각자 자신의 꿈을 이야기하는 아이들의 초롱초롱한 눈빛과 말투에서 미래에 대한 희망과 기대감이 느껴졌습니다. 저는 자신을 누구로 생각하느냐에 따라 미래의 방향성이 달라진다는 확신이 있습니다. 그래서 아이들에게 수업 시작 전 꼭 자신을 누구로 정의하느냐부터 가르쳐 줍니다. 나를 바라보는 기대감이 곧 자기 삶의 방향성이고 정체성이 되기 때문이죠. 그런데 어느 날 한 아이가 자신의 꿈에 대해 이런 이야기를 한 적이 있었습니다. "저는 중고차 딜러가 되고 싶습니다." 다른 아이들과 결이 다른 꿈을 이야기하는 재윤이에게 물어봤습니다. "재윤아! 왜 너는 자동차 딜러가 되고 싶어?", "저는 우리 아빠를 좋아하는데 아빠가 하는 일이 너무 재밌어 보이고, 아빠가 하는 일을 존경하거든요. 그래서 저도 아빠처럼 중고차 딜러가 되고 싶어요."

아빠가 하는 일을 옆에서 지켜봤던 재윤의 꿈은 아빠처럼 자동차 딜러가 되는 것이 꿈이 되었습니다. 재윤이의 대답을 들으면서 저는 바로 이것이 아이를 교육하는 가장 중요한 본질이구나!를 순간 깨달았습니다. 그렇습니다. 자녀 교육의 가장 큰 본질은 아이가 주도적으로 자발적으로 하고 싶다는 호기심을 자극하는 일입니다. 아이에게 공부에 대한 호기심만 자극하고 동기 부여만 된다면 그다음부터 아이는 자발적으로 자기 스스로 알아서 인생을 계획하고 실행할 수 있기 때문입니다. 따라서 부모는 아이에게 어떻게 동기 부여를 해 줄 수 있느냐를 고민하는 것이 아이의 공부 의욕을 살리는 첫걸음이지 않을까 생각합니다.

아이들의 공부 의욕은 부모의 뒷모습

그렇다면 아이들에게 공부 의욕을 살려 주기 위해서 어떻게 해야 할까요? 정답은 부모가 행복한 모습을 아이들에게 자주 노출해야 한다고 생각합니다. 사실 공부는 유전이냐 노력이냐를 따지는 것이 아니라 본질은 부모로서 아이에게 어떤 모습을 보여 주면서 아이들에게 모델이 되는가에 따라 아이들에게 호기심을 자극할 수 있고 공부에 대한 의욕을 심어 줄 수 있습니다. 저는 재윤이 아빠가 아이들에게 호기심을 자극했던 좋은 모델을 보여 주었다고 생각합니다.

재윤이 아빠와 저는 동갑내기 친구입니다. 이분은 불과 몇 년 전까지만 하더라도 우리나라에서 가장 큰 대기업에 다니면서 안정된 직장과 높은 연봉을 받는 대기업 수석연구원이었습니다. 그런데 얼마 전 중고차 딜러를 하겠다며 다니던 직장을 그만두고 미친 듯이 일 년 동안 중고차 영업을 하면서 일에만 집중했습니다. 그리고 이직한 지 일 년도 채 지나지 않아 지금은 대기업에서 받는 연봉보다 더 많은 연봉과 만족감으로 자부심을 느끼고 있다고 저에게 말한 적이 있습니다. 재윤이 아빠는 일이 끝나고 집에 와서도 아이들 앞에 일이 힘들거나 어렵다고 불평한 것이 아니라 자기 일이 너무 즐겁고 재밌다는 이야기를 아이들에게 행동으로 보여주었습니다. 아이들은 아빠가 행복하게 일하는 뒷모습을 보면서 아빠가 하고 있는 일이 진짜 재밌는 일이구나를 느꼈고 자신도 크면 아빠처럼 중고차 딜러가 되고 싶다는 꿈을 말했던 것입니다. 실제 재윤이 아빠의 이야기를 들어 본 적이 있었는데 그는 아이들에게 공부해라!라는 말은 하지 않고 아이에게 행복한 모습만 보여 줬다고 합니다.

다시 한번 강조하지만 가장 큰 학습의 동기 부여는 부모의 뒷모습이라고 생각합니다. 아이에게 어떤 모습으로 부모의 뒷모습을 보여 주느냐가 아이들에게 호기심이 되고 모델이 될 수 있습니다. 아이를 자극할 수 있는 강력한 동기 부여가 될 수 있습니다. 재윤이의 호기심은 아빠가 일하는 모습 속에서 찾았습니다. 아이들의 호기심은 부모의 뒷모습을 통해 배웁니다. 아빠는 아이를 의식하지는 않았지만 실제 행복하게 일하는 자신의 모습을 통해서 아이들에게 큰 영향을 준 것입니다.

폴가의 가족 이야기

헝가리에 살고 있던 한 남자가 있었습니다. 어느 날 그는 '지극히 평범한 아이를 천재를 만들 수 있을까?'를 고민합니다. 그리고 신문에 이런 자신의 생각을 담은 이상한 광고를 냈습니다. "저와 결혼해 주실 지극히 평범한 지능을 가지고 있는 여자분을 구합니다. 만약 저와 결혼한다면 실험용 아기를 낳아 주셔야 합니다." 광고를 본 사람들은 미친놈이라고 비난했습니다. "머리가 이상한 사람 아니야?" 하지만 놀랍게도 그 광고를 보고 이 남자와 결혼하겠다는 여자가 나타났습니다. 실제 이 여자는 광고의 조건처럼 지능이 높지도 않았고 아주 낮은 지능도 아닌 지극히 평균의 지능 수준을 가진 평범한 여자였습니다. 둘은 실제로 결혼했고, 아이도 낳았습니다. 그리고 몇 달 후 예쁜 첫째 딸이 태어납니다. 네 살이 될 때까지는 특별한 재능을 보이지 않았습니다. 그리고 이때부터 이 남자는 처음 자신이 세운 계획대로 연구를 실행합니다.

'우리 딸아이를 어떤 천재로 만들까? 과학? 수학? 음악? 철학 아님 문학? 천재는 태어나는 것이 아니라 만들어진다.'라는 자신의 생각을 증명하고자 고심하면서 한 가지 분야를 선택했습니다. 바로 체스였습니다. 체스를 통해 자신의 딸을 체스 천재로 만들기로 결심합니다. 왜냐하면 당시 전 세계에서는 여자 체스 선수는 없었고 여자는 체스를 못한다는 편견이 있었습니다. 실제로도 당시까지만 해도 여성이 체스 분야에서 두각을 나타냈던 적은 단 한 명도 없었습니다. 이 남자가 깨고 싶었던 것은 지능이 유전된다는 고정관념이었습니다. 그래서 자신의 사례를 통해 '천재는 후천적인 교육으로 만들 수 있다.'는 것을 입증해 보고 싶었고 자신 또한 체스엔 문외한이고 아는 지식이 별로 없었기 때문에 도전해 보고 싶었습니다. 아내도 마찬가지로 체스엔 정말 젬병이었습니다. 그뿐만 아니라 양가 집안에서도 체스 말 한 번조차 만져 본 사람이 없었습니다. 만약 자신의 딸이 체스 천재가 된다면 그건 성별로 보나 유전적으로 보나 환경으로 보나 타고난 재능과는 전혀 무관한 일이기 때문에 실험 조건이 충분했습니다.

천재성의 가장 큰 변수는 동기 유발이다

그는 아이들 교육에 있어 가장 큰 본질이 하고 싶다는 호기심에 대한 동기 유발이라고 생각했습니다. 그래서 첫 번째 단계로 아이가 볼 때마다 혼자서 체스를 두면서 아주 행복한 표정을 지었습니다. 재밌다는 느낌을 아이에게 심어 주었습니다. 행복하게 체스를 재미있게 두는 아빠의 표정을 본 아이는 호기심이 생겼습니다. 그리고 아이는 아빠가 두고 있는 체스를 만집니다. 이때 아빠는 아이에게 이렇게 말했습니다. "안 돼. 좀 참아. 이렇게 재밌는 건 좀 더 커야만 할 수 있단다." 아이는 체스를 하고 싶어서 안달이 났습니다. 울면서 떼를 썼습니다. 제발 가르쳐 달라고 아이가 보채기 시작합니다. 아빠는 아이의 표정을 보면서 이때다 싶어 아주 조금씩 체스를 알려 주었습니다. 아이가 체스에 대한 관심을 보이기까지 아빠는 아이에게 어떻게 하면 우리 아이가 체스에 관심을 가질 수 있을까를 고민했고 본인 스스로 아이에게 체스가 재밌는 놀이라는 것을 보여 주었습니다. 바로 이것이 아이가 관심 갖고 따라 하고 싶은 충동을 느끼게 만들었던 강력한 동기 부여입니다.

아이가 관심을 보이자 아빠는 가장 먼저 체스와 관련된 그림책을 보면서 체스의 기본 개념을 가르쳤습니다. 다행히 아이는 체스에 관심을 보였고 체스 실력도 점점 늘었습니다. 아빠는 아이를 본격적으로 가르치기 시작합니다. 다니던 직장까지 그만둡니다. 아이와 함께 체스 공부에만 집중했습니다. 체스에 관한 모든 책을 사다 모으면서 아이와 함께 읽고 또 읽었습니다. 체스 명인들의 대국 영상도 수집해서 함께 보면서 분석합니다. 점점 집 안의 책꽂이에는 어느새 만 권 분량의 체스 관련 책들로 빽빽하게 꽂히게 됩니다. 아이를 학교도 보내지도 않았습니다. 아내와 함께 집에서 체스만 가르치기 시작합니다. 그가 학교를 보내지 않았던 이유는 학교에 보내면 지능에 대한 유전적, 성별, 고정관념 새로운 자극에 노출이 되고 아이에게 영향을 주기 때문에 최대한 사회적인 편견과 자극을 주지 않기 위해 집에서만 교육했습니다. 대신 집에서 홈스쿨링을 하면서 국어, 수학, 과학, 외국어 등 기본적인 과목을 틈틈이 가르쳤습니다. 그것도 일방적인 주입식이 아닌 아이들이 스스로 재미를 느껴 깨우치도록 자극만 주는 방식을 선택했습니다. 5년 후에는 둘째 딸이 태어났고, 다시 2년 뒤엔 셋째 딸도 태어납니다. 이들에게도 똑같은 방식으로 체스를 가르쳤습니다. 온 식구가 체스에 미쳐서 살았습니다.

체스로 사회적 편견을 깨다

과연 이 아이들은 체스 천재가 됐을까요? 맞습니다. 체스 천재가 되었습니다. 첫째 딸은 17세 때 여성 최초로 체스 명인전 예선을 통과합니다. 하지만 당시 여성은 본선 진출 자격이 없었습니다. 그런 전례가 없었기 때문입니다. 2년 후에는 세 자매가 한 팀으로 결성해서 출전합니다. 드디어 세계 대회 최초로 이 자매팀이 우승했습니다. 다시 1년 후 첫째 딸은 개인 출전으로 세계 최고의 명인으로 등극했습니다. 둘째와 셋째 딸도 역시 최고 명인 자리에 올랐습니다. 셋째 딸의 경우 15세에 세계 체스 사상 최연소 명인이 됩니다. 이들 세 자매는 지난 수년간 남녀를 통틀어 세계 10위 안에 꼽히는 체스 명인입니다. 지난 아버지의 호기심이 이들을 천재로 만들었던 것입니다. 아버지는 이렇게 말합니다. "어느 아이든 천재가 될 수 있다고 바라보면 천재가 된다." 아버지의 신념이 정확히 현실로 나타난 것입니다. 이 이야기는 실제 있었던 헝가리의 교육심리학자 폴가(Laazlo Polgar)의 이야기입니다.

앞서 저는 공부의 가장 큰 변수는 유전과 환경이라고 이야기했습니다. 하지만 또 다른 변수로 이 모든 것을 초월할 수 있는 것은 아이들의 잠재력을 부모가 믿으면서 아이들의 호기심을 자극할 수 있는 동기 부여입니다. 아무리 선천적인 재능을 타고나지 않았더라도 아이에게 어떤 자극을 통해서 호기심을 자극해 주면서 동기 부여만 된다면 아이는 재능과는 상관없이 누구나 천재가 될 수 있다는 확신이 있습니다. 따라서 아이를 키우는 부모라면 유전적인 재능과 환경을 탓하기보다는 아이를 사랑하는 마음으로 부모가 먼저 아이들에게 모델이 되어 주십시오. 아이들은 부모의 뒷모습을 통해 자극을 받고 호기심이 생기면서 따라 하게 됩니다. 저는 바로 이것이 천재를 키우는 강력한 비밀이 아닐까 생각합니다. 아이들의 잠재 능력을 믿어 보십시오.

〈아이들의 탁월성은 동기 부여다 생각해 보기〉

아이들에게 공부 의욕을 살려 주기 위해서는 부모가 먼저 아이들에게 행복한 모습을 보여 줘야 합니다. 아이들은 부모가 행복하게 사는 모습을 보면서 '나도 행복하게 살고 싶다.'라는 의욕이 생깁니다. 행복하게 살고 싶은 의욕이 있으면, 성취하고 싶은 의욕이 생기고, 성취하고 싶은 의욕이 있기 때문에 자발적으로 공부에 대한 호기심이 생깁니다. 사실 공부는 유전이냐 노력이냐를 따지는 것이 아니라 본질은 부모가 아이들에게 어떤 롤 모델이 되고 있는가에 달려 있습니다. 아이들에게 공부 의욕을 심어 줄 수 있는 가장 좋은 방법입니다. 지금부터라도 아이를 사랑하는 마음으로 부모가 먼저 모델이 되어 주세요. 아이들은 부모의 뒷모습을 통해 자극받고 따라 하게 됩니다. 바로 이것이 탁월성 교육의 본질이고 우리 아이를 천재를 키우는 강력한 비밀입니다.

Q. 탁월성 교육을 위한 질문

1. 아이들이 기억하는 부모의 뒷모습은 무엇일까? 고민해 보는 하루가 되었으면 좋겠습니다. 과연 우리 아이들은 부모의 모습을 생각할 때 무엇이 떠오를까요?
2. 아이에게 가르쳐 주고 싶은 것이 있다면 먼저 부모가 행복하게 즐기는 모습을 보여주세요. 절대 강요나 가르치는 것이 아니라 아이 스스로 물어볼 때까지 충분히 기다려 주세요. 아이는 부모의 행복한 모습에 호기심이 생기고, 자발적으로 따라 하고 싶은 마음이 생깁니다.

❀4❀

탁월성을 위한 자기만의 지도 만들기

"우리를 구할 수 있는 것은 우리 자신밖에 없다. 어느 누구도
그렇게 해 줄 수 없다. 우리 스스로 길을 가야 하는 것이다."

– 붓다 –

그들이 성공한 이유

중학교 1학년 체육 시간. 한 여자아이가 신나게 친구들과 떠들다 그
만 선생님한테 걸렸습니다. "잠깐 자습하라고 했더니 왜 이렇게 떠들어!
거기 너! 네 목소리가 가장 크게 들렸으니까 앞으로 나와!" 선생님은 무
슨 벌을 줄까 고민하다 노래를 시켰습니다. 앞으로 나온 여학생은 주현
미의 〈첫사랑〉을 즐기듯 신나게 불렀습니다. 노래를 들은 체육 선생님은
그 후 교내 체육대회에서 다시 한번 무대에 이 여학생을 세우게 됩니다.
많은 사람들이 지켜보는 가운데 한 치의 떨림도 없이 무대를 압도하며 거
미의 〈친구라도 될 걸 그랬어〉와 체리필터의 〈낭만 고양이〉 두 곡을 멋들
어지게 불렀습니다. 사람들은 이 여학생의 노래를 들으면서 울고, 웃었
습니다. 무대 위에서 자신의 노래에 감동하는 사람들을 본 이 여학생은

그날 인생의 큰 전환점을 맞이하게 됩니다. 바로 가수가 되겠다는 결심을 한 것입니다. 가수가 되겠다는 꿈을 품고 연예 기획사를 찾아다니며 20번이 넘는 오디션을 봤지만 계속 떨어졌습니다. 그럼에도 포기하지 않고 자신의 꿈을 향해 도전했습니다. 그러던 어느 날 로엔 엔터네이먼트 최갑원이라는 프로듀서를 만나 드디어 가수의 꿈을 이루게 됩니다. 바로 이 여학생이 수많은 아이돌들의 롤 모델이 된 시대의 아이콘 싱어송라이터 아이유[49]입니다.

1994년 9월 12일생인 RM 김남준은 방탄소년단의 리더입니다. RM은 학창 시절 공부에 소홀하면 나중에 하고 싶은 걸 못 할 수도 있다는 아버지 때문에 공부도 열심히 했습니다. 그래서 고등학교 때 치른 전국 수능 모의고사에서는 1.3%의 최상위권 성적을 받기도 했습니다. 그뿐만 아니라 영어 실력도 독학으로 공부해서 토익 880점을 받기도 했습니다. 하지만 그는 초등학교 6학년 때 에픽하이의 노래 〈Fly〉를 듣고 힙합을 좋아하게 되었습니다. 랩으로 사람의 이야기를 풀어갈 수 있다는 것에 감명받아 힙합을 좋아하게 된 것입니다. 중학교 때부터는 '런치 란다(Runch Randa)'라는 이름으로 활동할 정도로 힙합에 푹 빠져 있었습니다. 그러던 어느 날 RM의 랩을 들은 래퍼 슬리피가 그를 빅 히트 프로듀서 피독에게 소개해 줬고 방시혁 프로듀서와의 만남으로 이어졌습니다. RM의 랩 실력에 반한 방시혁은 "이런 친구는 그냥 두면 안 된다."라는 사명감으로 방탄소년단을 기획하게 됩니다.[50]

---

49 『후 Who? K-pop IU(아이유)』, 유경원, 다산어린이, 2021.
50 톱클래스, 〈다름을 감싸 안는, 이 시대의 진정한 리더〉, 서경리, 2020.10.

동영상 10개로 구독자 10만을 모은 크리에이터 드로우 앤드류는 '유튜버', '인플루언서', '밀레니얼 프리 워커'와 같은 트렌디한 단어보다 '좋아하는 일로 행복하게 일하는 사람'이라는 말을 더 좋아합니다. 이것이 자신의 정체성을 잘 표현하는 말이기 때문입니다. 그는 '드로우 앤드류'와 '마세슾'이라는 콘텐츠를 만들고, 1년에 3억 원 이상을 버는 사람입니다. 그는 잡지사와 한 인터뷰에서 자신이 왜 이 길을 가는지에 대해 이렇게 이야기합니다. "제 20대를 돌아봤을 때 부족한 게 많고 내세울 게 없는 거예요. 그게 어디서 오나 봤더니 주변 사람들이나 SNS에서 접하는 성공한 사람들을 나와 비교했을 때 보잘것없이 느껴지는 거죠. 세상에 잘난 사람들이 많은 가운데 나는 보잘것없더라도 그런 것에 흔들리지 않으려면 행복이나 성공의 기준을 내가 정해야 된다는 생각이 들었어요. 그렇게 하다 보니까, 마음이 편해지더라고요. 그러면서 '나는 어떤 것에서 행복을 느끼지?', '어떤 걸 할 때 슬프지?', '어떤 걸 할 때 불행하다고 느끼지' 이런 것들을 나의 기준에 맞추다 보니까 삶이 좀 더 편안해지더라고요. 그때부터 저에 대해 공부를 많이 하기 시작했던 것 같아요."[51]

자기만의 지도를 그렸다

시대의 아이콘이 된 아이유, 세계적인 아티스트 방탄소년단의 리더 김남준, 유튜버 크리에이터 드로우 앤드류 그들은 모두 자기만의 길을 찾아서 자기만의 방식대로 길을 만들었습니다. 분명한 자기만의 취향과 관심

51 아주경제, 〈[김호이의 사람들] 드로우 앤드류, 자기계발을 통해 '럭키 드로우'를 손에 넣는 법〉, 김호이, 2022.04.06.

사가 있었습니다. 이들은 학교가 정해 준 길을 갔던 사람들이 아닙니다. 이들은 얼마나 좋은 대학에 들어가느냐가 아니라 얼마나 자신만의 행복을 추구하느냐를 고민했습니다. 이들은 남들이 정해 준 행복의 기준을 따라가지 않았습니다. 오로지 자신만의 행복이 무엇인지를 탐구하면서 자신의 길을 개척했습니다. 이들이 생각하는 행복의 지표는 내가 좋아하고 잘 할 수 있는 길을 찾아서 사람들과 소통하면서 실행했습니다. 이들은 남들이 정해 준 길에 순응하면서 따라가지 않았습니다. 디지털 네이티브 세대답게 개인화된 정보력을 바탕으로 자기만의 취향과 관심사를 찾아서 스스로 길을 찾았습니다.

어떤 사람들은 이렇게 생각합니다. 아이유는 노래에 대한 재능이 탁월했기 때문에 성공할 수 있었다. 김남준은 좋은 기획자를 만났기 때문에 성공할 수 있었다. 드로우 앤드류는 집안이 금수저이기 때문에 성공할 수 있었다. 하지만 이들이 성공할 수 있었던 이유는 재능 때문이 아니라, 좋은 사람을 만났기 때문이 아니라 금수저 집안에서 태어났기 때문이 아니라 더 깊은 본질은 자기만의 지도를 그렸기 때문입니다. 한마디로 스스로 미래를 상상하면서 자기만의 방식으로 미래를 그려 나갔기 때문입니다. 우리가 주목해야 하는 것이 바로 이것입니다.

자기만의 지도를 그리는 법

얼마 전 정재승 교수가 쓴 『열두 발자국』이라는 책을 읽었는데 아주 재미있었던 에피소드가 있었습니다. 정재승 교수는 2008년 터키의 한 학회

로부터 뇌파 연구'에 대해 발표해 달라는 중요한 초청을 받았습니다. 이
스탄불 옆에 있는 테키르다(Tekidag)라는 작은 도시에서 열렸던 학회였
습니다. 11시간 넘게 비행기를 타고 이스탄불에 도착했습니다. 학회 발
표 시간은 그날 저녁 8시인데 당일 오후 1시쯤 도착해 차를 빌리고 지도
를 보면서 테키르다라는 곳으로 출발했습니다. 두 시간 정도 운전을 하
니까 테키르다가 나왔습니다. 아뿔싸! 그런데 생각해 보니 학회가 테키
르다에서 열린다는 건 알겠는데 테키르다 어디에서 하는지는 미처 생각
하지 못하고 출발했던 것입니다. 학회에 발표하러 간다는 사실은 몇 달
전에 결정됐는데 그동안 그 학회가 테키르다 어디에서 열리는지에 대해
서는 한 번도 물어본 적도 주최 측으로부터 들어본 적도 없다는 걸 그제
야 알게 된 것입니다. 테키르다가 아주 조그만 동네라고 생각습니다. 도
착하면 '축 환영!' 같은 플랜카드가 붙어 있고, '여기구나!' 하고 바로 알 수
있으리라 생각했습니다. 알고 보니 테키르다는 우리나라 일산 정도 크기
의 도시였습니다.

다급해진 정 교수는 오후 4시부터 저녁 8시까지 차를 타고 미친 듯이
낯선 도시를 헤매기 시작했습니다. 학회가 열릴 법한 곳들을 뒤기 시작
한 것입니다. 제일 먼저 큰 호텔로 가서 "여기서 혹시 오늘 학회가 있나
요?"라고 묻고, 아니라고 하면 "그러면 혹시 어디서 열릴 거 같으세요?"라
고 묻고 다음 호텔로 가서 같은 짓을 반복했습니다. 시간은 이제 오후 7
시 반 남은 시간은 이제 30분밖에 안 남았는데 아직도 도시의 한복판이었
습니다. 더 이상 방법이 없었습니다. 인터넷에서 들어가서 학회를 찾아
도 어느 웹페이지에도 '테키르다'까지만 나왔지 자세한 주소는 없었습니

다. 그때 라디오에서는 8시를 알리는 시보가 울렸습니다. 이미 학회 시간이 한참 지났는데도 밤 10시가 넘도록 계속 학회 장소를 찾아 헤맸습니다. '아, 나는 이제 학계에서 매장되는 것인가', '다시 터키에 입국할 수 있을까,' '너무 미안하다' 등등 머릿속 온갖 생각들이 들면서 10시가 넘어서야 제정신이 들었습니다. 자, 이제 깨끗하게 포기!

영화나 드라마 같은 반전은 없었습니다. 아침에 일어났더니 학회 장소가 바로 이 호텔이었더라 같은 그런 드라마는 벌어지지 않았습니다. 어차피 지나간 일이기 때문에 깨끗이 잊고 그 호텔에서 그냥 푹 잤습니다. 아침에 일어나서 그 마을에서 제일 경치가 좋은 레스토랑에서 아침을 먹고 어제 봐두었던 제일 좋은 산책로를 걸었고, 제일 근사한 호텔에서 점심도 먹고 바닷가를 걷고 산도 탔습니다. 제일 근사한 호텔에서 점심도 먹었습니다. 바닷가를 걷고, 산도 탔습니다. 그날 늦은 오후가 되어서야 정 교수는 이스탄불로 돌아왔습니다. 이스탄불로 돌아오는 차 안에서 한 가지 깊은 깨달음이 있었다고 합니다. 그날 미친 듯이 도시를 돌아다니면서 테키르다라는 도시의 지도가 머릿속으로 훤히 그려지면서 '아침은 어디서 먹고 싶다. 여길 걷고 싶다. 점심은 여기서 먹으면 좋겠다. 이 산은 올랐으면 좋겠다. 이 꽃길을 다시 가 봤으면 좋겠다.'라는 생각이 들면서 아! 내가 그 도시의 진짜 좋은 곳을 모두 즐기면서 돌았구나! 미친 듯이 돌아다녔더니 그 도시를 잘 알게 되었구나! 정 교수는 길을 잃어버린 순간 세상에 대한 지도를 얻은 것입니다. 즉 길을 잃고 방황하면서 자기만의 지도를 보게 되었고 그때야 비로소 내가 원하는 것이 무엇인지 알게

된 것입니다.[52]

   짧은 에피소드였지만 정재승 교수님의 이야기를 읽으면서 두 가지 생각이 들었습니다. 첫 번째는 우리는 지금까지 학교를 다니면서 남들이 그려 준 지도만 보고 살았구나!라는 생각이 들었고 두 번째는 아! 그럼 지금부터 나만의 지도를 한번 그려 봐야겠다는 생각이 들었습니다. 아이들은 학교라는 곳에서 지도 보는 법을 배웁니다. 지도 기호와 지도 읽는 법을 가르쳐 주고 목적지까지 빠르게 도착하는 법을 배우면서 학교는 학생들에게 길을 잃지 않게 하려고 길 찾기 훈련까지 혹독하게 시켜서 세상에 내보냅니다. 그리고 학교에서 알려 준 지도를 보면서 그 길로만 찾아다닙니다. 그런데 점점 왠지 나는 지금 이 길을 가고 있지만 이 길에 대한 회의를 느낍니다. 길이 너무 지루하고 재미가 없습니다. 가끔 길을 걸으면서 샛길을 볼 때 그곳으로 가고 싶다는 생각이 들었지만 혹시나 길을 잃어버릴까 하는 두려움에 선뜻 나서지 못하고 가던 길을 계속 가게 됩니다. 남들이 그려 준 똑같은 지도를 보면서 걸어가는 삶으로 살아갑니다. 나만의 지도란 남들이 그려준 지도에서 벗어나 자신이 직접 그려야 합니다. 실패할 수도 있지만 내가 실행해 보고 도전해야 합니다. 그래야 길이 몸에 새겨지면서 진짜 자기가 원하는 길을 찾아갈 수 있습니다. 그렇기 때문에 잠시 방황의 시간은 필요합니다.

   방황이란 실패의 시간이지만 또 다른 배움의 시간입니다. 처음에는 자

---

52 『열두 발자국』, 정재승, 80p, 나만의 지도그리는 법 정재승이 테키르다에 겪은 에피소드 참조, 어크로스, 2018.

기만의 지도 그리는 법을 배우기 때문에 실패는 당연합니다. 그러나 실패를 통해 점점 착오가 줄어들고 자기만의 지도 그리는 방법을 터득하게 됩니다. 실행을 통해 자기만의 지도를 그릴 수 있습니다. 내가 직접 그린 지도를 그리면서 그 길을 걸어간다면 그게 비록 너덜너덜한 지도일지라도 내가 원하는 길이기에 행복한 삶이 될 것입니다. 아이유나 김남준, 드로우 앤드류 이들은 모두 처절하게 실패를 맛보면서 자기만의 지도를 그리면서 성장했던 사람들입니다. 남의 지도, 남의 이야기가 아닌 자기만의 지도를 직접 그려서 자기다움의 역사를 쓸 수 있어야 합니다. 우리 아이에게 지도 보는 법을 알려 주었다면 지도 그리는 법도 알려 주세요. 실패해도 괜찮습니다. 아이들은 실패 속에서 성장합니다.

〈탁월성을 위한 자기만의 지도 만들기 생각해 보기〉

시대의 아이콘이 된 아이유, 세계적인 아티스트 방탄소년단의 리더 김남준, 유튜버 크리에이터 드로우 앤드류, 그들은 모두 자기만의 길을 찾아서 자기만의 방식대로 길을 만들었습니다. 분명한 자기만의 취향과 관심사가 있었습니다. 이들은 학교가 정해 준 길을 따라갔던 사람들이 아닙니다. 이들은 얼마나 좋은 대학에 들어가느냐가 아니라 얼마나 자신만의 행복을 추구하며 사느냐를 고민했습니다. 이들은 남들이 정해 준 행복의 기준을 따라가지 않았습니다. 오로지 자신만의 행복이 무엇인지를 탐구하면서 시도해 보고 실패하면서 자신의 길을 개척했습니다. 이들이 생각하는 행복의 지표는 '내가 좋아하고, 잘할 수 있는 길을 찾아서 사람들과 소통하면서 실행했다.'라는 점입니다. 이들은 남들이 정해 준 길에 순응하면서 따라가지 않았습니다. 디지털 네이티브 세대답게 개인화된 정보력을 바탕으로 자기만의 취향과 관심사를 찾아서 스스로 길을 찾았습니다.

Q. 탁월성 교육을 위한 질문

1. 나만의 지도란 남들이 그려 준 지도에서 벗어나 자신이 직접 그려야 합니다. 실패할 수도 있지만 내가 직접 실행해 보고 도전해야 합니다. 이러한 과정 속에서 자기만의 지도 그리는 방법을 배웁니다. 아이들에게 모든 걸 다 해 주기보다는 스스로 자기만의 지도를 그려 볼 수 있도록 한 번 믿고 맡겨 보세요. 아이들은 실패 속에서 성장합니다.
2. 여름휴가 계획을 아이 스스로 기획해 보기, 내가 좋아하는 콘텐츠 만들어서 유튜브로 공유해 보기, 온라인으로 물건 팔아서 돈 벌어보기, 자기 스스로 공부 계획서 만들어 보기 등등 아이와 대화를 통해 무엇이든 직접 새로운 길을 만들어 보라고 응원해 주세요.

제3장

탁월성을 위해 무의식의 브레이크를 깨라

"나는 어린 시절부터 우리가 사는 이유는 뭔가 독특한 것을 이루기 위한 것이며, 각자의 내면 깊숙한 곳에는 특별한 재능이 있다는 믿음을 키워 왔다. 나는 우리 모두의 안에는 잠자는 거인이 있다고 생각한다. 각자의 재능, 다시 말해 우리는 자신만의 천재성을 가지고 있으며, 그 천재성은 당신이 깨워주기 만을 기다리고 있다."

- 토니 로빈스 -

①

무의식의 브레이크를 깨라

"대다수의 사람들은 자의식의 꼭두각시 줄에 놀아난다. 이
끈을 잘라내야만 자유로 전진할 수 있다."

– 자청, 『역행자』 –

최근 서점가에서 출간 즉시 베스트셀러를 기록하면서 10만 부 이상 판
매고를 올린 『역행자』[53]라는 책이 있습니다. 책의 저자 자청이라는 사람
은 경제적 자유를 이룬 30대 사업가입니다. 2019년 단 20편의 영상으로
10만 구독자를 달성하면서 화제를 모았고, 무자본 창업으로 온라인 마케
팅 비즈니스를 비롯해 다방면으로 사업을 확장시켰습니다. '이상한 마케
팅', '프드프', '아트라상', '큐어릴', '라이프 해킹 스쿨', '유튜디오', '욕망의
북 카페', '인피니' 등 다양한 사업으로 성공시켰습니다. 이제는 어떤 일을
하지 않아도 매월 1억씩 버는 자동 수익을 완성하였고, 소유한 자산만으
로 매년 20퍼센트 이상의 투자 수익률을 올리면서 경제적 자유를 실현한
자수성가한 30대 청년입니다.

물론 경제적 자유를 이루었다고 성공한 인생이라고 말할 순 없지만 그

---

53 『역행자』, 자청, 웅진지식하우스, 2022.

120

의 성공 원리에는 주목할 필요가 있습니다. 원리란 공식이기 때문에 누구나 따라 하면 실현 가능한 보편성이 있습니다. 원리는 사물의 현상을 이해하는 근본 이치입니다. 누구나 원리를 깨닫고 그대로 실천한다면 누구나 재현 가능합니다. 대부분 사람들이 실패하는 이유는 원리를 모르기 때문입니다. 원리보다는 자신의 지식이나 경험을 근거로 판단하고 해석합니다. 이러한 제한된 신념이 실패의 원인이 됩니다. 자기 자신을 믿는 것이 아니라 가장 먼저 성공의 원리가 무엇인지 파악하고 알아야 합니다. 원리에 근거를 둔 실행력이 곧 성공에 가까운 정답이라고 저는 생각합니다.

> "나는 하나의 희망을 보았다. 게임처럼 인생에도 공략집이 있구나, 나는 그 후로 여러 치트키들을 점점 더 알게 된다. 이 지식들 덕분에, 절대 넘을 수 없는 벽이라 느꼈던 공부·돈·외모 레벨을 완전히 바꿀 수 있었다. 인생은 지옥이 아니었다. 영원히 바꿀 수 없는 게 아니라, 계속 레벨 업 할 수 있는 재미있는 게임이었다. 온라인 게임보다 더 신나는, 미치도록 재밌는 게임이었다."[54]

당시 21살의 청년이었던 '자청'은 심각한 외모 콤플렉스 때문에 자존감은 바닥이었고, 공부에도 소질이 없었습니다. 가정 형편도 어려워 형은 취업 준비하는 동안 라면만 먹었다고 합니다. 그의 유일한 꿈은 안산에 있는 반월공단에 취직해 월 150씩 받으면서 게임만 하면서 사는 것이

---

54 같은 책, 5p.

었습니다. 공장 근처 원룸에 살면서 퇴근 후 게임만 한다면 일생이 행복할 거라 생각했습니다. 그런데 우연한 기회에 한 권의 책을 읽기 시작했고, 그 후 점점 더 많은 책을 섭렵하면서 '아 인생에도 게임과 같은 공략집이 있겠구나!'를 깨닫고 책을 읽으면서 왜 이런 문제가 생기는지 원리를 도출합니다. 그리고 자기 인생에 접목시킵니다. 하나씩 문제가 해결됩니다. 점점 다른 사업의 영역까지 확장됩니다. 바로 이것이 원리를 근거로 자기 인생에 접목하고 실행했던 성공 방법입니다.

무의식의 브레이크를 깨다

자기 분야에서 성공한 사람들의 첫 번째 원리는 익숙한 무의식의 브레이크를 깨고, 새로운 자기만의 정체성을 만들어서 그것에 집중하고 몰입했다는 점입니다. 예를 들면 이런 것입니다. '아 나는 좋은 학교도 나오지 못했는데 뭘 할 수 있을까?', '우리 집은 가난한데 아무리 노력해 봤자 가난을 벗어나지 못할 거야.', '지금까지 노력해 봤는데 별로 소용이 없더라고.', '나는 의지력이 약해서 해 봤자 안 될 거야.', '성공하기가 얼마나 어려운데.', '자기 계발 책은 읽어 봤자 달달한 설탕물 같은 거야.', '긍정적으로 생각한다고 현실이 달라지겠어.', '전부 희망 고문이야.' 등등 수많은 실패 경험을 근거로 무의식의 브레이크에 걸리면서 실행력을 떨어트립니다. 이러한 무의식의 습관이 오늘의 나를 만들었던 것입니다. 하지만 그들은 이러한 내면의 소리를 따르지 않고 새로운 습관을 만들었습니다. 긍정적인 자기 암시와 실행력으로 새로운 무의식을 만들었습니다. 그렇다면 그들이 새롭게 무의식의 브레이크를 깨고 긍정적인 자기 암시로 어떻게 성공 습관을 만들었는지 그 원리를 말씀드리겠습니다.

아이들의 무의식의 브레이크를 깨라!

먼저 질문부터 드리겠습니다. 여러분! 부자 되는 것 쉬울까요? 어려울까요? 우리나라 명문 대학에 들어가는 것 쉬울까요? 어려울까요? 방금 제가 드린 이 질문에 여러분들이 대답하는 목소리가 들렸습니다. 대부분들이 "어려워요."라고 대답했습니다. 맞나요? 바로 이것이 무의식의 브레이크입니다. 방금 여러분들이 '어려워요.'라고 생각한 일은 절대로 현실에서 일어날 수 없습니다. 왜냐하면 인간은 무의식에서 어렵다고 인식하는 순간 아무리 옆에서 할 수 있다고 말해 줘도 그 말을 절대로 받아들이지 않습니다. 인간의 정신은 90%가 무의식이고 10%가 의식입니다. 그러니까 우리의 행동은 의식으로 조정하는 것이 아니라 무의식이 우리의 행동을 조정하고 통제합니다.

이러한 무의식은 감정이라는 통로를 통해 새겨지는데 예컨대 이런 것입니다. 우리가 만약 어렸을 때 수학 문제를 풀었는데 너무 어려워서 잘 풀지 못했습니다. 그러다 선생님한테 혼나고 집에서 어머니한테도 쉬운 문제도 틀렸다고 계속해서 매일 혼났다면 이 아이는 점점 수학에 대한 두려움을 갖고 좋지 않은 감정으로 각인됩니다. 그렇게 계속해서 수학에 대한 기억이 부정적으로 느낀다면 아이의 무의식은 '수학이 너무 싫다.'라는 감정으로 쌓이게 되고 무의식의 브레이크로 연결됩니다. 그래서 수학하면 떠오르는 정서적인 느낌이 내가 싫어하는 과목이라는 기분이 들고 '수학은 나하고 맞지 않는다.'라는 생각으로 고착됩니다. 그래서 학창 시절 내내 수학에 대한 무의식을 바꾸지 않는 한 영원히 수학에 대한 기억이 좋지 않습니다. 아이는 스스로 '수포자'라는 걸 받아들이고 자기의 무의식이 됩니다. 무의식의 브레이크가 되는 과정입니다.

하지만 반대의 경우도 있습니다. 처음 피아노를 배울 때 선생님을 잘 만나서 너무 재미있게 피아노를 배운 아이는 피아노 치는 것이 재미있고 선생님이 좋아서 피아노 치는 걸 좋아하게 됩니다. 늘 칭찬받으면서 피아노를 배우게 되었고 잘한다라는 이야기를 많이 들으면서 인정받게 됩니다. 아이는 피아노 치는 게 행복하고 즐겁습니다. 그래서 피아노에 대한 기억이 언제나 행복한 기억입니다. 점점 피아노 치는 것이 익숙해지고 하나도 어렵지가 않았습니다. 피아노 치는 게 반복되면서 나에게 피아노란 긍정적인 인식으로 무의식으로 연결됩니다.

무의식이 논리를 이긴다

아이가 자전거를 배울 때 한번 생각해 보세요. 처음에는 의식적으로 시작하다가 어느 순간 익숙해지면 자전거를 타는 감각이 몸에 새겨지게 되고 나중에는 두 손을 놓고 탈 정도로 자전거 타는 게 익숙해집니다. 바로 이러한 과정이 내면의 무의식이 되는 원리입니다. 중요한 것은 처음 의식적으로 무엇인가 시작할 때 어떤 감정 상태에서 그것을 기억하고 받아들이는지가 매우 중요합니다. 처음 의식적으로 시작하는 순간 그 기억이 행복한 기억으로 쌓인다면 그것은 긍정적인 인식으로 자리 잡고 반대로 무엇인가 두렵고, 어렵고 하기 싫다는 부정적인 감정 기억으로 각인되었다면 부정적인 무의식이 만들어지게 됩니다. 다시 처음으로 돌아가서 우리는 부자가 되는 것을 처음부터 배울 때 쉽다라고 배웠을까요? 부자는 어렵다고 배웠을까요? 우리가 명문대에 가는 것을 쉽다라고 배웠을까요? 어렵다고 배웠을까요? 아마 대부분 사람들이 그동안 살면서 받았던 수많은 부정 암시들은 '부자가 되는 것은 어렵다.', '명문대에 들어가는 것은 어렵다.'는 부정 암시를 들으면서 자랐을 것입니다.

부정 암시라는 것은 내가 그것을 이루기 위해서는 어려울 거라는 감정을 만듭니다. 이렇게 부자에 대한 무의식, 명문대에 대한 무의식은 자연스럽게 부정적으로 각인되어 단어만 들어도 자동적으로 부자는 어렵고 명문대 진학은 어렵다는 생각이 무의식을 만듭니다. 의식의 언어는 과학적이고 논리적입니다. 반대로 무의식의 언어는 주관적이면서 떠오르는 느낌에 대한 상상력입니다. 상식적으로 생각하면 과학적인 논리가 이겨야 맞는 것임에도 서로 부딪치면 누가 이길까요? 맞습니다. 언제나 길들여진 무의식이 의식을 이깁니다.

우리나라 멘탈 코칭의 대가 박세니 선생님이 쓴 『멘탈을 바꿔야 인생이 바뀐다』[55]라는 책을 보면 무의식과 관련된 아주 재밌는 63빌딩 실험이 소개됩니다. 대략 이런 내용입니다. 길이가 6m, 폭이 60cm인 철판이 바닥에 깔려 있습니다. 그 위를 걷는다면 쉬울까요? 어려울까요? 당연히 누구나 쉽다라고 이야기합니다. 그런데 만약 100층 빌딩 옆에 4m 간격으로

55 『멘탈을 바꿔야 인생이 바뀐다』, 박세니, 마인드셋, 2022.

똑같은 100층 빌딩 하나를 세워 놓고 이 철판을 걸쳐 놓고 바람의 저항을 막아 놓고 길을 만들었습니다. 한번 건너 보라고 합니다. 과연 쉽게 건널 수 있을까요? 아마 대부분 주저앉을 것입니다. 논리적으로 걸을 수 있는 것이 정상입니다. 하지만 우리가 주저 않는 이유는 떨어질 거라는 두려움이라는 상상력이 논리를 이기기 때문에 쉽게 걸을 수 없게 됩니다. 바로 이러한 상상력이 무의식이 논리를 이기는 원리입니다.

내면화된 무의식을 바꿔라

우리의 행동을 지배하는 내면화된 무의식을 바꾸지 않는 한 우리의 행동 또한 아무리 의식적으로 다짐해도 절대로 바꿀 수 없습니다. 그래서 가장 먼저 해야 할 일은 아이 내면에 잠재의식적으로 새겨진 부정적인 무의식의 브레이크를 바꿔 줘야 합니다. 자기 스스로에 대한 정체성을 새롭게 인식해야 합니다. 그래야 긍정 인식이 생기고 새로운 무의식이 만들어져서 실행할 수 있는 추진력이 생깁니다. 독일의 한 심리학자의 연구에 따르면 부모가 3세에서 6세까지 자신의 자녀에게 '하지 마.', '못 해.', '넌 할 수 없어.', '안 돼.', '그건 불가능해.', '어려워.'라는 부정적인 단어를 하루 평균 33회 이상 사용한다라고 합니다.

물론 부모 입장에서는 아이를 사랑하는 마음으로 한 말이겠지만 이러한 부정 암시를 들었던 아이들은 성장 과정 속에서 무의식으로 내면화됩니다. 이미 옳고 그름을 판단할 수 있는 뇌가 형성되기 전에 프로그래밍 된 것입니다. 이런 상태에서 받아들인 부정 암시가 스스로에 대한 자의식, 성격, 타인을 바라보는 관점, 아이 인생 전반에 무의식적으로 지대한 영향을 미치게 되는 것입니다. 우리 아이의 성장 과정에서 어떤 부정 암시를 주고받으면서 성장했는지 곰곰이 분석해 보세요. 그리고 무의식에 새겨진 부정 암시들부터 걸러 내셔야 합니다. 무의식의 브레이크를 깨는 것! 바로 이것이 아이의 탁월성을 살리고 새로운 정체성을 만들 수 있는 첫 번째 방법입니다.

〈무의식의 브레이크를 깨라 생각해 보기〉

인간의 정신은 90%가 무의식이고, 10%가 의식입니다. 그러니까 우리의 행동은 의식으로 조정하는 것이 아니라 무의식이 우리의 행동을 조정하고 통제합니다. 이러한 무의식은 감정이라는 통로를 통해 새겨집니다. 예를 들면 이런 것입니다. 우리가 만약 어렸을 때 수학 문제를 풀었는데 너무 어려워서 잘 풀지 못했습니다. 그러다 선생님한테 혼나고 집에서 어머니한테도 쉬운 문제도 틀렸다고 계속해서 매일 혼났다면 이 아이의 무의식은 점점 수학에 대한 두려움을 갖고 좋지 않은 감정으로 각인됩니다. 그렇게 계속해서 수학에 대한 기억이 부정 기억으로 느낀다면 아이의 무의식은 '수학이 너무 싫다'라는 감정으로 쌓이게 되고 무의식의 브레이크로 연결됩니다. 이러한 무의식으로 인해 행동 패턴이 제한됩니다. 따라서 우리의 행동을 지배하는 내면화된 무의식을 먼저 바꿔야 합니다. 무의식을 바꾸기 위해서 먼저 해야 할 일은 아이 내면에 잠재적으로 새겨진 부정적인 무의식의 브레이크가 무엇인지 먼저 발견하고 그 것을 새로운 무의식으로 다시 내면화될 수 있도록 바꿔 줘야 합니다.

Q. 탁월성 교육을 위한 질문

1. 우리 아이 내면에 새겨진 부정적 무의식의 브레이크는 무엇일까요? 물론 처음에는 쉽지 않지만 계속해서 아이 감정에 행복한 경험으로 기억될 수 있도록 새로운 기억을 심어 준다면 아이의 무의식이 바뀔 수 있습니다.
2. 부모가 먼저 아이를 바라보는 정체성이 무엇인지 종이에 기록해 보세요. '우리 아이는 이걸 못 하는 아이야.', '우리 아이가 이걸 하는 건 불가능해!'라는 부모의 생각이 곧 아이의 정체성입니다. 여러분은 우리 아이의 잠재 능력을 어떻게 설정하고 바라보시나요? 부모의 생각이 곧 아이들의 정체성으로 이어질 수 있습니다.

2

부정적인 신호를 차단하라

"차단된 공간에서 다른 신호를 만나자 그는 완전히 다른 사람이 되었다. 그것은 눈에 보이지 않고 모두가 당연하게 생각했던 자신을 정의해온 신호의 변화였다. 그 작은 신호가 바뀌자 세상을 바라보는 방식이 바뀌었고, 그 뒤로 그의 모든 것이 바뀌었다."

– 정주영『하버드 상위 1%의 비밀』–

그렇다면 무의식의 브레이크를 깨기 위해서 가장 먼저 해야 할 일은 무엇일까요? 부정적인 신호부터 차단해야 합니다. 이 글을 읽는 여러분이 만약 인도에서 태어났다고 가정해 봅시다. 여러분은 소고기를 먹지 않을 것이며, 손으로 밥을 먹고, 힌두교를 믿으면서 업보와 윤회사상을 믿을 확률이 높을 것입니다. 왜냐하면 주변 환경으로부터 세뇌되었기 때문입니다. 인간은 알게 모르게 주변 환경으로부터 수많은 신호와 자극을 받으며 세뇌됩니다. 가정에서 받았던 신호와 자극, 학교에서 받았던 신호와 자극, 사회로부터 받았던 신호와 자극이 무의식 안에 각인되면서 자의식을 만들고 정체성이 만들어집니다.

문제는 지금까지 내가 살아오면서 주변 환경 속에서 어떤 신호와 자극을 많이 받았는지 자신을 객관적으로 살펴볼 필요가 있습니다. 특별히 부정적인 자극이 무엇이었는가를 살펴보는 것이 잘못된 가치관을 바꿀 수 있습니다. 성장을 방해하는 요소를 차단시켜야 합니다. 그래야 자신의 탁월성을 발견하고 성장하는 삶을 살 수 있습니다. 인간은 긍정적인 자극보다는 부정적인 자극이 훨씬 더 오래 각인됩니다. 부정적으로 각인된 기억이 내면에 무의식화되면서 자신의 한계를 설정하고, 행동을 통제합니다. 한마디로 부정적인 패턴 때문에 탁월성이 발휘되지 못합니다. 따라서 탁월성을 발휘하기 위해서는 각인된 부정적인 자극은 차단하고, 긍정적인 자극은 더 강화시켜 성장하는 인생으로 무의식의 방향을 바꿔야 합니다.

부정 자극이 오래가는 이유

미국 컬럼비아대학교 René Hen 신경과학 교수 연구팀은 실험용 쥐를 새롭고 무서운 환경에 노출한 뒤 뇌 속 장기 기억을 저장하는 부위인 편도체에 도달하는 해마 뉴런의 활동을 실험했습니다. 실험 결과, 무서운 환경에 노출된 쥐의 해마 뉴런은 즉각적으로 그 정보를 뇌의 편도체로 전달했습니다. 그리고 해당 기억을 떠올렸을 때 해마 뉴런 역시 동시에 발화되었고, 이로 인해 그 기억은 동기화되어 더욱더 강해지는 것으로 나타났습니다. 실험을 주도한 연구팀은 "우리 뇌는 모든 것을 기억할 수 없어, 생존에 필요한 것 먼저 기억한다."라며 "특히 두려움과 같이 강한 감정은 생존에 꼭 필요한 중요한 정보로 여겨 쉽게 장기기억을 저장하는 편도체로 넘어간다."라고 말했습니다. Hen 교수는 "나쁜 기억이 오래 남는 데 가장 중요한 역할을 하는 것은 바로 기억의 동기화이다."라고 말합니다. "외상 후 스트레스장애를 가진 환자는 조금만 유사한 상황에 노출되더라도 그때의 기억이 떠오르고 동시에 해마 뉴런이 발화하는데, 이때마다 기억 동기화가 점점 더 강해진다."[56]라는 것입니다.

특히 인간의 뇌는 누군가가 나를 비판하거나 겁을 주는 경우 두려운 상황 혹은 소외감이나 공포심을 느끼는 경우 뇌에서는 코티솔 분비 효과가 나타납니다. 코티솔(Cortisol)은 외부의 스트레스와 같은 자극에 맞서 몸이 이러한 위협에 대항하기 위해 에너지를 만들어 낼 수 있도록 하는 과정에서 분비되는 호르몬입니다. 신체는 자기 보호의 방어기제로 두 뇌의 사고 능력을 저하시키면서 감정 상태는 예민해집니다. 상황을 확대 해석하면서 부정적인 자극을 계속 곱씹게 만듭니다. 이러한 과정이 무의식에 부정적인 패턴을 만들어 냅니다. 반대로 칭찬 격려와 같은 긍정적인 자극을 받으면 뇌에서 역시 특정 호르몬이 분비됩니다. 일명 옥시토신(oxytocin)이라 불리는 이 호르몬은 기분을 좋게 만듭니다. 하지만 효과의 지속 시간이 코티솔과 비교해 훨씬 짧습니다. 그래서 긍정적인 상태는 부정적인 상태와 비교해 상대적으로 빨리 끝나고, 이러한 심리 상태를 유발한 발언 역시 기억에서 쉽게 사라져 장기 기억으로 저장되지 못합니다. 다시 한번 정리하면 부정적인 자극은 인간의 생존 본능 때문에 계속 곱씹게 만들고, 의미를 확대 재생산하면서 무의식에 부정적인 패턴을

---

56 파이낸셜뉴스, 〈[두유노우] 나쁜 기억이 좋은 기억보다 강렬한 과학적 이유〉, 이지윤, 2020.08.20.

만들지만 긍정적인 자극은 쉽게 사라지기 때문에 장기 기억이 되지 못합니다.

부정적인 자극을 차단하라!

스탠퍼드 대학 심리학자인 클로드 스틸은 낮은 점수를 받은 학생들이 부정적인 환경의 신호 때문이라는 가설을 세우고 실험을 진행합니다. 먼저 학교에서 성적이 중간 정도 되는 학생들을 모아 세 부류의 그룹으로 나누었습니다. 첫 번째 그룹의 학생들에게는 너희들은 상위권과 경쟁해야 한다라는 신호를 주었고 두 번째 그룹의 학생들에게는 상위권과 늘 비교당하는 부정적인 환경 신호를 차단시켰습니다. 그리고 마지막 세 번째 그룹의 학생들에겐 부정적인 환경 신호를 차단하면서 공부는 자신의 힘을 키우는 의미 있는 경험이다라는 긍정적인 신호를 지속적으로 보냈습니다. 전부 상황은 바뀐 것이 없으며 신호만 주었습니다. 학교와 선생님과 교과서도 동일했습니다. 그런데 결과는 놀랍게도 달라지기 시작했습니다.

공부를 못하는 학생들에게 '공부를 못한다.'라는 주변 신호를 차단하자 그들의 성적은 2배가량 올랐습니다. 또한 세 번째 그룹처럼 긍정적인 신호를 주었을 경우에는 성적이 오른 것뿐만이 아니라 시간이 지날수록 성적은 점점 향상되었습니다. 외형적으로 바뀐 것은 아무것도 없었습니다. 모든 변화의 시작은 학생들 내면의 변화입니다. 특히 이러한 변화의 변수가 부모 유전자의 영향도 아니었고, 학생들의 노력의 시간도 아닌 단순한 환경의 신호였습니다.[57] 주변 환경의 부정적인 신호와 비교를 차단하는 것 긍정적인 말을 하고 동기 부여를 하는 것만으로 학생들의 무의식이 바뀐 것입니다. 결론은 아이들의 고정된 무의식을 바꾸고 싶으면 가장 먼저 부정적인 신호부터 차단시켜야 합니다. 좋은 학습 방법을 가르치는 것보다도 더 큰 효과입니다. 아이들의 삶의 패턴을 바꾸는 가장 중요한 핵심입니다. 부정적인 신호와 자극을 차단시키고 긍정의 신호를 지속적으로 보내 주세요. 아이들 인생이 달라집니다.

기대감으로 새로운 신호를 만들어라

몇 달 전 학교에서 학부모 상담을 마치고 돌아와 둘째 아이에게 이렇게 말했습니다. "하윤아! 오늘 선생님이 그러는데 너는 3학년 1반의 기둥과 같은 아이래! 아빠가 선생님으로부터 이런 이야기를 들었을 때 얼마나 기분이 좋던지 우리 하윤이 덕분이야!" 사실 담임 선생님께서 하윤이 보고 정확하게 하윤이는 기둥 같은 아이입니다라는 말은 하지 않았습니다. 물론 하윤이에 대한 칭찬과 격려를 많이 해 주셨지만 정확하게 기둥 같다라는 말은 하지 않았습니다. 부모인 제가 각색해서 만든 표현입니다. 그럼에도 제가 아이에게 이렇게 이야기한 이유는 아이에게 기대감을 심어 주고 스스로에 대한 적합감을 느끼게 해주고 싶은 마음에서 했던 말입니다. 한마디로 아이에게 보내주는 부모의 긍정적인 신호입니다.

물론 "너는 기둥 같은 아이야."라는 단순한 한마디로 아이의 미래가 달

57 『하버드 상위 1%의 비밀』, 정주영, 한국경제신문, 2018, 61-63p.

라지지 않을 수도 있습니다. 중요한 것은 부모가 아이에게 평소 어떤 신호를 지속적으로 보내 주느냐에 대한 태도의 문제입니다. 아이 스스로 느끼기에 부담감이 없으면서 스스로에 대한 적합감이 느낄 수 있도록 부모가 지속적으로 긍정적인 신호를 만들어서 자극을 준다면 분명 아이 무의식에 적합감이 생겨서 스스로에 대한 자의식과 정체성을 만들어 줄 수 있다고 확신합니다. 이것이 바로 신호의 힘입니다.

2005년 미시건 대학의 토머스 카 연구팀은 '재능 있는 사람들이 실패하는 지점'이라는 연구 결과를 내놓았습니다. 노력과 재능을 아무리 더해도 한 번 부정적인 신호에 전염되면 그 신호 때문에 학생의 노력과 재능이 회복 불가능하다[58]라는 것입니다. 카는 신호의 힘을 테스트하기 위해 두 그룹으로 나눠서 실험을 진행했습니다. 첫 번째 그룹 학생들에게는 평상시처럼 수학 문제를 풀게 만들었고, 두 번째 그룹 학생들에게는 수학을 못할 수도 있다는 신호를 받게 했습니다. 사실 이들은 미시건 대학을 들어갈 정도로 충분히 상위권의 학생들이었습니다. 그럼에도 두 번째 그룹 학생들에게 부정적인 신호만 던져서 의도적으로 지금까지 기울여 온 노력에 물음표를 만드는 상황을 연출했던 것입니다. 연구 결과 두 번째 그룹 학생들은 황당할 만큼 순식간에 실력이 꺾여 버렸습니다. 성적표를 분석해 봤는데 정작 쉬운 문제에는 부정적인 신호를 받아도 성적에는 변화가 없었습니다. 그런데 까다로운 고난도 수학 문제에서는 확연할 정도로 성적이 떨어졌습니다. 그렇다면 도대체 부정적인 신호가 학생들에게 어떤 영향을 주었을까요? 왜 어려운 문제를 학생들은 풀지 못했을까요?

---

58 같은 책, 354-355p.

연구팀은 이러한 질문에 답하기 위해 분석합니다. 그리고 내린 결론은 부정적인 신호는 뇌 속의 작업기억력을 떨어트렸습니다. 이런 현상은 세계적인 심리학자들의 연구에서도 일관되게 관찰되었는데 작업기억력은 재능과 밀접하게 연관되어 있습니다. 즉 작업기억력이 높을수록 고차원적인 사고를 폭넓게 할 수 있는데 공부를 못한다는 신호 때문에 학생들은 작업기억력이 예외 없이 감소했습니다. 다시 말해 공부를 잘했던 학생들도 신호 때문에 자신의 능력을 의심하면서 어려운 수학 문제를 보는 순간 심리적으로 위축되어 성적이 좋지 않게 나타났던 것입니다. 카 연구팀은 이 실험을 통해 노력과 재능보다 신호가 더 중요하다는 사실을 발견했습니다. 이러한 실험을 통해 신호가 주는 시사점이 있습니다. 아이들을 성적에 따라 서열을 매기고 대학의 등급을 매기는 순간 아이들은 부정적인 신호를 받게 됩니다. 특히 자신이 공부를 못해서 지방 대학에 갔다는 신호는 스스로 문을 걸어 잠그고 지방대라는 신호 안에 갇혀 버립니다. 반대로 좋은 대학에 들어갔다고 생각한 아이들은 자신의 노력과 재능으로 들어갔다고 생각합니다. 중요한 건 너무나 많이 재능 있는 학생들이 부정적인 신호에 희생되고 있다는 사실입니다. 신호의 영향입니다. 이제는 사회가 던지는 부정적인 신호를 차단해야 합니다. 아이들에게 긍정적인 신호를 통해 지속적인 안정감을 주면서 적합감이 생길 수 있도록 신호의 힘을 활용해 보세요. 이것이 재능보다 노력보다 더 중요할 수 있습니다.

〈부정적인 신호를 차단하라 생각해 보기〉

스탠퍼드 대학 심리학자인 클로드 스틸은 낮은 점수를 받은 학생들이 부정적인 환경의 신호 때문이라는 가설을 세우고 실험을 진행합니다. 먼저 학교에서 성적이 중간 정도 되는 학생들을 모아 세 부류의 그룹으로 나누었습니다. 첫 번째 그룹의 학생들에게는 '너희들은 상위권과 경쟁해야 한다.'라는 신호를 주었고, 두 번째 그룹의 학생들에게는 상위권과 늘 비교당하는 부정적인 환경 신호를 차단시켰습니다. 그리고 마지막 세 번째 그룹의 학생들에겐 부정적인 환경 신호를 차단하면서 공부는 자신의 힘을 키우는 의미 있는 경험이다. 라는 긍정적인 신호를 지속적으로 보냈습니다. 전부 상황은 바뀐 것이 없으며 신호만 주었습니다. 학교와 선생님과 교과서도 동일했습니다. 그런데 결과는 놀랍게도 달라지기 시작했습니다. 공부를 못하는 학생들에게 '공부를 못한다.'라는 주변 신호를 차단하자 그들의 성적은 2배가량 올랐습니다. 또한 세 번째 그룹처럼 긍정적인 신호를 주었을 경우에는 성적이 오른 것뿐만이 아니라 시간이 지날수록 성적은 점점 향상되었습니다. 외형적으로 바뀐 것은 아무것도 없었습니다. 모든 변화의 시작은 내면의 변화입니다. 특히 이러한 변화의 변수가 부모 유전자의 영향도 아니었고, 학생들의 노력의 시간도 아닌 단순한 환경의 신호였습니다. 주변 환경의 부정적인 신호와 비교를 차단하는 것 긍정적인 말을 하고 동기 부여를 하는 것만으로 아이들은 내면이 변하고 무의식이 바뀝니다.

Q. 탁월성 교육을 위한 질문

1. 부모가 우리 아이를 누구로 설정하느냐가 아이의 방향성입니다. 부모가 아이를 어떻게 바라보느냐가 아이 행동을 결정하고 그 방향대로 아이 인생이 펼쳐집니다. 따라서 부모가 지향하는 아이들의 호를 만들어 보세요. 예를 들면 이런 것입니다. 아인슈타인을 뛰어넘는 세계적인 과학자 김성호! 친구들의 관계 행복의 대가 김여진! 세계적인 베스트셀러 작가 김여경! 그리고 매일 불러 주세요. 아이는 부모가 불러 주는 호를 들으면서 자기 인생을 계획하고 꿈을 꾸게 됩니다.

2. 사회가 말하는 부정적인 신호가 무엇인지 생각해 보세요. 사회에서 주는 부정적인 신호에 관심을 갖기보다는 긍정적인 신호를 더 많이 아이한테 줄 수 있는 환경에 집중해야 합니다. 그래야 아이가 부정적인 신호를 차단하고 긍정적인 신호에 반응할 수 있습니다.

자기 암시로 긍정의 무의식을 강화하라

"우리의 두뇌는 현실과 상상을 구별하지 못하는 경우가 많다. 눈을 감고 좋아하는 음식을 떠올리면 입에 침이 고이게 된다. 두뇌가 실제와 상상을 구별할 수 없다는 것을 활용하면 더 큰 힘과 에너지를 끌어낼 수 있는 것이다."

– 박세니 『어웨이크』 –

내면에 새로운 무의식 깔기

이제 부정적인 무의식을 차단했다면 두 번째로 새로운 무의식을 내면에 새겨 넣어야 합니다. 가장 좋은 방법이 자기 암시요법입니다. 프랑스의 약사이자 심리치료사인 에밀 쿠에는 "나는 날마다 모든 면에서 점점 더 좋아지고 있다."라는 자기 암시를 통해 매일 반복적으로 선언했습니다. 이러한 자기 암시 요법은 놀라운 효과가 있었습니다. 장염에서부터 말더듬이, 신경증 환자, 수술 환자, 종양을 치료하는 환자, 폐결핵 말기 환자의 완치 경험 등 수많은 사람들이 자기 암시 요법을 통해서 삶이 바뀌었다고 그의 책 『자기 암시』[59]에서 기록하고 있습니다.

---

59 『자기 암시』, 18-19p, 에밀 쿠에, 하늘 아래, 2020.

자기 암시는 무의식에 명령을 내리고 그 명령에 따라 모든 것을 움직인다는 원리입니다 이 단순한 암시가 어떻게 무엇인가를 이룬다는 것이 믿기 어려울 수 있습니다. 저도 처음에는 믿지 않았습니다. 하지만 자기 암시의 효과는 마술이나 단순한 긍정 선언이 아니라 뇌과학적인 원리입니다. 인간의 뇌는 소리 내어 반복적인 패턴을 주입하면 몸을 속일 수 있고, 행동까지 만들어낼 수 있습니다. 예를 들면 이런 것입니다. 저를 한번 따라 해 보시길 바랍니다. 왼손 엄지와 집게손가락을 서로 맞대 보세요. 그다음에는 엄지와 약지를 맞댑니다. 다시 엄지와 중지를 맞댄 후 엄지와 새끼손가락을 맞댑니다. 이제 무의식적으로 할 수 있을 때까지 이 과정을 반복해서 연습해 봅니다. 자연스럽게 될 때까지 반복해야 합니다. 아마 집중해서 몇 분만 연습한다면 누구나 능숙하게 할 수 있을 것입니다. 이 과정이 익숙해졌다면 이번에는 눈을 감은 상태에서 방금 전 했던 행동을 똑같이 실제로 손가락은 맞대지 말고 마음속으로만 손동작을 그려 봅니다. 처음처럼 차례차례 손가락을 맞대는 것을 상상해 봅니다. 이렇게 동작을 몇 번 반복한 후 눈을 뜹니다.

방금 제가 시키는 대로 집중해서 따라 했다면 여러분의 뇌는 실제로 손동작을 할 때와 똑같이 신경세포가 자극을 받습니다. 바로 이것이 생각만으로 뇌를 속이는 훈련입니다. 뇌는 실제로 손동작을 하는 것과 손동작을 상상하는 차이를 모르기 때문에 반응합니다. 우리가 어떤 생각을 떠올리기만 해도 그 순간 몸에서는 호르몬이 분비됩니다.

실제로 지금 당장 아무 생각을 떠올려 보세요. 내가 슬펐던 일, 화가 났던 일, 행복했던 일, 분노했던 일 등 아무 생각을 집중해서 떠올려 보시길 바랍니다. 몸에서는 화학 반응이 일어납니다. 위는 위액을 분비하고 간은 방금 전만 해도 없던 효소를 생산하고 심장 박동이 불안정해지고 폐의 움직임도 달라집니다. 심지어 모세혈관에 공급되는 혈액의 양까지 달라집니다. 생각이 몸에 반응을 일으키는 현상입니다. 이처럼 모든 인간은 생각만으로 뇌세포는 끊임없이 변하게 만들 수 있고 이렇게 생각만으로 뇌와 몸을 재구성하면서 바꿀 수 있습니다. 생각의 힘은 그만큼 강력합니다. 예를 들어 항상 매사에 무기력한 아이가 있다고 칩시다. 이 아이는 '나는 못생겼어.', '공부도 못해.', '어차피 해도 안 될 거야.'라고 생각하는 순간 뇌는 자존감을 떨어뜨리는 화학물질이 몸에서 방출됩니다. 호르몬이 분비됩니다. 그러면 몸은 자동적으로 자신감이 없다는 느낌을 받게되고 느낌은 다시 자신감 없는 행동으로 이어집니다. 이러한 악순환이 몇 년 동안 계속된다면 이 아이는 결국 자존감이 없는 상태로 인생을 살아가게 될 것입니다. 습관적인 생각을 무의식적으로 반복할수록 생각은 강화되면서 그에 맞는 호르몬이 분비되면서 결국에는 몸과 행동도 생각의 방향대로 바뀌게 되는 원리입니다. 생각과 느낌이 지금의 현 상태를 만들어내는 과정입니다.

다시 한번 말씀드리지만 우리가 어떤 생각을 선택해서 집중하고 습관적으로 반복하느냐가 한 아이의 인생 전체에서 건강과 삶의 질과 태도에 직접적인 영향을 주게 됩니다. 따라서 자기 암시를 통해 무의식을 길들인다면 그 무의식은 원래 가지고 있는 무한한 힘을 발휘해 온몸의 기관과 의식을 원하는 쪽으로 이끌어 갑니다.

의식하지 말고 상상하라!

에밀 쿠에가 말하는 자기 암시 요법은 의식하지 말고 상상하기입니다. 예를 들면 이런 것입니다. 지금부터 나는 빨간 코끼리를 상상하지 말아야지! 절대 빨간 코끼리는 상상하지 않을 거야!라고 의식적으로 상상하게 되면 오히려 정반대의 결과로 빨간 코끼리가 마음속에 떠오릅니다. 의식적인 노력이 들어갔기 때문입니다. 나는 오늘 저녁에 치킨을 먹지 않을 거야 치킨을 먹으면 나는 실패자야라고 아무리 강한 의지를 가지고 다짐한들 치킨에 대한 상상이 떠오릅니다. 여기에는 의지로 상상을 이기려고 하는 마음이 들어갔기 때문입니다. 의지는 무의식을 절대로 이길 수가 없습니다. 의식하지 말고 상상하라는 뜻은 의지를 믿는 것이 아닌 물 흐르듯이 자연스럽게 무의식에 주입하는 원리입니다. '나는 날마다, 모든 면에서, 점점 더 좋아지고 있다.'를 반복하면서 그다음의 일은 무의식에 맡기는 것입니다. 이때 중요한 것은 자신 속에 숨겨진 힘을 믿는 마음입니다.

자기 암시 요법은 내면의 힘을 끌어내는 기술입니다. 인간의 마음속에는 무한한 힘이 내재되어 있습니다. 우리는 이 힘을 길들이는 방법만 알면 됩니다. 인간의 상상력은 고삐를 채우지 않은 말과 비슷합니다. 이 말이 마차를 몰면 엉뚱한 방향으로 질주하다가 죽음으로 몰고 갈 수도 있습니다. 하지만 마구를 잘 갖추고 말을 몰면 내가 가고자 하는 방향으로 갈 수 있습니다. 바로 무의식이란 이런 것입니다. 상상하기 나름입니다. 내가 원하는 쪽으로 입을 빌려 마음의 힘을 이용한다면 명령을 받아들입니다. 우리가 인식하지 못하는 사이 명령을 수행합니다. 좀 더 구체적으로 설명드리면 자기 암시는 잠자리에 들기 전과 아침에 바로 눈을 뜬 직후가 가장 효과적입니다. 뇌과학적으로 잠들기 전이나 눈을 뜬 직후에 뇌파 상태가 세타파 상태가 되기 때문에 잠재의식을 재설정할 수 있습니다.

긴장이 풀리고 마음이 고요해지면서 창조적이고 직관적인 상태가 됩니다. 이때 선언하는 자기 암시는 바로 무의식에 저장됩니다. 자기 암시를 할 때 두 눈을 감고 차분한 목소리로 천천히 원하는 모습을 반복적으로 상상, 실감하면서 선언합니다. '나는 날마다 모든 면에서 점점 더 좋아지고 있다.' 특히 아이들에게 자기 암시를 가르쳐 줄 때에 '나는 똑똑하다!', '나는 용기가 있다.', '나는 아는 것이 많다!', '나는 지금 주어진 문제를 해결할 수 있는 능력이 있다.'라고 긍정 선언하면서 자기 암시를 한다면 삶을 대하는 태도가 달라집니다. 아이들의 무의식은 그 말을 기억하면서 모든 면에서 전반적으로 그 효과가 일어납니다. 아이들에게 원하는 목표를 설정하고 반드시 이룰 수 있다는 믿음과 자신감 확신을 가지고 반복적으로 선언해 보세요. 이것을 믿든 안 믿든 생각한 대로 현실이 이루어집니다.

> "당신이 할 수 있다고 생각하든, 할 수 없다고 생각하든 당신의 생각은 옳다."

자동차왕 헨리 포드의 말입니다. 이 문장의 가치를 느끼시나요? 우리가 어떤 일을 할 때 '나는 할 수 없어.'라는 생각이 떠오르면 당연히 그렇게 됩니다. 그것이 방향성이기 때문입니다. '할 수 없다.'고 이미 생각하면 그대로 실패의 방향으로 가는 것이고, 만약 '나는 할 수 있다.'고 상상하면서 그 일을 성공하기 위해 관련된 지식을 모을 것이고, 실행에 집중할 것이고 어느 순간 하나씩 성취하면서 성공으로 가까이 갈 수 있게 됩니다. 중요하건 성공과 실패의 원인은 내가 어떤 방향성을 가지고 집중하느냐에 달려 있습니다. 성공하는 사람들은 자신의 무의식을 긍정 암시로 바꾸면서 실행에 집중하고 과정 경험을 통해 자기 삶을 성공으로 이끈 사람들입니다. 바로 이것이 자기 암시의 효과입니다.

인도에서 전해져 내려오는 아주 오래된 신화가 있습니다. 어느 날 신들의 회의가 열렸습니다. 신들이 자신의 형상대로 만들어 낸 인간들이 점점 신에 범접할 정도로 점점 똑똑해지고 강해져서 신들의 능력까지 위협할 정도로 힘이 세지게 된 것입니다. 이제는 신들과 인간의 사이를 가르는 가장 큰 능력 하나가 만약 인간의 손에 들어간다면 인간은 신과 같이 무소불위의 힘을 발휘하게 됩니다. 신들은 고민하기 시작했습니다. 이 능력을 인간들이 모르는 곳에 숨겨 두기로 작정합니다. 그런데 아무리 높은 하늘 위라도 아무리 깊은 바닷속이라도 인간들이 찾아낼 것만 같았습니다. 아무리 고민해 봐도 인간들의 눈을 피해서 숨길 곳이 떠오르지 않았습니다. 그러나 마침내 신들은 숨길 곳을 찾았습니다. 회심의 미소를 지으면서 절대로 인간들이 찾지 못할 신비한 장소가 있었습니다. 바로 신들이 찾아낸 장소는 인간의 마음속이었습니다.

자기 암시 요법은 바로 인간의 마음의 원리를 다루는 기술입니다. 그리고 마음의 원리란 상상입니다. 따라서 인간의 능력 중에 가장 중요한 것은 의지가 아닌 상상입니다. 의지를 훈련시키는 것보다 더 중요한 일은 상상을 다루는 법을 먼저 배워 보세요. 인생이 달라집니다. 저는 매일 아침 아이와 함께 기도하는 마음으로 매일 상상, 실감하면서 자기 암시를 하고 있습니다. "하윤이는 탁월하신 하나님의 사랑받는 아들이다. 그러므로 하윤이는 모든 것을 할 수 있고 모든 것을 이미 가진 것이다!" 이러한 자기 암시 요법을 통해 아이는 무의식에 대한 두려움이 사라졌고 신적인 자존감이 생겼습니다. 물론 처음에는 어색했지만 어느 순간 익숙해지면서 아이 스스로 매일 외치면서 하루를 시작합니다. 아이는 스스로에 대한 정체성이 달라집니다.

지금 당장 아무 생각을 떠올려 보세요. 내가 슬펐던 일, 화가 났던 일, 행복했던 일, 분노했던 일 등 아무 생각을 집중해서 떠올려 보시길 바랍니다. 몸에서는 화학 반응이 일어납니다. 위는 위액을 분비하고 간은 방금 전만 해도 없던 효소를 생산하고 심장 박동이 불안정해지고 폐의 움직임도 달라집니다. 심지어 모세혈관에 공급되는 혈액의 양까지 달라집니다. 생각이 몸에 반응을 일으키는 현상입니다. 이처럼 모든 인간은 생각만으로 뇌세포는 끊임없이 변하게 만들 수 있고 이렇게 생각만으로 뇌와 몸을 재구성하면서 의식을 새롭게 바꿀 수 있습니다. 생각의 힘은 그만큼 강력합니다. 자기 암시 요법은 단순한 긍정선언이 아닌 행동 패턴을 바꿀 수 있는 뇌과학적인 원리입니다.

Q. 탁월성 교육을 위한 질문

1. 뇌과학적으로 아이들이 잠들기 전이나 눈을 뜬 직후에 뇌파 상태가 세타파 상태가 되기 때문에 잠재의식을 재설정할 수 있습니다. 긴장이 풀리고 마음이 고요해지면서 창조적이고 직관적인 상태가 됩니다. 조용히 아이가 잠에서 깨어나려고 하는 상태에서 아이 귓속에 사랑을 담아서 이야기해 주세요. "세상에서 가장 소중한 내 딸! 오늘 하루도 정말 행복할 거야! 너는 위대한 인물이 될 거야!"

2. 아이들을 위한 자기 암시 요법.

    오늘도 즐겁고 기대되는 하루가 시작되었습니다.

    나는 나를 믿습니다.

    나는 건강하고 행복합니다.

    나는 배우는 것을 좋아합니다.

    나는 충분히 똑똑합니다.

    나는 멋진 아이디어와 좋은 생각으로 가득합니다.

    나는 내가 원하는 것을 창조할 수 있는 힘이 있습니다.

    나는 재미있고 창의적입니다.

나는 독특하고 특별합니다.

나는 내 미래가 자랑스럽습니다.

내 인생은 재미있고 기쁨으로 가득합니다.

나는 나다운 것을 자랑스럽게 생각합니다.

나는 안전하고 보호받고 사랑받고 있습니다.

나는 새로운 친구를 사귀는 것을 좋아합니다.

나는 내 인생에서 좋은 일이 일어날 자격이 있습니다.

- 켈리최 -

4

제한된 신념이 바뀌어야 인생이 바뀐다

"당신은 정화해야 한다. 무엇을 정화하냐고? 바로 신념이다."

– 조 비테일 –

아이를 교육하면서 가장 중요한 본질이 무엇이냐고 묻는다면 저는 신념이라고 생각합니다. 어떤 신념을 믿으면서 자기 인생을 경영하느냐가 인생에서의 성공과 실패의 중요한 본질입니다. 신념이란 개인의 행동 경향성 즉 지속적이고 일관성 있는 자세와 태도를 말합니다. 한마디로 신념이란 내면에서부터 진심으로 사실이라고 받아들이는 믿음 체계입니다. 조비테일 박사는 그의 책『뭘 해도 되는 운명』에서 신념과 믿음의 차이를 설명하고 있습니다. 신념이 먼저이고, 그다음이 믿음이다.[60] 그러니까 믿음의 근원에는 신념이 자리 잡고 있습니다. 신념을 다른 말로 잠재의식이라고도 합니다.

이러한 잠재의식은 후천적인 다양한 자극과 환경 문화적인 경험에 의해 형성됩니다. 세상에 태어난 아이들은 자신들의 삶이 고달플지 쉬울지, 돈이 부족할지 풍족할지 스스로가 중요한 존재일지 아닐지 모른 채

---

60 『뭘 해도 되는 운명』, 55-59p, 조 비테일, 유노북스, 2023.

태어납니다. 그런데 가장 먼저 모든 것을 알고 있는 부모를 바라보면서 세상을 이해하고 배우게 됩니다. 아이들에게 첫 스승이 부모인 셈입니다. 따라서 어떤 부모를 만나서 어떻게 양육되는지 어떤 심리 사회적인 영향을 받았는지에 따라 아이들의 신념이 달라질 수 있습니다. 결국 신념이 중요한 이유는 아이들이 세상을 대하는 자세와 태도로 연결되기 때문입니다. 결론은 한 아이의 내면에 어떤 신념을 믿으면서 살아가느냐가 아이의 성공과 실패를 결정짓게 됩니다.

신념이 곧 자기의 현실이다

신념이 곧 자기의 현실입니다. 저희 집에 귀여운 곰돌이 인형이 있습니다. 제 눈에는 그저 양모로 만든 인형일 뿐입니다. 이건 사실입니다. 하지만 딸아이에게 이 인형은 단순한 양모 인형이 아닌 살아 있는 친구이자 인생의 동반자이자 수호신과 같은 살아 있는 존재입니다. 초롱이라는 이름도 있습니다. 매일 함께 붙어 다닙니다. 이건 딸아이가 생각하는 곰돌이 인형에 대한 신념입니다. 딸아이의 현실입니다. 저에게도 아끼는 볼펜이 하나 있습니다. 몽블랑에서 나온 마이스터스틱 플래티넘 2866이라는 볼펜인데 늘 주머니에 넣고 다닙니다. 없으면 불안합니다. 이 볼펜으로 중요한 서명을 하거나 메모를 하면 항상 기분이 좋아집니다. 저에게는 행운과도 같은 볼펜입니다. 저의 신념입니다. 그리고 저의 현실입니다. 하지만 이것은 그냥 볼펜이라는 도구일 뿐입니다. 이건 사실입니다. 이 글을 읽는 여러분은 방금 제가 볼펜이라는 도구적 기능에는 동의하겠지만 이 볼펜은 행운의 볼펜이라는 저만의 신념에는 동의하지 않을 것입니다. 제가 말씀드리고 싶은 건 신념이 중요하냐? 사실이 중요하냐?가 아닙니다. 중요한 것은 나는 어떤 신념으로 세상을 바라보고 해석하면서 행동하느냐?는 믿음이 중요합니다. 왜냐하면 신념이 자기의 삶이자 현실이기 때문입니다.

제한된 신념은 나를 통제하고 조종한다

인간은 크게 두 가지 의식으로부터 외부 세상을 해석하고 행동하면서 자기를 인식합니다. 첫 번째로 현재 의식이 있습니다. 현재 의식은 오감과 이성을 통해 외부를 해석하면서 자기를 인식합니다. 예컨대 '오늘 날씨가 덥다.', '오늘 날씨가 춥다.', '지금 앉아 있는 의자가 너무 딱딱하다.', '노트북이 켜져 있다.', '지금 배가 고프다.', '머리가 아프다.', '맛이 너무 짜다.', '맛이 싱겁다.'처럼 감각을 통해 외부 세계를 인식합니다. 이것이 오감과 이성을 통한 인식입니다.

두 번째로는 잠재의식을 통해 세상을 인식합니다. 잠재의식은 내면에서부터 진심으로 사실이라고 받아들인 것만을 인식합니다. 자기만의 신념과 믿음입니다. 이러한 잠재의식은 마치 꼭두각시 인형을 조종하는 줄과 같습니다. 모습을 드러내지 않고 작은 목소리로 함대를 움직이게 하는 사령관처럼 계속해서 은밀하게 명령을 내리면서 나를 일정한 방향으로 행동하도록 움직입니다. '지금 명문대 가기는 힘들어.', '밤에 야식은 먹어 줘야지.', '다이어트는 내일부터 해야지.', '어차피 수학은 이생망(이번 생은 망했어)이야.', '아무리 노력해도 흙수저로 태어나면 돈 벌기는 힘들어.'처럼 내면에서부터 진심으로 사실이라고 받아들이는 것을 통해 계속해서 명령을 내립니다. 문제는 현재 의식과 잠재의식이 서로 부딪혔을 때 일어납니다. 아무리 이성적이고 합리적이면서 객관적인 사실일지라도 자신의 신념 즉 잠재의식과 충돌이 일어나면 항상 잠재의식대로 행동하고 판단합니다. 이것이 신념의 위력입니다. 다른 말로는 무의식이라고도 합니다. 그래서 자기 내면에 어떤 신념을 믿으면서 세상을 해석하고 행동하느냐가 태도이자 자기의 현실이 될 수 있습니다.

제한된 신념으로 자신의 한계를 규정하지 마라

인간의 신념은 소프트웨어 즉 뇌에 깔린 프로그래밍입니다. 그래서 깔려 있는 프로그래밍대로 사고하고 행동합니다. 문제는 뇌에 깔려 있는 프로그램 즉 제한된 신념이 인간의 능력과 재능에 한계를 만듦에도 여전히 활성화된 채 작동되고 있다는 사실입니다. 잘못 깔린 신념을 근거로 실제 능력을 제한하고 있고 축소하면서 살아갑니다. '이건 해도 안 될 거야.', '어차피 부자가 되는 것은 불가능해.', '명문대에 들어가는 건 어려운 일이야.'처럼 뇌에 깔려 있는 부정적인 신념으로 자신의 삶을 규정합니다. 이러한 신념이 잘못된 프로그래밍입니다. 진실이 아닙니다. 원하는 성취를 할 수 없게 만듭니다. 결국 행동의 잘못이 아니라 신념이 문제입니다. 아무리 좋은 학습 방법과 환경이 달라져도 변하지 않는 이유는 무의식 즉 잠재의식인 신념이 달라지지 않기 때문입니다.

"오랫동안 나는 내가 인지한 제약으로 자신을 규정하면서 살아왔다. 어렸을 때 끔찍한 부상을 당했다고 생각하고는 내 미래가 뻔하다고 확신했다. 하지만 몇몇 사람들의 도움으로 내가 인지한 제약이 실은 전혀 제약이 아니란 걸 알게 되었다. 단지 내가 극복해야 할 장애물 또는 탈학습해야 할 한계일 뿐이었다. 그리고 그렇게 했을 때 매일 배워서 될 수 있는 것, 할 수 있는 것이 무한해졌다."[61]

세계적인 브레인 코치 짐 퀵의 말입니다. 그는 유년기에 사고로 뇌에 큰 손상을 입어 집중력과 기억력 저하로 "뇌가 고장 난 아이"라는 말을 들으며 학습에 어려움을 겪었습니다. 대학교 때까지 책 한 권을 끝까지 읽기 힘들었습니다. 결국 학업을 포기하기로 결심했습니다. 그러나 두 번째 겪은 사고로 또다시 머리를 다쳤는데 그는 '도대체 왜 나는 무엇을 해도 안 되는가?'라는 질문을 통해 잘못된 신념 때문이었다는 것을 알게 되었습니다. 그 후 뇌과학, 다중지능이론 성공학을 다룬 자기 계발서 등을 토대로 자신의 잠재 능력을 최대치로 끌어올리면서 제한된 신념을 바꿨습니다. 자신의 한계를 뛰어넘었습니다. 현재는 《포브스》, 《허프 포브스》, 《Inc》, CNBC 등 유명 매체에 정기적으로 출연하면서 매년 20만 명 이상의 사람들에게 제한된 신념을 바꾸는 방법과 배우는 방식에 대한 본질적인 이론으로 빌 게이츠, 일론 머스크, 버락 오바마, 오프라 윈프리가 찾는 최고의 두뇌 전문가가 되었습니다.

아이를 양육하는 부모라면 먼저 자신의 내면으로 깊이 들어가서 내가

---

61 『마지막 몰입』, 49p, 집 퀵, 비즈니스북스, 2022.

믿고 있는 신념이 무엇이고 어떻게 프로그래밍돼 있는지 살펴야 합니다. 그리고 아이들에게 어떻게 영향을 주고 있는지 잘못된 신념을 주입하고 있는 건 아닌지 깨닫고 바꿔 줘야 합니다. 부모가 먼저 변해야 아이들도 바꿀 수 있습니다. 잘못된 신념은 가정 문화에 스며 있고, 아이들이 자라나는 사회 환경 속에 존재합니다. 교육 제도에 담겨 있기도 합니다. 모든 신념은 후천적인 자극과 신호로부터 형성됩니다. 보통 신념은 태어나고 자라난 환경에서 7세 이전까지 가족과 이웃을 비롯한 다른 사람들에게서 많은 정보를 다운로드하면서 자리 잡게 됩니다. 부모들도 마찬가지입니다. 자기들만의 프로그래밍이 있었고, 자기들만의 한계가 있었으며, 그들도 마찬가지로 순진하게 프로그래밍당했습니다. 자신만의 신념을 그득히 갖고 있으며 그렇기 때문에 아이들을 이미 만들어진 신념대로 양육하고 훈육합니다. 이것이 아이들이 변하지 않는 교육의 본질입니다. 만약 아이들의 무한한 잠재 가능성을 끌어올리고 싶다면 가장 먼저 부모 자신이 제한된 신념을 들여다봐야 합니다.

> "우리는 자신이 가진 신념을 알지 못한다. 경제적으로 성공하고 싶다면 돈에 대한 신념을 살펴보라. 돈이 나쁘다고 생각하는가? 부자들이 나쁜 짓으로 돈을 번다고 생각하는가? 이는 사실이 아니라 제한의 신념이다."
>
> – 조 비테일 『뭘 해도 되는 운명』 –

제한된 신념을 바꾸기 위해서

'우리 아이는 공부에 재능이 없어!'

'우리 아이는 내성적이라 남 앞에서 말을 못 해!'

'우리는 부자가 되기 힘들어!'

'이건 해도 안 될 거야!'

이러한 부정적인 신념을 먼저 종이에 한번 기록해 보세요. 나는 어떤 부정적인 신념을 가지고 있는지 그리고 스스로에게 질문해 보세요. 내가 이렇게 믿고 있는 신념의 근거는 뭐지? 종이에 적으면서 내가 믿고 있는 신념을 생각해 보세요. 내가 믿고 있는 신념이 객관적인 사실이 아니고 딱히 합리적인 근거가 없다는 것을 깨닫게 됩니다. 물론 근거가 있다고 말할 수도 있습니다. "거봐, 해 봤는데 이건 내가 안 된다고 했잖아!"처럼요. 하지만 이러한 근거는 이미 정해진 신념이 바뀌지 않은 상태에서 경험만으로 나온 결과를 가지고 잘못된 신념에 대한 합리화의 근거입니다. 다시 말해 먼저 신념이 바뀌지 않은 상태에서는 현실이 절대로 달라지지 않습니다. 잘못된 신념을 바꿀 수 있는 가장 좋은 방법은 달라지고 원하는 자신의 모습에 대해서 상상, 실감하는 자기 암시로 달라질 수 있습니다.

최근 밝혀진 뇌과학 연구에서는 뇌는 상상과 현실을 구분하지 못한다는 사실을 밝혀냈습니다. 예를 들어 지금 레몬을 먹는다고 상상하면 실제 신 것을 먹을 때처럼 뇌의 부위가 똑같이 활성화됩니다. 실제 한 실험에서도 피아노 연습을 하지 않고도 상상만으로 꾸준히 반복하면서 상상했는데 뇌의 반응은 연습했던 뇌와 비슷한 차이를 보였습니다. 물론 실제로 연습했던 것보다는 차이가 있었지만 말이죠. 이것이 의미하는 건 인간은 오감과 이성이 주는 정보만을 받아들이지 않아도 된다는 가능성을 의미합니다. 그러니까 우리의 잠재의식 즉 신념은 내가 원하는 방향대로 꾸준히 반복해서 상상, 실감을 한다면 뇌에 새로운 프로그램 즉 긍정적인 신념이 깔린다는 것을 의미합니다.

내가 원하고 상상하는 모습이 진실이냐 아니냐가 문제가 아닙니다. 유일한 문제는 그것을 내면에서부터 사실로 받아들이는지 그렇지 못한 차이일 뿐입니다. 사실로 받아들일 때 그것이 신념이 되고 현실이 될 수 있습니다. 결국 내면의 신념을 바꿀 수 있는 유일한 방법은 '나는 나를 진심으로 무엇이라고 생각하고 있는지?', '나는 세상을 진심으로 무엇이라고 믿고 있는지?'아이를 양육하는 부모 자신부터 원하는 모습 달라지고 싶은 부분을 상상 실감하면서 내면화될 수 있도록 꾸준히 상상 실감하면서 반복해 보세요. 아이들이 믿는 신념도 달라집니다. 신념이 바뀔 때 인생도 달라질 수 있습니다.

〈제한된 신념이 바뀌어야 인생이 바뀐다 생각해 보기〉

조비테일 박사는 그의 책 『뭘 해도 되는 운명』에서 신념과 믿음의 차이를 설명하고 있습니다. 신념이 먼저이고, 그다음이 믿음이다. 그러니까 믿음의 근원에는 신념이 자리 잡고 있습니다. 신념을 다른 말로 잠재의식이라고도 합니다. 이러한 잠재의식은 후천적인 다양한 자극과 환경 문화적인 경험에 의해 형성됩니다. 세상에 태어난 아이들은 자신들의 삶이 고달플지 쉬울지, 돈이 부족할지 풍족할지, 스스로가 중요한 존재일지 아닐지 모른 채 태어납니다. 그런데 가장 먼저 모든 것을 알고 있는 부모를 바라보면서 세상을 이해하고 배우게 됩니다. 아이들에게 첫 스승이 부모인 셈입니다. 따라서 어떤 부모를 만나서 어떻게 양육되는지 어떤 심리 사회적인 영향을 받았는지에 따라 아이들의 신념이 달라질 수 있습니다. 결국 신념이 중요한 이유는 아이들이 세상을 대하는 자세와 태도로 연결되기 때문입니다. 결론은 한 아이의 내면에 어떤 신념을 믿으면서 살아가느냐가 아이의 성공과 실패를 결정짓게 됩니다.

Q. 탁월성 교육을 위한 질문

1. 지금까지 내가 믿고 있는 부정적인 신념이 무엇인가요? 예를 들면 '우리 아이는 공부에 재능이 없어!', '우리 아이는 내성적이라 남 앞에서 말을 못 해!', '이건 해도 안 될 거야!' 이러한 부정적인 신념이 무엇인지 글로 한번 적어 보세요. 내가 믿는 신념이 무엇인지 발견할 수 있습니다.
2. 아이를 양육하는 부모로서 나는 아이들에게 어떤 부모가 되고 싶은지 원하는 부모의 모습을 종이에 기록해 보세요. 그리고 매일 반복해서 읽고 선언하면서 내면화될 수 있도록 상상, 실감해 보세요. 아이들을 바라보는 부모의 신념이 먼저 달라집니다.

제4장

'ChatGPT' 시대 나만의 탁월성

"기술 발달로 많은 일자리가 생기고 사라질 것이다. 대학에서 배운 지식과 기술이 대학 졸업과 동시에 무용지물이 되는 걸 눈으로 지켜봐야 할 수도 있다. 이제 필요한 건 어느 대학에서 뭘 배웠느냐가 아니다. 변화를 읽어 내고, 빠르게 배울 수 있는 능력이다. 적응하고, 변화 속에서 새로운 것을 찾아내고 만들어내야 한다."

- 임지은 『내 아이의 첫 미래 교육』 -

'ChatGPT' 시대 아이들에게 꼭 필요한 역량

"아이들은 기술을 활용해 무엇이든 할 수 있다. 웹사이트에
신문을 만들 수도 있고, 수백만의 사람들과 소통할 수 있다.
학창 시절 배우고 나중에 뭔가를 하는 게 아니라, 아이들이
배우면서 동시에 뭔가를 할 수 있어야 한다. 아이들 각자가
실질적인 사회문제를 찾도록 돕고, 사회에 참여할 수 있도
록 해야 한다. 더 나은 세상을 만들 수 있는 역량을 길러 줘
야 한다. 이미 '적절하다고 공인'되거나 '유의미한' 문제로 가
득 찬 교과서는 필요 없다."

– 마크 프렌스키(미래 교육 전문가) –

 지난 2022년 11월 30일, 미국의 인공지능 연구재단인 오픈AI에서
'ChatGPT'를 전 세계에 공개했습니다. 공개 직후 출시 2개월 만에 1억 명
이상이 사용하면서 가장 빠른 증가율을 기록하고 있습니다. 국내에서도
대한상공회의소 설문조사에 따르면 국민 3명 중 1명이 ChatGPT를 사용
했다고 응답하였고, 약 90%의 사람들이 '보통 이상의 신뢰'를 가지고 있
다는 결과가 나왔습니다. ChatGPT에 대한 관심은 앞으로 더욱 증가할 것
으로 전망됩니다.

ChatGPT는 GPT(Generative Pretrained Transformer) 자연어 데이터를 기반으로 사전 훈련된 인공지능 모델입니다. 2018년 첫 번째 모델인 GPT-1이 출시되면서 이후 GPT-2, GPT-3 등의 출시로 점차 성능이 발전하고 있습니다.

ChatGPT의 가장 큰 특징은 다른 인공지능 모델들과 달리 생성형 AI를 이용한 대화형 챗봇이라는 점입니다. 기존의 인공지능 기술은 미리 정해 놓은 규칙에 따라 작동하는 기술이었습니다. 예를 들면, 계산기도 인공지능의 일종으로써 숫자를 입력하면 미리 프로그래밍된 계산 규칙에 따라 계산 결과를 출력합니다. 하지만 이번에 출시된 ChatGPT는 생성형 인공지능으로 스스로 학습하면서 질문을 처리하는 능력을 갖고 있습니다. 기존의 인공지능보다 인간의 언어를 이해하는 능력이 뛰어납니다. 자연스러운 대화와 다양한 언어 처리가 가능해졌고, 대량의 데이터를 학습함으로써 예측력과 정확도가 높습니다. 입력된 텍스트 데이터를 분석하면서 단어들 간의 관계를 파악하고, 이를 바탕으로 다음에 올 단어를 예측하거나, 다양한 언어를 처리하여 매끄러운 대화도 가능합니다. 이러한 생성형 AI 기술의 적용으로 인해 인공지능 활용 분야가 더욱 확대될 전망입니다.

ChatGPT의 활용으로 특이점이 오고 있다

ChatGPT의 개발로 사회 전반에 특이점이 오고 있습니다. 가장 먼저 대화형 챗봇이 이미 상용화되었습니다. 고객의 문의나 요청에 대해 자동

답변을 제공하면서 문제를 해결하고 있습니다. 기존의 고객 서비스 방식과 비교했을 때, 빠르고 정확한 대응이 가능한 서비스입니다. 또한 교육 분야에서도 ChatGPT는 학습자와의 상호작용을 통해 개인 맞춤형의 학습 경험을 제공하고 있습니다. 예를 들면 ChatGPT를 이용한 AI 강사가 학생들의 질문에 답변하면서 개별화에 맞도록 학습 진도를 설계하고 필요한 맞춤형 교육을 분석해 줍니다. 의료 분야에서도 ChatGPT는 의료 진단이나 예방을 위한 상담에 활용되고 있습니다. ChatGPT를 이용해서 환자의 증상을 질문하고 답변을 분석하면서 환자의 건강 상태를 판단하거나, 건강한 생활 습관에 대한 조언을 제공합니다. 이처럼 ChatGPT와 같은 대화형 AI 모델 활용은 기존 방식보다 더욱 효율적이면서 정확한 결과를 제공하고 있다는 것이 사회 전반에 나타난 가장 큰 특이점입니다.

ChatGPT의 활용 무조건 좋은 것인가?

이러한 ChatGPT와 같은 인공지능 기술은 많은 분야에서 이점을 가져다주지만, 어떻게 사용하느냐에 따라 위험성과 문제점도 있습니다. 특히 교육 분야에서는 ChatGPT가 기존의 데이터 학습에 의존하기 때문에 학습 데이터에 있어 편향적인 정보가 반영될 수 있습니다. 인종, 성별, 국적 등과 관련된 편향적인 단어나 문구가 학습 데이터에 포함된다면 인공지능 모델이 이를 반영하여 결과물에도 편향성이 드러날 수 있습니다. 실제 캐롤라이나주의 데이터에서 'black people'이 'brown sugar'보다 많이 등장한 경우, 인공지능 모델이 'black people'과 'crime'을 연관시키는 경향이 있었습니다. 또한, 인공지능이 인간이 작성한 데이터를 학습하기 때문에, 인간의 가치관과 윤리적 문제도 발생할 수 있습니다. 예를 들어, 인공지능이 결정을 내리는 경우, 인간의 권리와 자유를 침해할 수 있습니다. CCTV 등의 모니터링 시스템에서 인공지능이 자동으로 사람을 식별하고, 범죄의 가능성을 예측하게 되면, 무고한 사람이 오해를 받거나, 권리와 자유가 침해될 수 있습니다. 또한, 보험회사에서 인공지능을 사용하여 보험금 지급 여부를 결정할 경우, 인간의 상황을 고려하지 못하고 데이터만을 기반으로 결정을 내릴 수 있습니다. 이러한 문제를 해결하기 위해서는 ChatGPT 사용에 대한 적절한 규제와 법적 제한이 필요하며, 윤리적인 책임 의식도 고려해 보완해야 할 필요성이 있습니다.

ChatGPT 시대 필요한 역량은 무엇인가?

그렇다면 이러한 ChatGPT 시대 인간에게 가장 필요한 역량은 무엇일까요? 바로 질문하는 능력입니다. 질문을 통해 어떤 정보가 더욱 정확하고 유용한 정보인지 파악하고 활용할 수 있어야 합니다. ChatGPT와 같은 인공지능 모델은 우리가 질문한 내용에 대한 답변을 제공하는 서비스입니다. 따라서 어떤 질문을 하느냐에 따라 서비스의 내용과 질이 완전히 달라질 수 있습니다.

질문하는 능력을 길러야 한다

질문 능력이 뛰어난 아이들은 자신이 얻고자 하는 정보나 답변이 정확한지, 유용한지를 생각하면서 판단할 수 있습니다. 한마디로 질문을 통해 더 깊이 있는 지식을 습득할 수 있습니다. 예를 들면 내가 원하는 대답에 대해 자세하게 질문할수록 ChatGPT 답변의 퀄리티가 높아집니다. "넌 소설도 쓸 수 있겠어? 가능하면 노벨 문학상을 받은 스타일로 써 줘. 주인공은 출생의 비밀을 간직하고, 처음에는 가난하게 살다가 한 여인을 만나면서 인생이 달라지고 삼각관계가 등장하고 다시 시한부 인생을 살다가 극적인 반전이 있는 스토리로 써 줘."라고 질문합니다. 하지만 돌아온 ChatGPT의 답변이 맘에 들지 않습니다. 그러면 "좀 더 흥미 있으면서 논리적이고 일관성 있게 바꿔 줘!", "소설가 헤밍웨이 스타일로 써 줘." 등 계속적인 추가 질문을 통해 내가 원하는 답변의 질을 높여 갑니다.

질문은 마치 스무고개와 같습니다. 보다 정교한 질문으로 좁혀 가면서 답을 찾을 때까지 좋은 질문을 계속해야 합니다. 그래야 좋은 답을 얻을 수 있습니다. AI 역시 내가 얼마만큼 알고 있는 것을 활용하는지에 따라 굉장히 다른 결과들이 나옵니다. 만약 질문 능력이 부족하면 자신이 필요한 정보를 파악하지 못하거나, 문제 해결에 필요한 아이디어를 도출하지 못합니다. 단순히 ChatGPT가 제공하는 답변만 무조건 믿게 됩니다. 어떤 질문 능력이 있느냐에 따라 ChatGPT가 제공하는 답변을 비판적으로 생각할 수 있고, 평가하면서 적극적으로 인공지능의 기술을 참고하여 생각을 확장시킬 수 있습니다.

질문하는 능력을 기르기 위해서는

『탈무드』의 저자 마빈 토카이어는 "질문이 5천 년 유대 교육의 비밀"이라고 합니다. 유대인 창의성 교육의 특징이 바로 질문을 중시한다는 것입니다. 유대인 부모들은 아이가 학교에 다녀오면 "뭘 배웠니?"가 아니라 "뭘 질문했니?"라고 질문합니다. 그런데 우리는 아이가 학교에 다녀오면 "오늘 뭐 배웠어?"라고 질문합니다. 이제는 질문하는 힘이 바로 경쟁력인 시대입니다. 따라서 아이들에게 적절한 상황에서 어떻게 질문해야 하는지 평소에 질문 역량을 키워 줘야 합니다.

　질문하는 역량을 기르는 방법은 매우 다양합니다. 가장 먼저 아이들과 함께 ChatGPT와 실제 대화해 보면서 인공지능을 경험해 봐야 합니다. 그래야 ChatGPT가 어떻게 작동하는지? 코딩을 이해할 수 있고 알고리즘의 작동 방식을 이해할 수 있습니다. 무엇보다 새로운 기술에 대한 두려움이 없어지고 데이터로부터 유용한 정보를 찾아낼 수 있습니다. 두 번째는 새로운 기술이나 지식 등에 대한 호기심이 있어야 합니다. 아이들에게 호기심을 자극할 수 있도록 ChatGPT를 활용한 다양한 콘텐츠들을 보여 주세요. 아이들은 직접 눈으로 보면서 호기심이 생기면서 하고 싶은 의욕이 생깁니다. 아이들은 호기심이 있어야 알고 싶어지고 배우고 싶은 마음이 생깁니다. 스스로 배우고 싶은 마음이 점점 커질 때 자연스럽게 질문의 수준도 높아집니다. 세 번째는 평소 다양한 책을 읽으면서 맥락적인 사고 훈련을 해야 합니다. 맥락적인 사고란 어떤 사건에 대해 인과 관계를 따지고 살펴보면서 전후 상황을 고려하는 사고 체계입니다. 가장 좋은 방법이 독서입니다. 평소 다양한 책을 읽으면서 질문해 보는 경험이 쌓일 때 맥락적인 사고로 이어질 수 있습니다.

정리해보면 ChatGPT 시대에는 지금까지 우리가 받아 온 교육과 학습 방법이 미래를 살아가야 할 아이들에게는 쓸모가 없을 수 있습니다. 지식을 주입하고 많은 양의 정보를 알고 있는 것만으로는 경쟁력이 없습니다. AI와 경쟁하기 위해서는 진실한 정보를 가려내는 능력, 즉 좋은 질문을 할 수 있는 역량이 중요합니다. 아이들과 함께 실제로 ChatGPT를 사용해 보면서 질문해 보고 새로운 컨텐츠를 만들어 보면서 풍부한 독서 경험을 통해 맥락적인 사고를 기르는 것이 인공지능 시대 사회가 필요로 하는 인재 유형입니다. 지금 이 시대에는 무수한 정보들 중에서 진실된 정보를 찾아내고, 통합하고, 재구성하여 새로운 가치를 창출할 수 있는 통합적인 인재가 필요합니다.

〈'ChatGPT' 시대 아이들에게 꼭 필요한 역량 생각해 보기〉

ChatGPT의 가장 큰 차이점은 생성형 AI라는 점입니다. 이는 기존의 인공지능보다 인간의 언어를 이해하는 능력이 뛰어나다는 것을 의미합니다. 이를 통해 더욱 자연스러운 대화와 다양한 언어 처리가 가능해지며, 대량의 데이터를 학습함으로써 예측력과 정확도를 높일 수도 있습니다. 예를 들어, 입력된 텍스트 데이터를 분석하면서 단어들 간의 관계를 파악하고, 이를 바탕으로 다음에 올 단어를 예측하거나, 다양한 언어를 처리하여 매끄러운 대화가 가능해집니다. 이러한 생성형 AI 기술의 적용으로 인해 인공지능의 활용 분야가 더욱 확대될 전망입니다. 이러한 시대 아이들에게 가장 필요한 능력이 질문하는 능력입니다. 질문을 통해서 어떤 정보가 더욱 정확하고 유용한 정보인지 파악할 수 있습니다. ChatGPT와 같은 인공지능 모델은 우리가 질문한 내용에 대한 답변을 제공합니다. 하지만 ChatGPT는 그저 학습된 데이터를 기반으로 답변을 제공하기 때문에 이 답변이 얼마나 정확하고 유용한지는 알 수 없습니다. 질문하기 능력을 기르는 것은 이러한 단점을 보완할 수 있습니다. 질문하는 능력이 뛰어난 아이들은 자신이 얻고자 하는 정보나 답변이 정확한지, 유용한지를 생각하면서 판단할 수 있습니다. 더 깊이 있는 지식을 습득할 수 있습니다.

Q. 탁월성 교육을 위한 질문

1. 아이들의 질문 능력을 키우기 위해서는 평소 질문하는 연습을 많이 해 봐야합니다. 방법으로는 내가 해결하고 싶은 문제들을 노트에 기록합니다. 그리고 이 문제를 해결하는 데 필요한 정보는 무엇인지 생각하고 적어 봅니다. 이 문제를 해결하기 위해 스스로 할 수 있는지? 누구의 도움을 받으면 되는지? 등 문제자신의 문제를 적어 보면서 질문의 중요성을 배울 수 있습니다.
2. 한 사람이 열 권의 책을 읽는 것보다 열 사람이 같은 한 권의 책을 읽고 문답, 대화, 토의, 토론하는 것이 더 효과적입니다. 토론은 뭔가를 외우고 주입하면서 지식을 배우는 것이 아니라 질문과 논쟁을 통해 뇌를 자극시키면서 깨닫는 교육법입니다.

하부루타 교육으로 유명한 유태인 문화의 뿌리는 탈무드에서 시작되었습니다. 탈무드는 절대적인 진리를 담은 책이 아닙니다. 읽어 보시면 아시겠지만 전부 질문과 답변 형식으로 구성되었습니다. 당대 유명한 랍비들이 논쟁을 통해 완성된 일종의 토론 지침서가 탈무드입니다. 정답을 제시하지 않고, 상반된 주장을 절충하면서 서로의 논리를 보완하고 자신의 생각을 발전시키면서 문제를 해결하고 질문 능력을 키울 수 있습니다.

2

'ChatGPT' 시대 왜 여전히 독서 교육이 중요한가

"읽는 뇌의 회로 안에는 은하수의 별들만큼이나 많은 연결이 있다. 단어 하나를 읽을 때마다 수천, 수만 개의 뉴런(뇌 신경 세포)이 활성화된다. 그런데 글을 읽는 시간이 줄어들면서 우리의 비판적 분석력과 독립적 판단력이 감퇴하기 시작했다."

– 메리언 울프 『다시, 책으로』 –

인공지능의 한계

ChatGPT와 같은 기술은 여전히 인간의 지적 능력을 모방하는 데 한계가 있습니다. 특히 ChatGPT와 같은 인공지능 기술은 자연어 처리 및 텍스트 생성 분야에서 놀라운 발전을 이루고 있습니다. 그러나 여전히 인간의 지적 능력을 완벽하게 모방하는 데 한계가 있습니다. 특히 추론 능력에 대한 한계가 있습니다. 인공지능은 대부분 기계학습 기술을 기반으로 작동하기 때문에 데이터의 범위 내에서만 작동할 수 있습니다. 하지만 인간의 추론 능력은 데이터의 범위를 넘어서는 경우가 많기 때문에 인공지능으로는 완벽하고 자연스럽게 모방하는 것은 여전히 불가능합니

167

다. 또한 인공지능은 인간의 감성 인식 능력이 부족합니다. 인공지능은 사람들이 사용하는 말의 의미는 이해하지만, 말의 감정이나 의도 즉 뉘앙스를 완벽하게 이해하는 것은 어렵습니다.

인간의 감정과 의도는 맥락과 상황, 문화, 언어 등과 같은 여러 가지 복합적인 요소에 의해 영향을 받기 때문입니다. 이러한 능력은 인간만이 할 수 있는 고유한 영역입니다. 그뿐만 아니라 아직까지 인공지능의 상상력에는 한계가 있습니다. 인공지능은 일반적으로 이전의 데이터를 기반으로 작동하기 때문에 이전에 관찰되지 않은 상황에 대해 새롭게 상상하거나 아이디어를 생성하는 능력은 인간과 비교할 때 많이 미약합니다. 바로 이러한 인공지능의 미약한 부분을 인간만이 채워 줄 수 있는데 답은 독서 교육에 있습니다.

독서를 통해 문제를 해결할 수 있다

인공지능 시대 여전히 독서가 중요한 이유는 첫째로 독서를 통해 문제를 해결할 수 있습니다. 예를 들어 한 아이가 과학 도서를 읽으면 자연 현상에 대한 이해와 그것들이 어떻게 작동하는지에 대한 이론 등을 이해하면서 학습할 수 있습니다. 예컨대 '지구와 태양'이라는 책을 읽으면, 아이는 지구와 태양의 상호작용에 대한 정보와 개념을 습득하면서 이해하게 됩니다. 이를 토대로 과학적인 사고력이 향상되면서 문제 해결력이 높아집니다. 또한 문학 작품을 읽으면서는 인간을 이해할 수 있는 생각의 폭이 넓어집니다. 다양한 캐릭터들의 선택과 그 결과, 그리고 그들이 겪는 감정과 문제 해결 과정 등을 경험하면서 인간을 이해하고 새로운 아이디어와 관점을 습득하면서 문제 해결력이 높아집니다.

한 아이가 『어린 왕자』라는 책을 몰입해서 읽을 때 그 순간 아이는 어린 왕자가 됩니다. 어린 왕자처럼 사고하고 상상하는 경험을 할 수 있습니다. 그뿐만 아니라 아이는 어린 왕자와 함께 여행하면서 질문하게 됩니다. '왜 어린 왕자는 자신이 살고 있는 B612라는 행성을 떠났을까?', '장미는 왜 어린 왕자에게 상처를 주었을까?', '여우가 가르쳐 준 것이 무엇일까?' 등등 책을 읽으면서 다양한 생각을 하고 질문을 던지게 됩니다. 또한 그 답을 찾기 위해 비교하고 분석합니다. 바로 이러한 독서 과정에서 아이는 주어진 정보를 토대로 비판할 수 있는 사고력이 형성되고, 자기만의 의견이 만들어지게 됩니다. 바로 이것이 통찰적 사고입니다. 이렇게 다양한 독서 경험으로 통찰력이 축적된 아이들이 인공지능 시대 복잡하고 다양한 문제를 해결할 수 있는 역량이 높아집니다.

독서는 창의성과 상상력을 키울 수 있다

두 번째로 독서는 아이들의 창의성과 상상력을 키우는 데 도움이 됩니다. ChatGPT와 같은 인공지능 기술은 이전의 데이터를 기반으로 작동하기 때문에 새롭게 창의적인 아이디어를 생산해서 독창적인 콘텐츠를 만들 수 없습니다. 하지만 인간이 독서를 통해 얻은 영감 즉 새로운 아이디어는 기계가 하지 못하는 창의성을 증진 시키는 데 도움이 될 수 있습니다. 창의성이라는 것은 기존에 없던 새로운 아이디어, 개념, 방법 등을 새롭게 창조하고 이를 적용하는 능력입니다. 다시 말해 기존의 지식과 경험을 적극 활용하고 연결해서 새로운 것을 만들어 내는 능력입니다. 풍부한 독서 경험이 많은 아이들은 다양한 이야기를 접하면서 간접 경험이 쌓이게 되고, 이를 통해 새로운 지식과 경험을 얻으면서 기존에 자신이 알고 있던 배경지식과 결합하면서 상상력과 추론 능력이 더욱 발휘됩니다. 예를 들어, 소설이나 시 역사 등의 수많은 다양한 장르의 책을 읽으면, 아이들은 책을 통해서 작가의 상상력과 아이디어를 경험하게 되고 이를 통해 다양한 각도에서 바라볼 수 있는 안목이 생깁니다. 입체적으로 사고할 수 있는 사고 체계를 갖게 됩니다. 바로 이러한 입체적인 사고가 창의성과 상상력으로 연결됩니다.

독서는 인간의 공감능력을 높여 준다

세 번째로 독서는 인간의 공감 능력을 높여 줍니다. 한 사람이 인생에서 경험할 수 있는 감정의 폭은 매우 제한적입니다. 그러나 책을 읽으면서 경험 할 수 있는 다양한 감정이 무엇인지 그만큼 많이 알 수 있습니다. 내가 직접 경험해 보지 않으면 타인의 입장과 상황이 어떤 느낌인지 이해하지 못한 상태에서는 피상적으로만 알게 됩니다. 어떤 맥락에서 왜 그랬는지에 대한 공감 능력이 떨어집니다. 그러나 책을 통한 간접 경험은 다양한 인간의 군상을 경험하면서 내가 경험해 보지 못한 인간의 다양한 감정을 이해할 수 있습니다. 한마디로 인간에 대한 공감 능력이 커집니다.

이러한 인간의 공감 능력은 인공지능 기술과 결합할 때 상호 보완적인 시너지 효과가 일어날 수 있습니다. 예를 들어, 의료 분야에서는 인공지능이 환자의 질병을 진단하는 데 다양한 데이터를 활용해서 분석하고 정확하게 진단할 수 있습니다. 그리고 인간 의사는 이러한 데이터를 기반으로 환자와 대화하면서 심리적인 상태를 살피면서 어떻게 치료해야 가장 효과적인지 서로 커뮤니케이션하면서 치료하는 계획을 세울 수 있습니다. 데이터를 기반으로 의사에게 다양한 치료 옵션을 제공하고 의사는 이를 바탕으로 환자의 마음을 살피면서 최적의 치료 방법을 제공할 수 있습니다.

예술 분야에서도 인공지능은 대량의 최신 음악 데이터를 분석하면 이를 바탕으로 유행하는 패턴을 찾아낼 수 있습니다. 그리고 작곡가는 인공지능이 찾아낸 패턴을 바탕으로 인간의 감정이나 상황 등을 고려하면서 인공지능이 생성한 음악 데이터를 발전시키고 보완 할 수 있습니다. 보다 창의적이고 감성적인 음악을 작곡할 수 있습니다. 교육 분야도 마찬가지입니다.

인공지능과 인간의 공감 능력이 결합하면 학생들이 개인 맞춤형 학습을 할 수 있도록 도와줄 수 있습니다. 예를 들어, 학생의 학습 데이터를 수집하고, 이를 바탕으로 인공지능이 학생의 학습 상태를 분석하면서 학생에 맞는 최적의 학습 방법을 제공할 수 있습니다. 그리고 교사는 인공지능이 제공한 데이터를 바탕으로 상담을 통해 맞춤형 가이드를 제공해서 학생의 학습 성과를 향상시킬 수 있습니다. 이처럼 인간의 공감 능력과 인공지능의 결합으로 미래 사회는 더욱 창의적이고 혁신적인 발전을 이룰 수 있습니다.

독서 교육은 첫째도 재미, 둘째도 재미, 셋째도 재미

아이들에게 독서 교육을 시키기 위한 가장 좋은 방법은 '재미'입니다. 아이들이 책을 싫어하는 가장 큰 이유는 한마디로 책이 재미없기 때문입니다. 아이들은 세상을 재미있는 것과 재미없는 것으로 구분합니다. 그것이 공부든, 취미든, 놀이든 모든 영역에서 '재미있음'과 '재미없음'으로 구분합니다. 지극히 아이들이 가지고 있는 보편적인 현상입니다. 따라서 아이들에게 독서교육을 시키려면 책은 무조건 재미있어야 합니다. 아이들에게 독서란 움직이지 않는 정적인 활동이기 때문에 재미없고, 지루한 시간입니다. 아이들의 문제가 아닌 책의 문제로 접근할 때 해결의 실마리를 찾을 수 있습니다. 아이들에게 책이 재미있게 느껴지게 하려면 질문을 바꿔야 합니다. 어떤 책이 우리 아이하고 잘 맞을까? 무조건 재미있는 책부터 고르는 것이 가장 중요합니다. 조금은 진부하고 뻔한 이야기로 들리겠지만 아이들에게 우선순위는 첫째도 재미, 둘째도 재미입니다.

현재 인공지능 기술은 빠른 발전을 이루고 있지만, 아직도 인간의 창의성과 문제 해결력 공감 능력은 모방하기 어렵습니다. 이러한 역량의 핵심은 독서 교육에 있습니다. 따라서 꾸준한 독서 습관을 통해 창의성과 문제 해결력을 높이고 공감 능력을 계발해서 미래 사회에서 대체할 수 없는 탁월한 인재로 키워 보세요. 21세기를 주도하는 가장 강력한 무기가 될 것입니다.

〈'ChatGPT' 시대 왜 여전히 독서 교육이 중요한가 생각해 보기〉

인공지능은 인간의 감성 인식 능력이 부족합니다. 인공지능은 사람들이 사용하는 말의 의미는 이해하지만, 말의 감정이나 의도 즉 뉘앙스를 완벽하게 이해하는 것은 어렵습니다. 인간의 감정과 의도는 맥락과 상황, 문화, 언어 등과 같은 여러 가지 복합적인 요소에 의해 영향을 받기 때문입니다. 이러한 능력은 인간만이 할 수 있는 고유한 영역입니다. 그뿐만 아니라 아직까지 인공지능의 상상력에는 한계가 있습니다. 인공지능은 일반적으로 이전의 데이터를 기반으로 작동하기 때문에 이전에 관찰되지 않은 상황에 대해 새롭게 상상하거나 아이디어를 생성하는 능력은 인간과 비교할 때 많이 미약합니다.

Q. 탁월성 교육을 위한 질문

1. 아이들에게 다양한 인간의 군상이 담겨 있는 소설책과 문학 장르의 책들을 많이 읽어 주세요. 그래야 인간을 이해할 수 있는 공감 능력을 키울 수 있습니다. 아이들이 경험할 수 있는 세계는 제한될 수밖에 없습니다. 하지만 문학을 읽을 때 자신이 경험할 수 있는 한계를 뛰어넘을 수 있습니다. 읽을 때에만 세계를 이해하게 되고 다양한 인간을 보면서 결국 자신에 대해 읽게 됩니다. 이러한 과정이 반복되면 될수록 아이들은 더 현명해지고 단단해지면서 인간을 이해할 수 있는 공감 능력이 만들어집니다. 바로 이것이 'ChatGPT' 시대 결코 대체되지 않는 인간만의 고유 역량입니다.

2. 고전(古典)이란 최소 짧게는 30년에서 100년이라는 시간을 통과한 작품을 보통 고전이라고 합니다. 아이들은 새로 나온 신간도 읽기 어려운데 하필 어려운 고전을 읽어야 하나? 라고 반문이 생길 수 있습니다. 가벼운 만화책이나 쉬운 책만 읽어서는 인간의 지력이 성장할 수 없습니다. 내가 읽은 책의 권수가 많다고 인간의 사고력이 성장하는 것이 아니라 깊이 생각할 수 있는 책을 읽어야만 이해력과 사고력이 성장할 수 있습니다. 한마디로 고전이란 깊이 생각할 수 있는 책이기 때문에 질적

으로 사고력에 도움을 받을 수 있습니다. 모든 이야기의 원형은 고전에서부터 시작됐습니다. 고전을 알아야 시대를 이해할 수 있고 인간을 이해할 수 있는 깊이가 생깁니다. 'ChatGPT' 시대 기술이 발전하고 급속도로 변하고 있지만 변하지 않는 것이 있다면 바로 인간의 본질적인 면은 변하지 않습니다.

3

'ChatGPT' 시대 왜 여전히 글쓰기 교육이 중요한가

"바보 같은 질문이다. 당장 생일 축하 카드부터 우리 삶 모든 부분에 쓰기가 있다. 무엇보다 쓰기는 사람들에게 생각하는 법을 가르친다. 글을 쓰면서 아이디어를 체계화하고 개선하고 검토하는 법을 배운다. 글을 잘 쓸수록 생각을 잘하는 사람이 된다."

– 미첼 레스닉(MIT공대 교수) –

인공지능 기술은 많은 양의 데이터를 분석하고 처리할 수 있습니다. 하지만 아직 인간의 글쓰기 능력과 비교해서 몇 가지 부족한 점이 있습니다. 예컨대 인공지능 기술은 단순히 자료를 분석하고 처리하는 기능에는 뛰어나지만 인간의 복잡한 감정 상태 즉 미묘한 뉘앙스를 이해하지 못합니다. 특히 인공지능 기술은 자연어 처리 과정에서 문맥을 파악하는 것에 한계가 있습니다. 인간의 말에는 문맥과 상황에 따라 의미가 달라지기 때문입니다. 예를 들어, "아빠는 우리 강아지를 좋아해요."라는 문장에서 '강아지'가 누구를 가리키는지는 상황과 맥락에 따라 다른 의미로 전달됩니다. 다시 말해 실제 강아지라는 동물을 가리키는지 아니면 사랑스러운 아이들을 비유적으로 표현하는지는 그때의 상황과 문맥에 따라 의미가 다르게 전달됩니다. 이러한 맥락을 이해하고 상황에 따라 적절한 해석을 하는 것은 인공지능 기술에는 한계가 있습니다. 이에 반해, 인간은 상황과 맥락을 표현하면서 자신의 느낌과 감정을 토대로 자유롭게 생생한 묘사와 이야기를 만들어 낼 수 있습니다.

인공지능은 이미 존재하는 자료에서만 글쓰기 생성이 가능합니다. 반면, 인간은 창조적인 아이디어와 상상력을 바탕으로 새로운 내용을 구성하고 글로 만들어 낼 수 있습니다. 인공지능은 인간의 고유 영역인 글쓰기 능력을 완벽하게 대체할 수 없습니다. 그러나 인공지능과 인간의 글쓰기 능력이 결합한다면 더욱 풍부하고 창조적인 작품을 만들어 낼 수 있습니다. 따라서 여전히 인간의 글쓰기 능력은 중요합니다.

글쓰기는 창작의 과정이다

글쓰기는 창작의 과정입니다. 특히 인간의 언어 능력, 지적 능력, 사고 능력, 감성 능력 등의 다양한 능력이 복합적으로 작용하여 글로 표현하는 창작의 과정입니다. 인공지능은 빠른 정보처리와 패턴 인식 능력을 가지고 있지만, 인간의 복잡하고 다양한 감성을 이해하고 재현하는 것은 아직 한계가 있습니다. 이러한 창작의 과정을 더욱 정교하게 생산하기 위해서는 글쓰기 능력이 중요합니다. 예를 들어, 작가는 자신의 경험과 감정을 기반으로 소설이나 시를 쓰는데, 이러한 감성과 경험은 인간만이 경험할 수 있는 유일한 영역입니다. 인공지능은 단지 정보 패턴 인식에 능숙한 반면, 인간은 여러 가지 복합적인 요소를 종합적으로 고려하여 텍스트에 감성을 불어넣는 창조적인 작업을 수행할 수 있습니다. 인간은 자신의 경험과 지식, 논리적 추론 등을 토대로 상황에 따라 적절한 언어와 단어를 배치하고 선택하면서 의미 있는 문장으로 구성할 수 있습니다. 이러한 과정에서 인간은 자신만의 독특한 스타일과 문체 감성을 반영한 창작물을 만들어 낼 수 있습니다. 이러한 창조적인 글쓰기 작업은 인공지능 기술만으로는 사람의 마음을 움직일 수 없습니다.

글로 자신의 주장과 생각을 명확하게 표현할 수 있다

글쓰기는 인공지능 시대 아이들이 자신의 생각과 감정을 명확하게 표현하는 데 중요한 능력입니다. 인공지능 기술의 발전으로 인해 정보의 양과 속도가 급격하게 증가하면서, 효과적인 의사소통 기술이 더욱 중요해졌습니다. 이러한 상황에서 자신의 생각과 감정을 명확하게 표현하기 위해서는 평소 자신의 생각을 글로 정리하면서 정교하게 표현할 수 있는 글쓰기 훈련이 필요합니다. 그래야 논리적이면서 명확한 생각을 상대방에게 전달할 수 있습니다.

글쓰기를 통해 자신의 생각과 주장을 명확하고 정확하게 전달하지 못하면, 상대방이 이해하지 못하거나 잘못 이해할 수 있습니다. 이는 대화나 커뮤니케이션을 매우 어렵게 만들어서 서로의 의사소통에 방해가 될 수 있습니다. 따라서 인공지능 시대에서도 자신의 생각과 주장을 명확하고 정확하게 전달하는 능력인 글쓰기는 여전히 중요합니다.

글쓰기로 비판적인 사고를 할 수 있다

글쓰기는 비판적인 사고와 분석 능력을 키우는 데 매우 중요합니다. 특히 인공지능 시대 비판적인 사고는 중요합니다. 인공지능 기술의 발전으로 인해 우리는 이전보다 더 많은 정보를 소화하고 처리해야 합니다. 이는 동시에 정보를 이해하고 분석하는 능력이 높아져야 함을 의미합니다. 예를 들어, 뉴스 기사나 논문 등에서는 작성자가 자신의 주장을 증명하기 위한 근거를 충분히 제시해야 합니다. 그리고 독자들은 해당 주장이 올바르고 타당한지, 아니면 틀리거나 부정확한지를 판단하면서 정보에 대한 타당성을 판단해야 합니다. 만약 비판적인 사고가 없으면 수많은 부정확한 정보에 휘둘릴 수가 있습니다. 비판적인 능력을 기르기 위해서는 글쓰기 능력이 필요합니다. 글쓰기를 하면서 자신의 생각을 검토하고, 다양한 정보와 증거를 평가하면서 주장이 논리적인지 스스로 구성해 보면서 추론 능력을 기를 수 있으며 다른 사람들의 글도 분석할 수 있는 안목이 생깁니다. 이러한 비판적인 사고력은 꾸준한 글쓰기 훈련을 통해 기를 수 있습니다.

인공지능과 인간의 글쓰기 능력이 결합할 때

인공지능과 인간의 글쓰기 능력이 결합하면 다양한 분야에서 큰 효과를 가져올 수 있습니다. 첫째는 글이 정확해집니다. 글쓰기 과정에서 문법적인 오류나 맞춤법을 인공지능이 대신 수정해 주면서 글의 정확도가 보완됩니다. 또한 인간이 자료를 찾고 분석하고 분류하는 일을 인공지능이 대신 처리해 주면 빠른 시간 안에 자료를 더욱 쉽게 수집하고 분석할 수 있습니다. 더 신뢰성 높은 글을 완성할 수 있습니다. 또한 인공지능은 자연어 처리 기술을 활용하여, 인간이 작성한 글쓰기를 분석하고 평가할 수 있습니다. 이를 통해 인간은 자신의 글쓰기 능력을 더욱 향상시킬 수 있습니다. 결론적으로, 인공지능과 인간의 글쓰기 능력이 결합하면 서로 보완하고 새로운 가능성을 제공하게 됩니다. 인공지능의 능력을 활용하여 인간은 더욱 정확하고 신뢰성 높은 글쓰기를 할 수 있고, 인간의 감성과 창의성을 결합하여 새로운 창작물을 만들어 낼 수 있는 시대입니다.

인공지능 시대 글쓰기 역량을 높이기 위해서

아이들의 글쓰기 역량을 높이기 위해서는 인공지능 교육 프로그램을 활용할 수 있는 기술이 필요합니다. 이를 위해 우선 인공지능에 대한 이해와 활용 방법을 가르쳐 주어야 합니다. 자신이 가진 지식을 활용하여 글의 완성도를 높이는 방법을 인공지능을 통해 알려 줌으로써, 아이들의 글쓰기 실력이 향상됩니다. 예를 들어, ChatGPT를 활용하는 방법을 알려 주면서 어떤 질문을 해야 필요한 자료를 찾을 수 있는지, 또는 찾은 자료를 바탕으로 생각과 의견을 확장하여 글로 표현하는 방법을 가르쳐 줍니다. 이러한 과정을 통해 아이들은 글쓰기를 더욱 재미있게 배울 수 있습니다.

또한, 인공지능은 데이터를 기반으로 작동하기 때문에 인공지능을 활용한 자료 찾기나 데이터 분석 방법을 알려 줍니다. 이를 통해 아이들은 자신이 직접 찾은 데이터와 자료를 기반으로 자신만의 주장을 명확하게 표현할 수 있으며, 이는 정확하고 명확한 글의 완성에 도움이 됩니다. 인공지능 기반 문장 생성 도구를 활용하여 자신이 원하는 내용을 쉽게 표현하고 이를 통해 글쓰기에 대한 주제나 주장을 뒷받침해 줄 수 있는 근거를 찾을 수 있습니다. 또한, 자동 교정 기능을 통해 문법이나 맞춤법을 확인하면서 아이들은 문법 규칙을 익히고 맞춤법을 배울 수 있습니다. 마지막으로, 아이들에게 글쓰기에 대한 관심과 격려를 통해 글쓰기에 대한 재미와 자신감을 높여 주는 것이 중요합니다. 글쓰기는 호기심과 성취욕이 있어야 재미를 느낄 수 있습니다. 이를 위해서는 부모님의 피드백, 특히 아이들이 쓴 글에 대한 칭찬과 격려가 큰 역할을 합니다.

아이들의 글쓰기 실력을 향상시키는 것은 인공지능 시대에 매우 유익한 일입니다. 부모님은 자녀들이 인공지능 기술을 활용하여 재미있고 창의적인 글쓰기를 할 수 있도록 부모님이 먼저 인공지능 기술을 활용해 보면서 아이들과 함께 다양한 글쓰기를 경험해 보세요. 아이들이 쓴 글이라는 것이 믿기지 않을 정도로 빠른 시간에 글쓰기 역량이 향상됩니다.

〈'ChatGPT' 시대 왜 여전히 글쓰기 교육이 중요한가 생각해 보기〉

글쓰기는 창작의 과정입니다. 특히 인간의 언어 능력, 지적 능력, 사고 능력, 감성 능력 등의 다양한 능력이 복합적으로 작용하여 글로 표현하는 창작의 과정입니다. 인공지능은 빠른 정보 처리와 패턴 인식 능력을 가지고 있지만, 인간의 복잡하고 다양한 감성을 이해하고 재현하는 것은 아직 한계가 있습니다. 이러한 창작의 과정을 더욱 정교하게 생산하기 위해서는 글쓰기 능력이 중요합니다. 예를 들어, 작가는 자신의 경험과 감정을 기반으로 소설이나 시를 쓰는데, 이러한 감성과 경험은 인간만이 경험할 수 있는 유일한 영역입니다. 인공지능은 단지 정보 패턴 인식에 능숙한 반면, 인간은 여러 가지 복합적인 요소를 종합적으로 고려하여 텍스트에 감성을 불어넣는 창조적인 작업을 수행할 수 있습니다. 인간은 자신의 경험과 지식, 논리적 추론 등을 토대로 상황에 따라 적절한 언어와 단어를 배치하고 선택하면서 의미 있는 문장으로 구성할 수 있습니다. 이러한 과정에서 인간은 자신만의 독특한 스타일과 문체 감성을 반영한 창작물을 만들어 낼 수 있습니다. 이러한 창조적인 글쓰기 작업은 인공지능 기술만으로는 사람의 마음을 움직일 수 없습니다.

Q. 탁월성 교육을 위한 질문

1. 아이들에게 ChatGPT를 활용하는 방법을 알려 주면서 어떤 질문을 해야 필요한 자료를 찾을 수 있는지, 또는 찾은 자료를 바탕으로 생각과 의견을 확장하여 글로 표현하는 방법을 가르쳐 주세요.
2. 아이들에게 ChatGPT로 어떤 질문을 해야 내가 필요한 자료를 찾을 수 있는지, 또는 찾은 자료를 바탕으로 자신의 생각과 의견에 대한 근거를 찾고 확장해서 글로 표현하는지 방법을 가르쳐 줍니다. 이러한 과정을 통해 아이들은 글쓰기를 더욱 재미있게 배울 수 있습니다.

4

'ChatGPT' 시대 학교의 역할은 무엇인가

"최고의 인간 교육은 학교 교육이 아니라, 스스로 자신을 가르치는 교육이다."

- 새뮤얼 스마일스 -

　전통적인 학교 교육 역할은 학생들에게 필요한 정보와 학문적인 지식을 전달하는 역할이 중요했습니다. 국가가 정해 준 표준화된 교육 과정 안에서 교사는 수업을 계획하고 평가하면서 학생들에게 지식과 기술을 가르치는 장소였습니다. 그래서 같은 교재와 같은 학습 자료를 바탕으로 학생들에게 일관된 교육 방식으로 지식을 제공하고 동일한 기본 교육을 가르쳤습니다. 이러한 과정에서 학생들은 기본적인 지식과 기술을 습득할 수 있었고, 동일한 평가 방식이 적용되었습니다. 동일한 평가 방식의 장점은 공정한 평가를 받을 수 있었고 교육과정 또한 효과적으로 운영될 수 있었습니다. 표준화된 교육 방식의 가장 큰 특징은 학생들이 동일한 기본 지식과 기술을 습득하면, 이를 기반으로 심화 학습이 가능하고, 전반적인 학생들의 학습 성취도를 한눈에 볼 수 있습니다. 모든 학생들이 동일한 기준으로 평가받기 때문에 개인적인 선호도나 차이가 객관적인 평가에 영향을 미치는 것을 방지할 수 있었습니다. 바로 이것이 전통적인 의미에서의 학교 교육의 역할입니다.

그러나 이제는 시대가 달라졌습니다. 인공지능과 같은 첨단 기술이 발전하면서 더 이상 표준화된 교육 방식이 아닌 개별적인 학생의 역량과 능력을 정확하게 파악하고, 그에 맞춘 맞춤형 교육이 필요한 시대적인 요구가 다가오고 있습니다. 더 이상 표준화된 교육 방식으로 모든 학생들을 관리하면서 획일적인 방식으로 교육하면 학생들의 개별적인 특성과 차이를 고려하지 못합니다. 전통적인 방식에서의 학교 교육은 불필요한 경쟁과 부적절한 학습 방식, 학습 동기 부진 등을 야기할 수 있기 때문에 이제는 새로운 교육 방식이 필요합니다.

인공지능 시대 맞춤형 교육이 필요한 시대

이제는 개별적인 맞춤형 교육이 필요한 시대입니다. 개별적인 맞춤형 교육이란 학생 개인의 학습 특성과 수준을 파악하고 이에 따라 교육 방식을 조정하는 것을 말합니다. 이를 위해 교사와 학생 학부모는 서로 긴밀하게 협력하고, 소통하면서 최신의 교육 기술과 데이터 분석 기술을 활용해서 학생 개인에게 맞는 능력과 수준에 따라 학습 계획을 수립해야 합니다. 특히 교육 방식에 있어서 학생의 학습 속도에 맞춰 학습 난이도를 조절하거나, 학생의 학습 성과를 정량적으로 분석하면서 개인별로 적절한 피드백을 제공해야 합니다. 평가 또한 개인의 학습 성과를 평가하면서 이를 바탕으로 추가적인 교육 계획도 수립해야 합니다. 이제는 교사의 역량이 단순히 지식과 정보만을 제공하는 역할이 아니라 학생과 학부모

사이를 소통하면서 학생들의 관심사와 역량을 파악하고 개별적인 특성에 맞는 교육과정을 설계해야 합니다. 이를 위해서는 학생들과 자주 대화하고 소통하고 무엇에 흥미를 느끼는지 파악하면서 학습 성과와 만족도를 끌어올려야 합니다.

달라지는 미래 시대 교육의 방향

구분	전통적인 학교 교육 traditional school education	미래의 학교 교육 Future School Education
학교의 역할	* 국가에서 필요한 인재 양성 * 대량생산 시스템의 효율화	* 학생 개인의 성장 * 개인의 탁월성 발견
교육방향	* 표준화된 교육과정 * 표준화된 평가	* 개인별 맞춤 교육 * 학생 개인 역량 중심 평가
학습방법	* 교사 주도 주입식 교육 * 지식 정보 전달	* 디지털 문해력 교육 * 다양한 프로젝트 기반 학습
평가방식	* 지필 고사 * 입시 위주	* 과정평가 * 개인 역량평가

교사 역할	* 지식과 정보 제공 * 가르치는 사람	* 개인별 학습 코디네이터 * 학습의 조력자, 설계자, 촉진자
학교 공간	* 효율적 관리 공간 * 지식 전달을 위한 공간	* 창의적인 학습 공간 * 토론, 토의, 협력과 협업을 위한 공간

⇒

'ChatGPT' 시대 학교의 역할

이스라엘 히브리대 역사학과 교수이자 베스트셀러 『사피엔스』의 저자인 유발 하라리는 지난 2016년 한국을 방문해서 다가오는 인공지능 시대 학교 교육에 대한 의미심장한 말을 던졌습니다. "현재 학교에서 아이들에게 가르치는 내용의 80~90%는 이 아이들이 40대가 됐을 때 전혀 쓸모없을 확률이 크다. 어쩌면 수업 시간이 아니라 휴식 시간에 배우는 것들이 아이들이 나이 들었을 때 더 쓸모 있을 것이다."[62]라는 메시지였습니다. 지금 학교에서 가르치는 대부분의 내용은 2050년엔 쓸모가 없어진다는 게 그의 주장입니다. 또한 "인공지능으로 세상이 혁명적으로 바뀔 텐데 현재의 교육 시스템으로는 그에 대비한 교육을 전혀 못 시키고 있다."[63]고도 지적하고 있습니다.

---

62 프레시안, 〈사피엔스 저자 "학교 교육 80~90%, 쓸모없다"〉, 이대희, 2016.04.22.
63 조선일보, 〈'사피엔스' 저자의 충고〉, 박승혁, 2016.03.28.

유발 하라리의 말처럼 학교 교육의 역할도 달라져야 합니다. 이제는 학교의 역할이 단순히 지식을 습득하는 장소가 아니라 학생들이 미래 사회에서 능동적으로 대처할 수 있도록 인공지능이 대체할 수 없는 인간만이 할 수 있는 역량을 강화하고, 다양한 문제를 해결할 수 있도록 창의성을 키우면서 사람들과 연계하고, 연결하고, 관계 맺는 연습을 하는 공간이 돼야 합니다. 그러기 위해서는 첫째로 기존 교육 방식의 변화가 필요합니다. 전통적인 학교의 역할에서 학습자의 학습 상황에 따라 맞춤형 교육을 제공하고, 학습 데이터를 분석하면서 디지털 시대에 맞는 효율적인 학습 방법을 찾아 인공지능 기술을 적극적으로 도입하면서 활용할 수 있는 교육으로 바뀌어야 합니다.

두 번째는 인공지능이 대체할 수 없는 인간적인 역량 교육을 강화해야 합니다. 인공지능 시대 인간만이 할 수 있는 역할이 무엇인지 고민하면서 인간을 이해할 수 있는 인문학적인 교육을 통해 인간적인 역량을 갖춘 인재로 준비해야 합니다. 이를 위해서는 문제 해결 능력, 협력 능력, 감성적 지능, 긍정적 태도, 인성 등 다양한 인간적 역량을 강화하는 교육에 대한 고민이 필요합니다. 그래야 학생들 스스로 문제를 해결할 수 있고 타인과 협력할 수 있으며, 인간의 감정을 이해하고 타인을 배려할 수 있는 인재가 될 수 있습니다.

마지막으로 관계 지능이 필요합니다. 학교는 다른 사람과 관계 맺는 연습을 하는 곳이 되어야 합니다. 학교라는 공동체는 새로운 커뮤니티를 조직하고 유지하는 것을 배울 수 있습니다. 이러한 역량은 함께 학교에서 서로 부딪히며 배울 수 있습니다. 바로 이것이 유발 하라리가 말했던 '휴식 시간에 배울 것이 많다.'는 뜻입니다. 학교는 학습이 일어나는 곳이 아니라 학습을 확인하고 계획하는 곳이 되고, 실제적인 학습은 디지털상에서 일어나기 때문에 학교의 주 역할이 사람들과 연계하고, 연결하고, 관계 맺는 연습을 하는 곳이 될 것입니다.

정리해 보면 전통적인 학교의 역할은 사라지고 선생님의 역할은 달라집니다. 선생님은 학생들을 가르치는 것이 아닌, 학생들의 생활을 코칭하는 것, 즉 개별적인 학생들에 맞게 맞춤형 교육으로 학생들과 소통하면서 상담해 주는 역할이 핵심입니다. 학생 개인이 관심 있는 영역을 찾아주고 맞춤형 커리큘럼을 짜 주면서 컨설턴트 역할을 하기도 하고, 학습이 힘들거나 잘 안 풀릴 때 학생들의 멘탈을 관리해 주면서 동기 부여해 주는 상담사와 같은 역할이 중요해질 것입니다.

이제 교육은 지식의 시대가 아닌 지혜와 통찰의 시대입니다. 통찰에 다다르는 법은 개인마다 다릅니다. 어떤 학생은 책을 읽으면서 학습을 통해 배우고 또 어떤 학생은 운동을 통해 배우고, 누군가는 만들기나 그림을 그리다가 얻기도 하고 악기를 배우면서도 지혜를 얻을 수도 있습니다. 또 다른 누군가는 춤을 추면서도 배울 수도 있습니다. 그러니 지혜에 다다르는 개인들의 각기 다른 루트를 찾아주면서 설정하고, 그것에 이르는 과정을 지원해 주는 것이 바로 미래 시대 교육의 역할입니다.

무엇보다 AI 네이티브로 태어나는 우리의 자녀들은 지식을 암기하고, 사례를 달달 외우는 교육은 가장 피해야 할 방법입니다. 교육을 통해서 배우는 것이 이제는 '학력'이 아니라 '개인의 역량'입니다. '학습'이 아닌 '훈련'입니다. 정보를 읽고 분석하고 활용하는 역량 자체를 훈련하는 장소가 학교입니다. 이러한 훈련을 통해 AI라는 도구를 잘 사용할 수 있다면, 우리 아이들은 ChatGPT의 시대 훌륭한 경쟁력이 될 수 있습니다.

〈'ChatGPT' 시대 학교의 역할은 무엇인가 생각해 보기〉

이제는 전통적인 학교 교육에서 개별적인 맞춤형 교육이 필요한 시대입니다. 개별적인 맞춤형 교육이란 학생 개인의 학습 특성과 수준을 파악하고 이에 따라 교육 방식을 조정하는 것을 말합니다. 이를 위해 교사와 학생 학부모는 서로 긴밀하게 협력하고, 소통하면서 최신의 교육 기술과 데이터 분석 기술을 활용해서 학생 개인에게 맞는 능력과 수준에 따라 학습 계획을 수립해야 합니다. 특히 교육 방식에 있어서 학생의 학습 속도에 맞춰 학습 난이도를 조절하거나, 학생의 학습 성과를 정량적으로 분석하면서 개인별로 적절한 피드백을 제공해야 합니다. 평가 또한 개인의 학습 성과를 평가하면서 이를 바탕으로 추가적인 교육 계획도 수립해야 합니다. 이제는 교사의 역량이 단순히 지식과 정보만을 제공하는 역할이 아니라 학생과 학부모 사이를 소통하면서 학생들의 관심사와 역량을 파악하고 개별적인 특성에 맞는 교육 과정을 설계해야 합니다. 이를 위해서는 학생들과 자주 대화하고 소통하고 무엇에 흥미를 느끼는지 파악하면서 학습 성과와 만족도를 끌어올려야 합니다.

Q. 탁월성 교육을 위한 질문

1. 우리 교육의 현실은 19세기식 교실에서 20세 교육을 받은 교사가 21세기 아이들을 가르치고 있습니다. 교과 지식을 전수하는 데 초점을 둔 교육만으로는 창의적인 인재를 길러 내기 어렵습니다. 제도만 바꾼다고 아이들이 달라지지 않습니다. 교사의 실행이 뒤따라야 합니다. 교사가 먼저 달라지는 교육 과정을 이해하고, 철저하게 준비하면서 교사들도 변화하는 흐름에 동참해야 합니다.
2. 이제는 학교 교육의 역할이 교과서 중심의 지식과 암기 교육이 아니라 인공지능 시대 빅데이터 기반 프로젝트형 수업으로 아이들이 스스로 빅데이터 정보를 수집하고, 분석하면서 현실적인 문제 해결과 사고력을 키울 수 있도록 창의적인 교육 방식으로 달라져야 합니다.

5

메타인지 학습법

"세상에는 두 종류의 지식이 있다. 첫 번째는 내가 알고 있다는 느낌은 있지만 남들에게 설명하지 못하는 지식이고, 두 번째는 내가 알고 있으면서 남들한테 설명도 할 수 있는 지식이 있다."

– 아트 마크먼 교수(미국 텍사스 주립대) –

상위 0.1%의 비밀

몇 년 전 EBS에서 〈교육 대기획 10부작 학교란 무엇인가 제8부, 0.1%의 비밀〉[64]이라는 다큐멘터리를 방영한 적이 있었습니다. 당시 5만 7천 명가량의 고등학교 1학년 학생 중에서 전국 모의고사 석차 0.1퍼센트에 해당되는 아이들 800명과 그렇지 않은 아이들 700명을 비교하는 실험이었습니다. 그런데 실험 결과 상위 0.1퍼센트의 아이들과 다른 친구들과의 차이가 별로 다르지 않았습니다. 지능 지수도 비슷했고, 아이들의 성격, 부모님의 학력이나 소득 면에서도 주목할 만한 차이점이 없었습니다. 상위 0.1%의 비밀이 무엇인지 밝혀내기 위한 실험이었는데 결과는

---

64 EBS, 〈교육부 대기획 10부작. 학교란 무엇인가 제8부, 0.1%의 비밀〉, 2010.

차이가 없었다. 이렇게 결론을 내리기에는 너무 허무했습니다. 그러던 차에 아주대 심리학과 김경일 교수는 아이들의 자료를 보면서 무릎을 탁 쳤습니다. '아하! 바로 이것이구나! 바로 메타인지!' 제작진은 다시 상위 0.1%의 아이들과 그렇지 않은 아이들을 모아 놓고 25개의 단어를 보여 줬습니다. 아무런 연관성이 없는 단어를 각각 3초씩 화면에 떴다가 사라 졌다 하면서 아이들에게는 학업 성취도와 기억력의 상관성을 알아보기 위한 실험이라고 말하고 실험을 진행했습니다.[65]

사실은 이 실험의 목적은 아이들이 단어를 얼마나 많은 단어를 알고 있는지에 대한 실험이 아닌 자신의 능력치를 얼마나 정확하게 알고 있는 지에 대한 실험이었습니다. 그래서 단어를 전부 보여 주고 난 뒤 본인이 기억하고 있다고 생각하는 단어의 개수를 적어 보라고 했습니다. 아이들 은 자신이 기억하고 있다고 생각하는 단어를 종이에 적었습니다. 결과는 놀랍게도 0.1%의 아이들은 자신이 몇 개의 단어를 기억할 수 있는지 정 확하게 예측했습니다.

하지만 다른 아이들은 그렇지 않았습니다. 10개 이상 기억할 거라고 종이에 적었지만 실제로는 8개만 기억한다거나 오히려 자신이 예상한 것 보다 많이 기억하는 식으로 예측이 틀렸던 것입니다. 흥미로운 점이 바 로 이것입니다. 상위 0.1%의 아이들이라고 단어를 더 많이 기억했던 것 은 아니지만 자신이 생각한 실력과 실제 실력 사이에 편차가 거의 없었습 니다. 그러니까 본인이 단어를 몇 개 기억할 수 있는지 스스로 알고 있었

65 『0.1%의 비밀』, 207-212p, 조세핀 김, 김경일, EBS 한국교육방송공사, 2020.

다는 것 다시 말해 자신이 무엇을 얼마큼 알고 있고 무엇을 모르는지 자각하는 능력 바로 메타인지가 높았습니다. 이러한 능력이 있기 때문에 아이들은 스스로에 대한 문제점을 찾아내고 해결할 수 있었습니다. 이것이 바로 상위 0.1퍼센트의 비밀입니다.

메타인지란 무엇인가

메타인지(metacognition)란 1976년 미국의 발달심리학자 존 폴 라벨이 만든 용어로 자신의 인지 과정에 대해 한 차원 높은 시각에서 관찰하고 발견하고 통제하면서 판단하는 정신작용입니다. 고차원의 눈으로 자신의 생각을 바라보는 눈입니다. 좀 더 쉽게 설명하면 내가 아는 것과 모르는 것을 파악하는 능력입니다. 자기 자신을 객관적으로 바라보는 눈입니다. 메타인지가 높은 아이들이 자기 객관화가 되기 때문에 완벽하지 않는 자신의 모습도 인정하고 스스로를 믿는 능력도 뛰어납니다. 메타인지가 높은 아이들은 공부할 때 자신이 모르는 부분에 대해 완벽하게 숙지할 때까지 공부하는 습관이 있습니다. 정리하고 다시 수정하고 보완하면서 완벽하게 정리해 배운 내용에 대해 자기화하는 능력이 뛰어납니다. 메타인지가 높은 아이들은 시험을 보고 나서도 자신이 무엇을 틀렸는지 정답을 맞혀 보지 않아도 예측 가능합니다. 메타인지가 높은 아이들은 틀린 문제에 대해 아는데 실수했다라고 하지 않습니다. 그냥 내가 몰랐던 것이다라며 인정합니다. 그뿐만 아니라 메타인지가 발달한 아이들은 자신을 객관적으로 바라보기 때문에 감정에 흔들리지 않고, 상황에 맞는 선택을 하고 후회하지도 않습니다. 선택하는 과정 속에서 자신이 무엇이 부족한지 인지할 수 있고 보완할 점도 스스로 찾을 수 있기 때문에 무한 성장이 가능합니다.

성균관대학교 심리학과 이정모 교수는 메타인지에 대해 이렇게 말합니다. "기억은 사진을 찍듯이 대상을 머리에 집어넣었다가 꺼내는 것이 아니라 자신이 갖고 있는 지식을 적용해 학습 내용을 조직화시켜서 뇌에 저장했다가 필요할 때 꺼내는 것이다.[66] 따라서 메타인지 학습 전략을 활용해 공부 방법을 스스로 만들어 가면서 그 방법을 계속 수정 보완해 나가는 학생들이 학업에 성공할 가능성이 높다. 그렇습니다. 메타인지가 높은 아이들이 자기 주도적으로 학습하기 때문에 학업에 성공할 가능성이 높습니다. 뿐만 아니라 정서적으로도 자기 스스로 완벽하지 않다는 것을 이해하기 때문에 인간을 이해하는 능력이 높고 아무리 어려운 상황에서도 대응 방안을 고민하면서 쉽게 포기하지 않습니다."

아이들의 메타인지를 높이는 방법

그렇다면 아이들의 메타인지를 높이는 방법에는 무엇이 있을까요? 첫 번째는 피드백(feedback)입니다. 피드백이란 한마디로 자신이 한 행동에 대해 가치 부여하면서 말로 재음미해 보는 과정입니다. 유대인들의 하브루타 교육의 핵심도 바로 피드백에 있습니다. 하브루타(havruta)는 히브리어로 친구 또는 짝을 의미하는 단어인데 가정에서 부모와 자녀, 학생과 교사가 1 대 1 짝을 이루면서 서로 동등한 입장에서 대화하는 것이

---

66 『메타인지 공부법』, 36p, 서상훈, 유현심, 2019.

피드백의 핵심입니다. 방법은 부모와 교사는 정답을 말하지 않고, 아이 스스로 생각하고 말하도록 북돋아야 합니다. 예를 들면 아이가 오늘 학교에서 무슨 일이 있었는지 자연스러운 질문을 통해 물어보고 그 일 때문에 어떤 생각이 들었는지 그것을 통해 무엇을 느끼고 깨달았는지 그리고 자신이 한 행동에 대해 수정 보완할 점이 무엇이고 앞으로 실천할 점은 무엇인지 세 가지 관점에서 대화하듯 서로 주고받는 연습이 중요합니다.

아이들은 피드백을 통해 자신이 한 행동을 뒤돌아보고 말로 표현하는 과정 가운데 느꼈던 감정을 알게 되고 생각이 정리되면서 자신이 한 행동에 대해 수정 보완할 점까지 스스로 뇌에 기억하게 됩니다. 이렇게 지속적인 피드백 훈련이 많은 아이들은 점점 행동이 수정됩니다. 피드백의 영역은 다양합니다. 단순히 학습 영역뿐만이 아니라 생활 전반에 활용할 수 있습니다. 학습 후 피드백, 독서 후 피드백, 하교 후 피드백, 여행 후 피드백, 가족 행사나 이벤트 후 피드백, 피드백의 영역은 무한대로 확장시켜서 적용할 수 있습니다. 가정의 문화로 장착시켜 보세요.

피드백이 많으면 많을수록 아이와 대화가 많아지고 대화가 많아지면서 표현 능력이 높아지고 생각할 거리가 많아지고 수정 보완할 거리가 많아지면서 실행력을 높일 수 있습니다. 무엇보다 이러한 과정을 통해 생각이 정리되기 때문에 아이들의 메타인지가 높아집니다.

두 번째는 생각을 구조화하는 연습이 필요합니다. 생각을 구조화하는 연습이란 복잡한 생각이나 많은 정보 중에서 핵심 뼈대를 한눈에 알아볼 수 있도록 개별 요소들 간의 관계를 파악해서 정리하고 체계화하여 구조에 맞게 조직화하는 것을 말합니다. 이러한 습관이 생기면 아무리 복잡한 문제도 전체의 흐름을 파악할 수 있고 본인만의 체계로 자기화할 수 있는 능력이 생깁니다. 장기 기억으로 저장할 수 있고 공부 시간을 단축하면서 효율적인 학습이 가능해집니다. 구체적인 방법으로는 마인드맵이나 그림, 표, 차트 등을 활용하면서 핵심 정보가 무엇인지 파악해 봅니다. 교과서로 예를 들면 가장 먼저 목차의 구성부터 확인하는 습관입니다. 전체 숲을 보는 것입니다. 전체 숲을 그림이나 마인드맵으로 정리하다 보면 숲에 필요한 나무가 무엇인지 보이면서 내가 알아야 하는 핵심 정보를 깨닫게 됩니다. 이렇게 한 다음 정보를 분류해 봅니다. 연대별로 분류해 보기, 현상의 원인별, 공통점, 서로 다른 점, 사건의 진행 과정, 사건의 결과, 사건이 미친 영향 등으로 카테고리화하면서 자신만의 방법으로 분류해 봅니다. 이렇게 지식을 분류하는 과정을 통해서 결과들 간의 인과관계가 정리됩니다. 복잡했던 지식이 명료화되고 소화됩니다.

마지막으로 인출하기가 있습니다. 인출하기는 내가 아는 지식을 꺼내보는 훈련입니다. 나에게 들어온 정보를 반복해서 말로 꺼내 보는 훈련을 통해 자신의 생각을 정리하는 훈련입니다. 인출하기 학습은 여러 가지가 있지만 가장 효과적인 방법이 내가 아는 지식을 말로 설명해 보는 연습입니다. 자신의 언어로 설명하고 요약해 보면서 누군가를 직접 가르쳐 볼 때 메타인지가 높아집니다.

스마트 싱킹의 저자인 미국 텍사스 주립대 아트 마크 먼(Arthur B.

Markman) 교수는 세상에는 두 가지 종류의 지식이 있다고 합니다. 첫째는 내가 알고 있다는 느낌은 있는데 제대로 설명할 수 없는 지식이 있고, 두 번째는 내가 알고 있다는 느낌뿐만 아니라 남에게 설명할 수 있는 지식이 있다라고 말합니다. 분명한 건 후자만이 진짜 자기만의 지식이라는 점입니다. 전자는 내가 스스로에게 속고 있는 것입니다. 예컨대 우리가 친숙하게 다루고 있는 스마트폰, 냉장고, 자동차처럼 매일 봤기 때문에 잘 알고 있다고 착각합니다. 그런데 막상 작동 원리를 설명해 보라고 하면 쉽게 설명하지 못합니다. 머릿속으로는 알 것 같지만 막상 입을 열어서 말하다 보면 내가 실제로 모르고 있는 것들이 발견하면서 내가 무엇을 해야 할지도 자연스럽게 정리가 됩니다. 이것이 바로 인출하기를 통해 메타인지를 높이는 방법입니다.

정리해 보면 메타인지가 높다는 건 자신이 무엇을 알고 무엇을 모르는지 잘 알기 때문에 자신의 장점을 극대화할 수 있고, 단점은 최소화할 수 있습니다. 처음부터 메타인지를 높이는 방법이 쉽지 않지만 꾸준하게 반복적으로 연습한다면 자신에 대한 믿음과 확신이 더해져 더 많은 가능성과 잠재 능력을 끌어낼 수 있습니다.

〈메타인지 학습법 생각해 보기〉

메타인지(metacognition)란 1976년 미국의 발달심리학자 존 폴 라벨이 만든 용어로 자신의 인지 과정에 대해 한 차원 높은 시각에서 관찰하고 발견하고 통제하면서 판단하는 정신작용입니다. 고차원의 눈으로 자신의 생각을 바라보는 눈입니다. 좀 더 쉽게 설명하면 내가 아는 것과 모르는 것을 파악하는 능력입니다. 자기 자신을 객관적으로 바라보는 눈입니다. 메타인지가 높은 아이들이 자기 객관화가 되기 때문에 완벽하지 않은 자신의 모습도 인정하고 스스로를 믿는 능력도 뛰어납니다. 메타인지가 높은 아이들은 공부할 때 자신이 모르는 부분에 대해 완벽하게 숙지할 때까지 공부하는 습관이 있습니다. 정리하고 다시 수정하고 보완하면서 완벽하게 정리해 배운 내용에 대해 자기화하는 능력이 뛰어납니다.

Q. 탁월성 교육을 위한 질문

1. 메타인지의 원리는 내가 알고 있는 지식을 남에게 말과 글로 설명할 수 있어야 합니다. 내가 알고 있다는 느낌으로 아는 것이 아닙니다. 내가 무엇을 아는지 다양한 인출하기 연습을 통해 아이들의 메타인지를 높이는 데 관심을 가져 보면 좋겠습니다.
2. 아이들에게 메타인지를 높이는 가장 좋은 방법은 부모와 함께하는 피드백입니다. 편안한 환경에서 아이와 대화해 보세요. 오늘 학교에서 무슨 일이 있었는지? 자연스러운 질문을 통해 물어보고, 그 일 때문에 어떤 생각이 들었는지? 그것을 통해 무엇을 느끼고 깨달았는지? 그리고 자신이 한 행동에 대해 수정 보완할 점이 무엇이고 앞으로 실천할 점은 무엇인지? 세 가지 관점에서 대화하듯 자연스럽게 서로 주고받으면서 피드백을 가정의 문화로 만들어 보세요. 아이들의 메타인지가 높아집니다.

(6)

스스로 생각하는 교육법

"생각하는 사람은 생각하지 않는 군중과 거리를 두어야 하고 오직 자기 생각에 따라 행동해야 한다."

– 쇼펜하우어 –

옴진리교 사건

1995년 3월 20일 월요일 아침 8시 일본 도쿄 지하철에서 대규모 화학 테러 사건이 일어납니다. 한창 직장인들과 학생들이 출근과 등교로 바쁜 시간대에 누군가 지하철에서 독가스인 사린을 살포합니다. 살포한 지 한 시간도 채 안 돼서 13명이 숨지고 6,300명에 달하는 부상자가 발생했습니다. 일본 사회 전체는 엄청난 충격을 받습니다. 일본 경찰은 테러의 배후로 옴진리교를 지목했고, 그들을 집중적으로 수사하기 시작했습니다. 이미 옴진리교의 교주인 아사하라 쇼코가 1980년대부터 각종 독가스를 사용한 테러 사건을 저질렀기 때문에 사건이 터지자마자 옴진리교를 배후로 지목했던 것입니다. 수사 과정에서 옴진리교 교주 아사하라 쇼코는 종교를 빙자해 일본을 탈취하고 자신이 왕으로 군림하겠다는 야망을 품었으며 그것을 현실화하고자 무장 집단화하여 교단과 적대하는 인물들을 살해하고자 무차별 테러를 실행했던 것입니다. 이 사건으로 전체 29명이 사망했고 부상자는 6500명 이상이며 피해자 수의 규모나 사회에 미친 영향은 일본 범죄 사상 최악의 강력 사건으로 알려져 있습니다.[67]

고학력 엘리트 집단

놀랍게도 이 사건의 직접적인 가해자, 그러니까 지하철에서 가스를 살포한 이들은 일본 사회 전체 가운데에서도 엘리트로 불릴 만한 청년들이 많았습니다. 치요다 선에서 역무원 2명의 목숨을 앗아간 하야시 이쿠오(당시 48세)는 평판이 좋은 심장외과 전문의였고 마루노우치 선에서 승객 1명을 죽게 한 히로세 켄이치(당시 30세)는 와세다 대학의 이공학부 응용물리학과를 수석으로 졸업하고 대학원에 진학한 사람이었습니다. 마찬가지로 마루노우치 선에서 200명에게 중경상을 입힌 요코야마 마사토(당시 31세)는 도카이 대학에서 응용물리학을 전공했습니다. 히비야 선에서 승객 1명을 죽게 만든 토요타 토오루(당시 27세)는 도쿄 대학 이학부의 응용물리학과 출신으로 박사과정에 진학했던 인물입니다. 같은 히비야 선에서 무려 8명의 승객을 죽게 만든 하야시 야스오(당시 37세)는 코우가쿠인 대학에서 인공지능을 연구했던 사람입니다. 이 사건이 터지자 각종 매스컴에서는 어째서 고학력 인재들이 사이비 단체에 빠진 이유를 이해할 수 없었습니다.

---

67 1995년 03월 20일 옴진리교 신도들이 도쿄 지하철 전동차 안에 맹독가스인 사린을 살포한 사건.

교주에게 인정받기 위해 최선을 다했다

『모든 교육은 세뇌다』라는 책을 쓴 호리에 다카후미는 그의 책에서 고학력자들이 옴진리교에 세뇌되었다고 주장합니다. "나는 고학력 청년들이 사이비 종교에 세뇌당하는 것이 그렇게 불가사의한 일은 아니라고 생각했다. 내 눈에는 학교 교육을 받은 엘리트란 세뇌당하는 데 길들여진 사람으로 보였기 때문이다. 애초에 세뇌당하는 데 길들여진 사람들이 종교를 바꾼 것뿐이다."[68] 다카후미는 처음부터 그들이 세뇌를 당한 것이 아니었다고 합니다. 이미 오래전부터 세뇌 교육을 받으면서 성장했기 때문에 평소 패턴대로 옴진리교의 세뇌를 아무런 거부감 없이 받아들였습니다.

옴진리교 사건 이후 한 언론 보도에 따르면 그들의 교단 시스템은 외부 사회의 시스템과 거의 똑같은 수준이었다고 합니다. 6단계의 승진 시스템이 있고 신자들은 부지런히 수행하면서 승진하기 위해 열심히 교단을 위해 일했던 것입니다. 특히 고학력자들일수록 교단의 간부가 되기 쉬웠습니다. 이들은 교주 아사하라를 아버지처럼 생각하면서 자신들의 활동을 인정해 줄 때마다 존재감을 느끼며 기뻐했습니다. 우리나라의 사이비 단체도 이와 비슷합니다. 얼마 전 코로나 시국에 전국을 시끄럽게 했던 한 사이비 단체에서도 고학력 젊은 엘리트 출신들이 많이 있었습니다. 이들은 마케팅에도 능통하고, 법체계도 이용할 줄 압니다. 젊은 청년들은 컴퓨터를 놓고 인터넷, 유튜브, SNS, 심리테스트, 설문조사 등을 활용하면서 열심히 포교 활동을 합니다. 이들도 자신이 전도한 숫자만큼 보상이 주어지고 승진하는 시스템을 가지고 있습니다. 교단의 교주를 아

---

68 『모든 교육은 세뇌다』, 23-24p, 호리에 다카후미, 새로운제안, 2017.

버지처럼 생각합니다. 교주에게 인정받기 위해 충성을 다합니다. 사이비 단체에 세뇌당하고 길들여진 것입니다.

사유의 불능성

이들은 지극히 평범한 교육을 받았고, 맡은 일에 성실했고, 평범하게 살면서 평범한 꿈을 가지고 살아갔던 사람들이었습니다. 그런데 왜 사회적인 물의를 일으키면서까지 이런 끔찍한 일들을 자행하는 사이비 단체에 세뇌당했을까요? 저는 어린 시절부터 생각하는 교육을 받지 못했기 때문이라고 생각합니다. 자기 스스로 생각하는 힘이 없었기 때문에 성인이 되더라도 부모님의 기준, 선생님의 기준, 사회적인 기준에 의해 가치관이 형성되었습니다. 자크 라캉이 이야기했듯이 인간은 타자의 욕망을 욕망하는 존재입니다. 이들의 유일한 잘못은 자신이 한 행동이 사회적으로 어떤 물의를 일으키는지는 생각해 보지 않고 무조건 그들의 말을 무비판적으로 생각 없이 따랐던 것이 이들의 잘못입니다.

이들은 누구보다 부모나 교사, 사회적인 기준에 충실했던 사람들이었습니다. 그들의 욕망을 욕망했던 충성된 사람들이었습니다. 이들의 가치는 주어진 환경에 최선을 다하는 것이었고, 말을 잘 들어서 윗사람들에게 인정받는 것이었습니다. 그러면 위로 올라갈 수 있고, 인정받을 수 있는 것이 이들이 생각하는 가치관입니다. 이들의 죄는 한마디로 무사유의 죄입니다. 나치 전범이었던 아돌프 아이히만도 매우 평범한 사람이었습니다. 가정에서는 자상한 남편이자 아이들의 아빠였습니다. 그는 상부의 명령에 따라 충실하게 법을 집행했던 성실한 군인이었습니다. 하지만 바로 그 일 때문에 수많은 사람을 죽음으로 몰아넣게 되었습니다.

아이히만은 자신이 하는 일에 대해 수용소에서 죽어 가는 유대인의 입장에서 단 한 번도 생각하지 못했습니다. 이러한 행동에 대해 한나 아렌트는 이렇게 말합니다. "당신의 죄는 생각하지 않는 죄, 즉 무사유의 죄다. 특히 타인의 입장에서 생각하지 못하는 무능함이다." 그렇습니다. 이들의 죄는 생각하지 못하는 사유의 불능성에 빠져 있었던 것입니다.

우리 옆에 아이히만이 있다

옴진리교의 고학력자들이나 아이히만처럼 악의 평범성은 우리 옆에도 있습니다. 생각 없이 충실하게 수행하도록 만드는 타성과 익숙한 습관들, 자기 자신의 생각을 자유롭게 표출할 수 없도록 만드는 권위주의적인 요소들, 인터넷 악성 댓글로 사람들에게 상처 주는 행위, 사회에서 일어나는 갑질 사건, 학교에서 왕따를 당하는 친구를 보면서도 못 본 척하는 학생들, 정치인들의 부정부패, 묻지 마 폭행 사건, 생각하고 판단 내리기를 귀찮아하면서 생각 없이 살아가는 태도, 타인에게 공감하지 못하는 무능력, 타인의 고통에 대해 무감각해지는 것 등등 정말이지 무사유의 현상들은 평범한 일상 속에서 무수히 많습니다. 생각하지 않으면 우리도 이들처럼 자신이 한 행동에 대해서도 옳고 그름에 대한 판단을 할 수 없게 됩니다. 자기 성찰 과정이 부족해지면 우리도 양심을 잃고 '악'을 만들게 된다는 무서운 결과를 초래할 수 있습니다.

공교육은 노동자를 만들기 위한 공장이다

우리나라 공교육 시스템을 들여다보면 한마디로 사유할 수 없는 교육입니다. 사회에 순응하는 노동자를 길러 내기 위한 목적으로만 아이들을 세뇌시키고 있다라는 생각이 들었습니다. 아이들에게 암기해야 할 과목을 가르치고, 도덕과 규범을 가르치면서 철저하게 규격대로 만들려고 세뇌시킵니다. 똑같은 교과서를 배우게 하고, 똑같은 방식으로 가르치면서, 똑같은 규칙으로 아이들을 관리하고 평가합니다. 아이들 스스로 생각할 시간이 없습니다. 사회가 정해 준 기준대로 배워야 하기 때문에 자신만의 개성이나 생각, 개별성이 발휘되지 못합니다. 어떻게든 사회가 원하는 규격에 맞아야 한다고 재촉하는 주입을 받게 됩니다. 그래서 모든 아이들이 욕망하는 미래의 자아상도 비슷합니다. 좋은 대학에 들어가는 것, 학력이 높아지는 것, 좋은 기업에 취직하는 것 그래서 인정받는 것을 이상적으로 생각합니다. 좀 극단적으로 표현하면 이렇게 길들여진 아이들은 공장이나 대기업, 회사에 납품됩니다. 아이들은 학교 교육 과정 안에서 생각하는 훈련이 아닌 취업을 위한 목적으로만 교육받습니다.

실제 지금의 학교 교육은 19세기 산업 혁명 시기 영국에서부터 시작되었습니다. 유럽의 패권을 장악했던 영국은 어떻게 하면 더 많은 일꾼들을 모아서 효율적으로 관리할 수 있을까?를 고민하기 시작합니다. 산업 혁명 이전만 해도 아이들은 국가가 보호할 대상이 아니었습니다. 아이들도 어른들과 마찬가지로 일터에서 일을 하면서 살았습니다. 그런데 이렇게 열악한 환경에서 아이들이 일을 하다 보니 점점 악조건의 노동 환경과 대기 오염 속에서 아동 사망률이 높아졌습니다. 이대로 계속 가다가는 정말 큰일 날 거 같아서 정부는 주도적으로 교육기관을 만들게 됩니다. 바로 근대 교육의 시초인 국립학교입니다.

학교의 역할은 크게 두 가지였습니다. 아이들을 보호하는 기능과 아이들을 바람직한 노동자로 키우는 것입니다. 정부 입장에서 생각해 보면 공장의 노동자를 양성하는 것이 아주 중요한 문제였습니다. 그것은 국가의 경쟁력과 직결되기 때문에 대량으로 노동자들을 만들어야 했습니다. 그래서 학교는 기본적인 셈을 하는 사람, 글을 읽을 수 있고 쓸 수는 사람, 정해진 장소에 규칙적으로 출퇴근 잘하는 사람, 윗사람의 지시를 잘 따를 수 있는 사람을 대량으로 만들기 위해 어렸을 때부터 교육이라는 이름으로 학교에서 아이들을 가르쳤습니다. 다시 말해 국립학교는 산업화의 요구에 따라 필요한 노동 인력을 대량으로 생산하는 하나의 공장이었습니다. 공장에서 일할 수 있도록 규격에 맞춰서 벗어나지 않고 고용자가 관리하기 편리하도록 만든 기관이었던 것입니다. 그런데 시대가 변했습니다. 하지만 과연 지금의 학교 교육의 목표가 달라졌을까요? 저는 동의하기 어려운 것 같습니다. 여전히 좋은 대학에 가야 하고 좋은 기업에 취업해야 한다라는 생각만큼은 예전이나 지금이나 비슷한 것 같습니다.

스스로 생각하는 교육이 필요하다

프랑스의 소설가 폴 부르제는 "생각하는 대로 살지 않으면 사는 대로 생각하게 된다."[69]라고 말했습니다. 배우기만 하고 깊이 생각하지 못하면

---

69 이 말은 프랑스 소설가이며 비평가인 폴부르제(1852~1935)의 것이다. 그는 노벨 문학상 수상자

생활의 압력에 의해 지배됩니다. 자신의 가치와 신념이 훼손됩니다. 지배적인 이데올로기에 종속됩니다. 먹고사는 문제를 지키기 위해서 자신의 행동에 대한 일관성이 없어집니다. 특히 어린 시절부터 생각하는 교육을 받지 못하면 성인이 되더라도 이 아이는 사회적인 기준 부모님의 기준에 의해 가치관이 형성됩니다. 독립적으로 사고할 수 있는 사유 체계가 불능 상태에 빠집니다. 옴진리교나 사이비 단체에 세뇌됩니다. 제2의 아이히만 같은 사람들이 나타날 수 있습니다. 아이들에게 진짜 필요한 교육은 자기 스스로 생각할 수 있는 사유의 근육이 필요합니다.

생각의 근육을 키우기 위해서

생각의 근육을 키우기 위한 가장 좋은 방법은 독서와 사색 그리고 글쓰기입니다. 먼저 독서는 인간의 사고력을 키울 수 있는 최고의 도구입니다. 독서라는 행위를 자세히 들여다보면 크게 분석과 종합의 연속입니다. 다시 말해 이렇게도 생각해 보고 저렇게 생각해 보는 과정 가운데 뇌에 자극을 주면서 자기 스스로 탐구할 수 있는 능력이 배양됩니다. 책이라는 매체는 기본적으로 문자로 쓰였지만 다양한 기호(記號)로 표현되었기 때문에 해독과 해석이 요구합니다. 머리가 아프다는 뜻입니다. 머릿속에서 다양한 기호들이 이미지화되고 사물을 구성하면서 해독이 활발해지고 해석하는 과정 속에서 사유하게 만듭니다. 영상매체는 의식이 따라가면서 수동적으로 반응하지만 독서라는 행위는 의식을 적극적으로

후보로 다섯 번이나 지명되었다. 프랑스어 원문은 이렇다. Il faut vivre comme on pense, sinon tôt ou tard on finit par penser comme on a vécu.

생각하도록 움직이게 만듭니다. 바로 이러한 차이가 사유 능력으로 이어집니다.

두 번째는 사색하는 습관이 생각의 근육을 키워 줄 수 있습니다. 사색(思索)이란 어떤 것에 대하여 깊이 생각하고 이치를 따지는 행위를 의미합니다. 17세기 영국의 철학자이자 정치가였던 존 로크(John Lock)는 사색에 대해 이렇게 말합니다. "독서는 다만 지식의 재료를 공급할 뿐이며, 그것을 자기 것이 되게 하는 것은 사색의 힘이다." 그렇습니다. 독서가 나에게 생각할 수 있는 재료를 공급해 주었다면 사색은 내가 읽은 책의 정보가 과연 나에게 의미가 있고 가치가 있는 것인지 따져 보는 활동입니다. 나에게 의미 있고 가치 있는 정보를 발굴하는 과정입니다. 한마디로 자기만의 결괏값을 얻는 일이 사색입니다. 마지막으로 생각의 근육을 만들기 위해서는 글쓰기 연습을 꾸준히 해야 합니다.

문학평론가인 김우창 교수는 『세 개의 동그라미』라는 책에서 글쓰기에 대해 이렇게 이야기합니다. "글을 쓴다는 것은 늘 문제를 풀어 나가는 과정인 거 같아요. 내가 마음에 가진 것을 표현하는 면도 있지만 내가 어렴풋이 가진 것을 다시 정리하고 다시 생각해 보고 그것을 문제화해서 해답을 찾아가는 과정인 것 같아요."[70] 글을 쓴다는 것 자체가 자신의 생각이 무엇인지 눈으로 확인하면서 생각을 정교하게 다듬고 만들어 내는 작업입니다. 사람은 글을 쓰는 과정에서 자신의 생각을 돌아보고 객관화시키면서 성찰할 수 있습니다. 따라서 글을 쓰는 행위 자체가 인간의 사유

70 〈글을 쓰면 사고능력이 좋아진다〉, 박민영 브런치 칼럼, 2020.11.11.

능력을 발전시킬 수 있습니다. 생각하지 않는 사람은 위험합니다. 사회의 지배적인 이데올로기에 갇혀 굴복하게 됩니다. 생각할 줄 모르는 사람은 세상의 노예로 살아갈 수밖에 없습니다. 결국 우리의 삶을 결정하는 근본은 생각하는 능력입니다. 그러므로 생각의 기둥을 세우고, 품격을 높여야 합니다. 그래야 나만의 삶을 살 수 있습니다. 책을 읽고, 사색하고, 글 쓰는 훈련부터 시작해 보세요. 사유하는 과정 가운데 아이들의 삶의 품격이 달라집니다.

〈스스로 생각하는 교육법 생각해 보기〉

프랑스의 소설가 폴 부르제는 "생각하는 대로 살지 않으면 사는 대로 생각하게 된다."라고 말했습니다. 배우기만 하고 깊이 생각하지 못하면 생활의 압력에 의해 지배됩니다. 자신의 가치와 신념이 훼손됩니다. 지배적인 이데올로기에 종속됩니다. 먹고 사는 문제를 지키기 위해서 자신의 행동에 대한 일관성이 없어집니다. 특히 어린 시절부터 생각하는 교육을 받지 못하면 성인이 되더라도 이 아이는 사회적인 기준 부모님의 기준에 의해 가치관이 형성됩니다. 독립적으로 사고할 수 있는 사유 체계가 불능 상태에 빠집니다. 옴진리교나 사이비 단체에 세뇌됩니다. 제2의 아이히만 같은 사람들이 나타날 수 있습니다. 아이들에게 진짜 필요한 교육은 자기 스스로 생각할 수 있는 사유의 근육입니다.

Q. 탁월성 교육을 위한 질문

1. 아이들에게 생각의 근육을 키워 주기 위한 가장 좋은 방법이 독서 입니다. 독서라는 행위를 자세히 들여다보면 크게 분석과 종합의 연속입니다. 다시 말해 이렇게도 생각해 보고 저렇게 생각해 보는 궁리의 과정을 통해 뇌에 자극을 주고 이렇게 얻어 낸 정보가 주제적인 사고로 연결됩니다.

2. 아이들에게 글쓰기의 재미를 알려 주세요. 글쓰기는 주제에 대해 다시 생각해 보고 그것을 문제화해서 해답을 찾아가는 과정입니다. 아이들은 글을 쓰면서 자신의 생각이 무엇인지 깨닫게 됩니다. 생각이 정리되고 명료해집니다. 자신을 객관화시키면서 성찰할 수 있습니다. 글쓰기를 통해 사유의 능력이 자라납니다.

제5장

우리 아이 탁월성을 살리는 방법

"교육은 더 이상 지식 전달에 주력할 게 아니라 새로운 길을 택해 인간 잠재력을 발산하게 해야 한다."

-마리아 몬테소리 -

1

아이들 뇌에 스토리 만들어 주기

"부모님의 스토리가 아이의 스토리가 된다."

– 장동선(뇌과학박사) –

미래학자, 리차드 벅민스터 풀러(Richard Buckminster Fuller) 박사에 따르면 모든 아이들은 천재로 태어난다고 합니다. 하지만 만 명 가운데 9,999명의 아이들이 부주의한 어른에 의해 순식간에 천재성을 박탈당합니다.[71] 안타깝게도 대부분의 아이들이 어른이 주는 자극 때문에 천재로 태어난 아이들은 평범한 존재로 전락합니다. 다중지능 이론을 창시한 하버드대 교육대학원 하워드 가드너 박사(Howard Gardner)도 "아기들은 태어날 때부터 천재 지능을 가지고 태어난다."고 말했습니다. 신생아는 약 1,000억 개의 뇌세포를 가지고 태어나는데 이 중 뇌세포의 70%는 태내에서 만들어지는데 만 3세가 지나면 쓰지 않는 뇌세포는 자라지 않아 가지치기를 당하게 돼서 평범해진다[72]고 합니다. 결국 천재적인 두뇌를 가지고 태어났어도 어떤 교육적인 자극을 받느냐에 따라 아이들의 천재성이 계발될 수도 있고, 반대로 평범한 아이로 존재할 수도 있습니다.

---

71 『7세 전 창의 두뇌 교육』, 111p, 정철희, 21세기북스, 2009.
72 베이비뉴스, 〈아기의 천재지능 자극하는 명품 태교법〉, 신은희, 2011.07.20.

문제는 부모의 교육 방향이 어디에 있는지를 생각해 봐야 합니다. 파블로 피카소는 아이에게 잘못된 부모의 고정관념을 강요하는 순간부터 아이들의 천재성을 잃기 시작한다고 말합니다. 아이들이 지니고 태어난 각자의 천재성을 깨달았다면 아이들의 천재성을 잘 보존하고, 존중해 주면서 아이들의 탁월성을 계발해 주는 교육이 절대적으로 중요합니다.

부모의 기대감이 아이를 영재로 만든다

그리스 신화에 나오는 피그말리온은 키프로스 섬에 사는 조각가였습니다. 피그말리온은 키프로스 섬의 여인들을 외면한 채 스스로 가장 이상적으로 생각하는 여인을 조각상으로 만들었습니다. 혼신의 힘을 다해 코끼리 엄니인 상아로 여인상을 조각해 완성했습니다. 너무나 아름답고 완벽했습니다. '갈라데아'라는 이름까지 지어 주고, 마치 진짜 사람을 대하듯 옷을 입혀 주고 장신구도 걸어 주고 힘들까 봐 의자에 눕히거나 베개를 받쳐 주기까지 합니다. 마치 조각상이 살아 있기라도 한 듯이 여인에게 말을 걸기도 하면서 자신도 모르게 점점 조각상에 빠져들었습니다. 마침내 그는 조각상을 자신의 아내로 맞이하고 싶었습니다. 그래서 그는 아프로디테 여신의 축제일에 여신에게 재물까지 받치면서 정성스럽게 기도합니다. 지극정성이면 하늘도 감동한다고 했듯이 피그말리온의 기도에 감동한 아프로디테는 조각상을 결국 사람으로 만들어 주게 됩니다. 피그말리온 효과는 1964년 하버드 대학교 사회심리학 교수 '로버트 로젠탈(Robert Rosenthal)[73]'에 의해 실험적으로 증명되기도 했습니다.

---

73 교육심리학에서 심리적 행동의 하나로, 교사의 기대에 따라 학습자의 성적이 향상되는 것을 말한

1968년 하버드의 교수 로젠탈(Robert Rosenthal)은 미국 샌프란시스코의 한 공립 초등학교 학생들을 대상으로 지능검사를 실시합니다. 전교생에게 지능검사를 하면서 교사들에게는 지적성장이 기대되는 아이들 다시 말해 영재인 아이들을 알아보는 검사라고 이야기합니다. 그러나 실제는 검사 결과와 아무 상관없이 무작위로 한 반에서 20% 정도의 학생을 뽑아 그 학생들의 명단을 교사에게 보여 주면서 '지적 능력이나 학업 성취 향상 가능성이 높은 학생들'이라고 믿게 전달했던 것입니다. 교사의 심리상태가 미치는 영향을 알아보기 위해 연출된 상황인 것입니다.

약 8개월 후 아이들이 어떻게 달라졌는가를 알아보기 위해 이전과 같은 지능검사를 실시했는데 놀랍게도 명단에 속한 학생들은 다른 학생들보다 평균 점수가 높게 나왔을 뿐만 아니라 학교 성적도 크게 향상되었습니다. 달라진 것은 영재로 알려진 아이들의 지적 능력이 우수하다고 믿고 있는 교사들의 생각이었습니다. 결국 교사들은 영재라고 믿었던 아이들에게 가치를 부여했고, 질문과 대답의 기회를 주면서 교육의 기회를 더 준 것입니다. 이러한 교사의 믿음과 생각 때문에 무의식적인 행동에 영향을 준 것이고 이러한 차이가 아이들을 삶을 실제로 변화시켰습니다. 이러한 로젠탈 효과의 연구 결과는 교육계에서 교사의 기대심리를 말할 때 좋은 모델로 사용되고 있습니다. 영재라는 생각이 실제 영재를 만드는 것처럼 부모의 기대감이 아이들의 현실을 빚어내는 원료가 될 수 있습니다. 모든 아이들은 탁월합니다. 탁월한 아이로 태어난 아이들이 성장

다. 로젠탈 효과(Rosenthal effect), 교사 기대 효과(Teacher expectancy effect)라고도 한다. 피그말리온 효과는 무언가에 대한 사람의 믿음, 기대, 예측이 실제적으로 일어나는 경향을 말하며 1964년 미국 하버드대학교의 교육심리학자 로버트 로젠탈(Robert Rosenthal)에 의해 실험되었다.

하느냐 못 하느냐는 전적으로 부모의 기대감에 달려 있습니다.

아이들 뇌에 스토리를 만들어 주기

아이들에게 기대감을 갖게 하는 가장 좋은 방법은 '우리 아이가 앞으로 잘될 아이야!'라는 상상 실감으로 스토리를 많이 들려줘야 합니다. 아이가 자라면서 듣게 되는 수많은 스토리는 그것이 사실이든 아니든 아이들 기억 속에 각인됩니다. 이렇게 각인된 스토리는 평생 아이에게 미래 행복 기대감으로 인생에 엄청난 영향을 줄 수 있습니다. '부모의 기대감이 아이에게 어떤 영향을 주는가?'에 대한 아주 재밌는 이야기가 있습니다. 세바시 강연에 출연했던 뇌과학 박사 장동선 씨의 이야기입니다.[74] 장동선 씨는 어머니로부터 이런 이야기를 듣고 자랐습니다. "너는 태어날 때부터 특별했단다. 울지도 않고 눈을 뜨더니 세상의 궁금한 것들을 둘러보았어! 간호사들이 이런 너를 보더니 깜짝 놀랐어! 두 살 때 아버지 친구분이 독일어로 된 그리스 로마신화 전집을 놓고 갔는데 네가 글을 깨치더니 그 책을 혼자 가져가서 다 읽었단다." 어머니로부터 이런 스토리를 수도 없이 들었던 어린 장동선씨는 어머니의 영향으로 언어를 좋아하게 되었고, 책을 좋아할 수밖에 없었다고 합니다. 그리고 놀라운 사실은 자신의 스토리가 진실이 되기 위해서 그렇게 살았던 것 같다고 이야기합니다. 결국 오늘의 장동선 박사를 만들게 했던 건 어머니가 어렸을 때부터 생각의 레일을 깔아 준 스토리의 영향 때문입니다.

---

74 세바시 유튜브, 1,289회, 〈내 아이의 뇌에 어떤 스토리를 심을 것인가〉, 장동선 뇌과학박사, 2020.12.02.

모든 아기는 배 속에 있을 때부터 자신이 들었던 소리를 기억합니다. 실제 2014년 프랑스의 한 연구에서 중국어와 프랑스어를 사용하는 사람의 뇌 반응 사진을 찍어 놓고 중국계 프랑스인의 뇌 반응 사진과 프랑스인의 뇌 반응 사진을 찍었는데 놀랍게도 태어나자마자 프랑스로 입양된 아이 즉 엄마 배 속에 있을 때만 중국어를 들었던 중국계 프랑스인의 아이가 2개 국어를 하는 뇌 사진과 비슷하게 나타난 것입니다. 비록 인지적으로 언어를 구사하지 못했더라도 배 속에서 들었던 중국어에 대한 기억 때문에 왼쪽 사진과 거의 비슷하게 나타난 것입니다. 이 실험이 의미하는 것도 어린 시절 아이에게 어떤 스토리를 반복해서 들려주었느냐에 따라 아이 뇌에 영향을 주고 이러한 영향은 삶에도 미칠 수가 있습니다.

중국어를 들었을 때 뇌 반응 비교

로젠탈의 또 다른 연구에서도 수업을 들을 때 학생과 선생님과의 뇌파 싱크로율이 거의 일치했습니다. 만약 많은 시간을 함께 생활하는 부모님과 관계에서 아이들에게 들려주는 이야기가 긍정적이면서 감동을 주는 이야기라면 아이의 뇌에서 도파민이 분비돼 동기를 유발하는 행동이 일어나고, 하고 싶은 의욕이 생깁니다. 결국 부모님에게 들었던 스토리에 아이는 맞추고 싶어 하고 현실 경험을 하면서 부모님의 마음과 아이의 마음은 서로 공명하게 됩니다. 여기서 중요한 점은 부모의 이야기를 강요하는 것이 아니라 부모의 이야기를 자연스럽게 들으면서 아이가 스토리를 상상할 수 있도록 자극해 주는 것이 중요합니다. 마치 안데르센의 『미운 오리 새끼』를 읽어 주면서 아이 스스로 '나는 백조이구나!'라고 상상할 수 있는 것처럼 말이죠. 뇌는 사실을 뽑아내기보다는 기억 속에서 이야기를 끄집어내고 들었던 이야기를 통해 자신을 객관화시키면서 재조명하는 힘이 있습니다. 아이는 엄마의 기대감으로 엄마가 하는 말대로 자랍니다. 자녀를 키울 때 아이가 살아갈 수 있는 힘을 주는 스토리를 많이 들려주세요. 내 자녀의 행복은 부모가 전달해 주는 스토리에 달려 있습니다. 부모님의 스토리, 선생님의 스토리가 곧 아이의 스토리가 될 수 있습니다. 아이 뇌에 어떤 스토리가 각인되고 누적되느냐에 따라서 아이의 삶이 결정되고, 더 나아가 행복에도 커다란 영향을 줄 수 있습니다. 여러분은 아이에게 어떤 스토리를 심어 주실 건가요?

〈아이들 뇌에 스토리 만들어 주기 생각해 보기〉

모든 아기는 배 속에 있을 때부터 자신이 들었던 소리를 기억합니다. 실제 2014년 프랑스의 한 연구에서 중국어와 프랑스어를 사용하는 사람의 뇌 반응 사진을 찍어 놓고 중국계 프랑인의 뇌 반응 사진과 프랑스인의 프랑스어를 사용하는 뇌 반응 사진을 찍었는데 놀랍게도 태어나자마자 프랑스로 입양된 아이 즉 엄마 배 속에 있을 때만 중국어를 들었던 아이 중국계 프랑인이 2개 국어를 하는 뇌 사진과 비슷하게 나타난 것입니다. 비록 인지적으로 언어를 구사하지 못했더라도 배 속에서 들었던 중국어에 대한 기억 때문에 2개 국어를 하는 뇌와 비슷하게 나타났던 것입니다. 이 실험이 의미하는 것도 어린 시절 아이에게 어떤 스토리를 반복해서 들려주었느냐에 따라 아이 뇌에 영향을 주고 이러한 영향은 삶에도 미칠 수가 있습니다.

Q. 탁월성 교육을 위한 질문

1. 오늘은 아이들에게 태몽 이야기를 만들어서 들려주세요. 단 성공 스토리로 각색해야 합니다. 여기서 중요한 점은 아이가 엄마의 스토리를 들으면서 스스로 미래 행복기대심이 느껴지도록 이야기를 구성해야 합니다. 아이는 엄마의 이야기를 듣고 자존감이 높아지고, 내면화 하는 과정을 통해 인생의 든든한 버팀목이 될 수 있습니다.

2. 신경가소성이란 내가 어떻게 생각하고, 말하고, 행동하는 방식에 따라 뇌의 구조와 기능이 언제든 바뀔 수 있음을 의미합니다. 따라서 부모는 아이들에게 언제나 칭찬, 언제나 격려, 언제나 기대의 말로 자극을 주면서 아이들 뇌에 긍정적인 패턴을 만들어 주세요.

2

아이들 운명은 7세에 결정된다

"우리 인생의 95%는 7살 때까지 만들어진 삶의 프로그램에
서 나온다."

– 브루스 립튼 박사 –

세계적인 세포생물학자인 브루스 립튼 박사는 그의 유명한 저서인『믿
음의 생물학(The Biology of Belief)』에서 "인간이 앞으로 어떻게 살 것
인지는 7세 이전에 결정된다."[75]라고 단언합니다. 다시 말해 우리 인생의
95%는 7세 이전까지 무엇을 보고 듣고 경험했는지에 따라 아이의 인생
이 달라질 수 있습니다. 아이들은 생후 7년 동안 부모, 친구, 주변 환경,
스마트폰, 등으로부터 보고 듣고 경험하는 모든 정보를 무비판적으로 모
조리 다운로드합니다. 이렇게 다운로드된 정보들은 아이들 마음속에 무
의식으로 스며들면서 각인됩니다. 무의식으로 각인된 정보는 자기에게
편하고 익숙한 감정으로 자리 잡게 됩니다. 익숙한 감정은 자기만의 선
택 체계를 만들어 내고, 생존을 위한 내면의 도식과도 같은 삶의 방식이
됩니다.

---

75 이 책은 한국어로 2014년 두레 출판사에서 『당신의 주인은 DNA가 아니다』로 번역되었다. 이 책의
핵심 내용은 "인간 행동의 주인은 DNA가 아니라, 잠재의식에 새겨진 프로그램이다."라고 주장한다.

할머니에게 받은 익숙한 부정 암시

한 아이가 아주 어린 시절 부모님과 이혼하고 할머니에게 맡겨졌습니다. 그런데 할머니는 이 아이를 맡고 싶지 않았습니다. 할머니도 폐지를 주우면서 어렵게 생계를 꾸리고 살았기 때문에 형편이 어려웠던 것입니다. 손녀이지만 별로 달갑지가 않았던 것입니다. 할머니는 늘 입버릇처럼 어린 손녀에게 "내가 니 없으면 편하게 살았을 텐데 너 때문에 이 나이에 무슨 고생이냐 너만 없었으면, 너만 없었으면." 하면서 아이에게 늘 불평과 원망을 쏟아냈습니다. "네 아빠가 불행하게 된 게 다 네 탓이다. 너만 없으면 불행하지 않았어!"라면서 아이에게 반복적으로 부정적인 암시를 주면서 키우게 됩니다. 어느덧 아이가 초등학교 5학년이 됐습니다.

하루는 길을 지나가다가 거리에 떨어져 있는 지갑을 줍게 됩니다. 아이는 지갑을 찾아주기 위해 경찰서에 갔는데 지갑의 주인이 알고 보니 동네에 사는 굉장히 높은 고위직 공무원이었습니다. 아이의 선행이 알려지게 되었고 학교에서 모범시민 상을 받게 되었습니다. 월요일 조회 시간이 됐습니다. 운동장에 전교생이 모였습니다. 아이의 이름이 불리고 아이는 구령대로 나가서 교장 선생님께 상을 받습니다. 그런데 이 아이는 너무 긴장이 되고 땀이 삘삘 나면서 안 맞는 옷을 입는 것 같은 불편함을 느낍니다. 전교생이 다 자기를 보고 있는데 그 눈빛이 존경의 눈빛이 아니라 나를 무시하고 조롱하고 비난하는 눈빛처럼 느껴졌습니다. 아이는 '빨리 이 자리를 떠나고 싶다. 너무 어색하고 불편하다.' 계속 이런 느낌이 들었습니다. 겨우 상장을 받고 학교 수업을 마치고 집으로 돌아갔습니다.

집에서 할머니에게 상장을 내밀면서 오늘 있었던 이야기를 꺼냅니다. "할머니 내가 길에서 지갑을 주워서 경찰서에 갖다 줬더니 학교에서 이런 상장을 받게 됐어요." 할머니는 그 이야기를 듣자마자 버럭 화부터 냅니다. 그리고 아이가 보는 앞에서 상장을 뺏더니 찢어서 아이 얼굴에 뿌립니다. "지갑을 주웠으면 집에 갖고 와서 생활에 보탤 일이지 왜 쓸데없는 짓을 하냐! 이 상장이 너한테 밥 먹여 주냐!" 할머니는 아이에게 고함을 지르면서 핀잔을 주었습니다. 그런데 신기한 일이 벌어집니다. 바로 할머니에게 욕을 먹은 그때 아이의 표정이 밝아집니다. 웃는 것입니다. 마음이 너무 편한 겁니다. 집에 돌아온 것 같은 느낌. '아 이게 내 옷이구나.' 상장을 받고 사람들에게 박수를 받을 때는 나를 무시하는 것 같고 사람들이 나를 이상하게 생각하는 것 같은데 집에 와서 할머니한테 나를 무시하는 이야기를 들을 때 뭔가 마음이 편안해졌던 것입니다. 안도의 기분을 느꼈습니다. 그리고 아이는 이렇게 생각합니다. '그래, 내가 지갑을 집으로 갖고 왔어야 했는데….' 아이는 할머니에게 어렸을 때부터 늘 원망과 불평을 들으면서 부정 암시를 받았던 자극이 익숙한 감정이 되고 무의식적으로 프로그래밍된 것입니다.

왜 하필 7세인가?

7세 때까지의 아이들의 뇌는 아직 완성된 상태가 아니기 때문에 진동하는 주파수가 매우 낮습니다. 주파수란 전파 또는 음파 등의 파장이 반사해서 굴절하여 물결 모양과 같은 방향으로 주기적으로 바뀌는 현상입니다. 단위 시간(1초) 동안의 진동수가 1인 경우에는 1헤르츠(Hz)라고 표기합니다. 이러한 주파수는 뇌에서도 나오는데 일명 뇌파(腦波)라고 합니다. 좀 더 정확하게는 신경계에서 뇌신경 사이 신호가 전달될 때 생기는 전기의 흐름입니다. 일반적으로 뇌파는 진동수에 따라 델타파(δ, 0.5~4Hz), 세타파(θ, 4~8Hz), 알파파(α, 8~13Hz), 베타파(β, 13~30Hz), 감마파(γ, 30Hz~50Hz)로 분류됩니다.

델타파 같은 경우 깊은 수면 상태에서 발생되는 뇌파로 4헤르츠 이하에서 형성됩니다. 델타 상태에 있을 때는 깊이 잠들어 있거나 무의식 상태를 말합니다. 이때에는 두뇌 기능이 이완되면서 많은 양의 성장 호르몬을 생성시킵니다. 세타파 상태는 8헤르츠 이하에서 형성됩니다. 상상력이 풍부해지고 깊은 감정을 경험할 수 있습니다. 그래서 꿈과 같은 마음의 이미지를 생생한 기억으로 경험하고 아이디어가 넘치고 창의적인 상태가 됩니다. 비현실적이고 환상적인 상태로 빠지게 됩니다. 알파파 상태는 13헤르츠 이하에서 형성됩니다. 일명 명상 파라고 해서 근육이 이완되면서 마음이 편안해지는 상태입니다. 의식이 집중되고 몸과 마음이 매우 안정된 상태가 됩니다. 베타파 상태는 30헤르츠 이하에서 형성됩니다. 중요한 시험이나 운전 등과 같은 상황에서 나오는 뇌파로 주로 긴장 이완 상태 다시 말해 인지적인 학습을 할 때 집중적으로 나옵니다. 의식적인 행동의 80%가 베타파 상태입니다. 만약 베타파가 지속될 경우 스트레스와 긴장 불안감이 증가합니다. 마지막으로 감마파 상태인데 30헤르츠 이상인 상태로 극도로 흥분된 상태이거나 불안할 때 나오는 뇌파입니다. 또한 초월적 마음 상태이거나 이완으로 벗어나서 새로운 의식 상태를 경험할 때 정신적으로 과몰입할 때 발생하는 특징적인 뇌파이기도 합니다. 이처럼 뇌파의 종류와 특성이 매우 다르기 때문에 아이들의 뇌파 상태만 제대로 알아도 아이의 상황에 맞게 적절한 환경이나 교육을 시킬 수가 있으며 적절한 자극을 줄 수 있습니다.

7세 이전에 아이들에게서 나오는 뇌파는 눈치채셨겠지만 바로 세타파입니다. 세타파 상태에서는 비판 능력이 없기 때문에 보는 것, 듣는 것을 그대로 수용합니다. 아이들에게 어떤 이야기를 하더라도 아이들은 그 이야기를 진실로 믿어 버립니다. 산타클로스 이야기를 믿는 것처럼 아이들은 비현실과 현실을 구분하지 못합니다. 최면과도 같은 상태입니다. 아직 의식이 만들어지기 전 상태이기 때문에 그냥 보는 것을 그대로 믿는 것입니다. 부모님을 보고, 형제들을 보고, 공동체를 봅니다. 그렇게 보고 들으면서 성장합니다. 그렇게 세타파 상태에서 경험하는 모든 정보는 무의식에 프로그래밍됩니다.

이처럼 7세 이전의 아이들이 보고 듣고 느낀 건 뇌파의 영향으로 무의식 영역에 저장되어 이후의 사고와 가치관 습관적인 행동에 절대적인 영향을 끼칠 수 있습니다. 따라서 생후 7년 동안은 아이들의 무의식을 건강하게 심어 줘야 합니다. 특히 아이들은 엄마와의 관계를 통해 세상을 이해하고 사회와 관계 맺기를 하면서 살아갑니다. 인생 첫 7년 동안 아이들이 보고 듣고 경험한 모든 것을 빠른 속도로 뇌에 다운로드하는 것과 같은 이치입니다. 그 이후의 95%의 인생은 7세 이전에 내가 다운로드된 프로그램대로 흘러갑니다. 내 미래는 어떻게 될지 별로 생각할 필요가 없습니다. 지금 나의 모습을 보면 답을 알 수 있습니다. 지금 현재 내가 무엇을 좋아하는지를 보면 그것을 지원하는 프로그램이 무의식에 깔려 있기 때문에 그런 것입니다.

정해진 미래를 바꾸고 싶다면

그렇다면 우리 아이가 7살이 지났는데 이미 끝난 건가요? 그렇지 않습니다. 지금부터는 새로운 프로그램으로 덮어 쓰기를 하면 됩니다. 이제는 새로운 가정의 문화로 바꿔야 합니다. "사람의 성격은 유전이 아닌 가풍에 의해 결정된다."라는 말이 있습니다. 여기서 말하는 가풍이란 바로 가정 환경을 의미합니다. 그러니까 어떤 가정 환경인가에 따라 경험의 질이 달라지게 되고, 이러한 경험의 질이 아이들에게 지속 반복될 때 자기만의 선호도로 만들어집니다. 이러한 선호도가 또 다른 무의식으로 작동되는 원리입니다. 따라서 주어진 아이들의 운명을 바꾸고 새로운 미래를 만들어 주고 싶다면 지금부터라도 아이들에게 긍정 암시를 줄 수 있는 환경을 만들어 주세요. "너는 세계적인 탁월한 아이야! 너는 지금부터 하면 뭐든 할 수 있어!"라는 긍정 암시를 의식적으로 아이들에게 자주 표현해 보세요. 익숙한 아이들의 부정적 무의식의 브레이크를 깰 수 있습니다. 특히 가정에서의 칭찬, 격려, 기대의 문화가 아이들의 부정적인 무의식을 바꿀 수 있습니다.

〈아이들 운명은 7세에 결정된다 생각해 보기〉

7세 이전의 아이들이 보고 듣고 느낀 건 뇌파의 영향으로 무의식 영역에 저장되어 이후의 사고와 가치관 습관적인 행동에 절대적인 영향을 끼칠 수 있습니다. 따라서 생후 7년 동안은 아이들의 무의식을 건강하게 심어 줘야 합니다. 특히 아이들은 엄마와의 관계를 통해 세상을 이해하고 사회와 관계 맺기를 하면서 살아갑니다. 인생 첫 7년이 아이들에게는 보고 듣고 경험한 모든 것을 빠른 속도로 뇌에 다운로드하는 것과 같은 이치입니다. 그 이후의 95%의 인생은 내가 다운로드한 프로그램대로 흘러갑니다. 내 미래는 어떻게 될지 별로 생각할 필요가 없습니다. 지금 나의 모습을 보면 답을 알 수 있습니다. 지금 현재 내가 무엇을 좋아하는지를 보면 그것을 지원하는 프로그램이 무의식에 깔려 있기 때문에 그런 것입니다.

Q. 탁월성 교육을 위한 질문

1. 아이가 만약 7세 이전이라면 희망이 있습니다. 지금 부터라도 아이에게 의도적으로 좋은 말, 긍정적인 말, 특히 부부가 행복한 모습을 많이 보여 주세요. 아이들은 엄마, 아빠의 행동을 눈으로 보고 들으면서 뇌에 다운로드합니다. '나도 우리 엄마, 아빠처럼 행복하게 살고 싶다.' 이렇게 아이들 뇌에 각인만 된다면 모든 교육은 끝납니다.

2. 아이들이 만약 7세 이후라면 지금부터라도 가정의 문화로 바꿔야 합니다. 많은 시간이 필요합니다. 가정에서의 문화를 행복 문화로 바꿔 보세요. 처음에는 아이들 반응이 없는 거 같아도 지속적으로 자극을 주면 조금씩 달라집니다. 아이들은 부모가 어떤 자극을 주느냐에 따라 똑같이 반응합니다.

3

잘할 땐 칭찬, 못할 땐 격려, 언제나 기대

"사소한 일도 잘했다, 잘했다라고 칭찬해 주면 칭찬받은 사람은 상상을 초월해서 노력한다."

- 필립 브룩스 -

'잘할 땐 칭찬, 못할 땐 격려, 언제나 기대'이라는 이 짧은 문장이 제가 이 책에서 말하는 핵심입니다. 이 문장은 제 책을 구입해서 사인해 달라고 하시는 분들에게 적어 주는 메시지입니다. 저를 만나는 모든 부모님들이 진심으로 자녀들을 축복해 주길 바라는 마음에 아무리 바쁘더라도 이 문장만큼은 꼭 적어 드립니다. 가정에서부터 부모가 미래 행복 기대감을 가지고 이 문장을 지속적으로 활용한다면 모든 아이들의 무의식이 달라질 수 있다고 확신합니다. 저희 아이들도 이 문장 때문에 달라질 수 있었습니다. 앞장에서 설명했던 것처럼 아이들은 7세 이전에 보고 듣고 경험한 모든 것을 다운로드합니다. 무의식으로 각인된 스스로에 대한 인식이 평생을 따라다닙니다. 특히 부모로부터 들었던 부정 암시는 아이들의 성취 의욕을 떨어트립니다. 따라서 아이들에게 각인된 부정 무의식부터 바꿔 주지 않으면 아무리 좋은 교육과 훈육을 하더라도 결국 자기 스스로에 대한 미래 행복 기대심이 생기지 않기 때문에 아이들의 탁월성이 발휘될 수 없습니다.

잘할 땐 무관심

저는 초등학교 1학년 때 학교에서 받아쓰기를 보면 항상 10점 20점을 맞았습니다. 당시 맞벌이를 하셨던 부모님은 자녀 교육에는 별 관심이 없었습니다. 제가 학교를 잘 다니는 것 자체만으로 교육의 전부라고 생각하셨습니다. 아이가 숙제는 잘하고 있는지 학교는 문제없이 잘 다니고 있는지 단 한 번도 물어보지 않으셨습니다. 먹고살기가 힘들었기 때문에 교육을 살펴볼 여력이 없으셨습니다. 당연히 저는 기초학습 능력이 부족한 아이였고, 학교 수업도 부진했습니다. 그러던 어느 날 친구 집에 놀러 갔는데 친구가 받아쓰기 시험지를 엄마에게 보여 주면서 100점 맞았다고 자랑하는 것이었습니다. 엄마는 아이가 100점 맞은 시험지를 보자 "우와~ 우리 아들 최고다!"라면서 아이를 꼭 껴안아 주었습니다. 순간 어린 마음에 '나도 저렇게 엄마가 환한 표정으로 집에서 안아 주면서 나를 사랑해 주면 좋겠다.'라는 생각이 들었습니다. 그리고 '나도 시험을 잘 보면 엄마에게 사랑받을 수 있겠구나!'라는 마음에 받아쓰기를 100점 맞아야겠다는 의욕이 생겼습니다.

학교가 끝나자마자 밖에 나가 놀기 일쑤였는데 그때부터는 집에서 받아쓰기 시험을 100점 맞기 위해서 그날 배웠던 책을 보면서 받아쓰기 연습을 했습니다. 드디어 받아쓰기 시험을 봤고 빨간 색연필로 누른 시험지에 동그라미 10개가 그려진 100이라는 숫자가 적힌 성적표를 받았습니다. 시험지를 들고 집으로 돌아온 저는 엄마를 기다렸습니다. 늦은 밤 열 시쯤 공장에서 잔업하고 돌아온 엄마의 소리가 들렸고 저는 밖으로 뛰쳐나가서 시험지를 보여드렸습니다. "엄마 나 이번에 받아쓰기 100점 맞았어!" 엄마는 무표정한 얼굴로 "그래 알았어."라는 단 한마디만 남긴 채 무관심한 표정을 지으며 더 이상의 큰 리액션은 없었습니다. 그때 속으로 느꼈습니다. '엄마는 내가 시험을 잘 봐도 별로 기쁘거나 감동을 받지 않는구나!' 저는 다시 공부에 대한 의욕이 생기지 않았습니다. 당연히 공부에 대한 의욕이 없으니 공부를 왜 해야 하는지 공부를 잘하면 무엇이 좋은지 잘 느끼지 못했고 공부에 대한 동기 부여가 없어서 공부하고는 담을 쌓고 살았던 것 같습니다.

물론 제가 공부를 못한 책임을 엄마의 무관심한 탓만으로 돌리는 것은 아닙니다. 단지 자녀의 의욕은 부모의 칭찬으로 달라질 수 있다는 것을 설명하기 위해서 저의 경험을 근거로 말씀드리는 것입니다. 아이들은 부모의 칭찬을 받으면 성장할 수 있습니다. 잘했을 때 부모에게 받은 칭찬이 아이들에게는 의욕을 북돋아 주고 더 잘하고 싶은 동기가 부여가 됩니다. 부모의 따뜻한 말 한마디와 칭찬은 아이들에게 성취하고 싶은 욕구로 이어지게 하는 자극제가 될 수 있습니다. 잘했을 때 무관심보다는 마음껏 자녀들에게 칭찬해 줄 때 아이들은 엄마의 표정을 보면서 성장합니다.

못할 땐 책망
한국 교육의 가장 큰 문제가 무엇이냐고 저에게 묻는다면 저는 없는 것을 가르치는 '인풋 교육' 때문입니다. 지나치게 없는 것을 계속해서 주입하기 때문에 자녀를 병들게 합니다. 아이들의 성향과 성격, 지적인 수준이 다르고 환경도 다르고 각자의 탁월성이 다른데 표준화된 교육제도 안에서 한 가지 툴로 자녀를 평가하기 때문에 당연히 잘하는 아이들과 조금 느린 아이들이 생길 수밖에 없습니다. 자녀의 문제보다는 본질은 평가 제도에 대한 문제가 더 심각합니다. 그런데 무조건 아이의 결과만 보고 못했을 때 부모들은 책망합니다. "너는 이것도 틀리니?", "왜 이것도 못하냐?", "이 정도는 해야지!", "또 틀렸어?"라면서 항상 틀린 것만 지적하고 책망을 하면서 아이들을 다그칩니다. 이렇게 책망을 지속해서 받는다면 아이들은 낮은 자존감을 형성하고 스스로에 대한 신뢰감도 떨어집니다. 모든 아이들은 부모에게 사랑받고 싶고 인정받고 싶어 합니다. 부모로부터 충분히 존중받고 사랑받은 아이들이 자존감이 높습니다. 늘 못한 것에 대한 책망과 비난은 아이들에게 큰 상처가 되고 낮은 자존감을 형성할 수 있습니다. 책망은 아이 스스로 '나는 사랑받는 아이가 아니구나!', '내가 별로구나!', '나는 잘하는 게 없는 아이구나!', '나는 무능력하구나!'에 대한 자기 비하로 무의식의 브레이크가 될 수 있습니다. 못했을 때는 잘할 수 있도록 아이를 격려해 줄 때 아이는 다시 잘하고 싶은 의욕이 생깁니다. 못할 땐 책망이 아닌 격려로 아이들을 축복해 주세요.

언제나 불안 염려

캐나다 핼리팩스의 'Nova Scotia Health Authority(NSHA)' 연구진은 221명의 엄마와 237명의 아빠, 그들의 자녀 398명을 대상으로 부모의 불안감이 자녀들에게 어떻게 작용하는지 연구했습니다.[76] 연구진은 면담을 통해 부모와 자녀의 불안감을 진단했으며 부모의 불안 장애와 자녀의 불안 장애 사이의 연관성을 로지스틱 회귀로 분석했습니다. 실험 결과, 불안한 엄마는 딸에게 불안감을 전이시킬 가능성이 높았고, 불안한 아빠는 아들에게 불안감을 전이시킬 가능성이 높게 나왔습니다. 불안과 염려로 키운 부모들은 자녀들도 불안한 기질을 보입니다. 부모들은 아이를 키워 본 경험이 없었기 때문에 자녀 양육에 대한 불안감이 있는 것은 사실입니다. 또한 부모가 원하는 방향대로 아이들이 움직여 주지 않기 때문에 불안은 더 가중됩니다. 그런데 이러한 부모들의 불안 강박증이 아이에게 그대로 전달되면 아이의 행동과 정서 발달에 악영향을 끼칠 수 있습니다. 부모의 불안감을 아이들에게 노출시키지 않고 언제나 축복의 문장으로 전환해서 긍정적인 기대감을 갖게 하는 것이 건강한 아이로 자라날 수 있습니다. 긍정적인 기대감은 아이가 원하는 목표를 이룰 수 있도록 도와줄 수 있습니다.

부모의 긍정적인 기대감이 중요합니다. 아이들은 자신을 믿어 주는 부모의 기대만큼 성장할 수 있습니다. 부모의 기대감이 아이들에게 성장의 날개가 됩니다. 스웨덴의 유명한 중거리 달리기 선수였던 렌나르트 스트란드(1921~2004)는 어릴 적 숲에서 달리는 걸 좋아했습니다. 어느 날 그의 아버지는 아들에게 숲에서 1,500m를 뛰어 보라고 시켰습니다. 그리고 뛴 기록이 4분 50초라며 아들에게 긍정적인 피드백을 해 줍니다. 부모의

---

76 Pavlova B, Bagnell A, Cumby J, et al, ⟨Sex-Specific Transmission of Anxiety Disorders From Parents to Offsprin⟩, jama network open, 2022.12.

기대감을 느낀 렌나르트는 자신이 달리기에 재주가 있다고 믿게 되었고, 그때부터 더욱 열정적인 훈련으로 달리기 선수가 되었습니다. 유럽 최고의 중거리 육상 선수가 되었습니다. 훗날 아버지는 아들에게 그날의 실제 기록은 5분 50초였다고 밝혔습니다. 아들이 달리기에 대한 열정을 잃지 않도록 기록을 더 좋게 말하면서 아들에게 미래 행복 기대감을 갖게 했던 것입니다. 렌나르트의 사례처럼 자녀를 믿어 주는 부모의 기대감은 자녀의 탁월성이 발휘될 수 있는 원동력이 될 수 있습니다. 자녀에 대한 불안, 근심, 염려보다는 언제나 긍정적인 기대감으로 자녀를 믿어 주세요.

인간의 한계를 바꾸는 마법의 언어 칭찬, 격려, 기대

열등감과 패배감으로 프로그래밍된 아이들의 무의식을 바꾸는 가장 빠른 방법은 반복과 자극입니다. 부모의 관심과 사랑의 마음으로 긍정적인 자극으로 끊임없이 표현해야 합니다. 그래야 아이들에게 새로운 무의식의 프로그램을 깔아 줄 수 있습니다. 가장 좋은 자극은 바로 칭찬, 격려, 축복의 문장입니다. 항상 칭찬거리를 찾고 못할 때는 격려해 주고 언제나 축복해 주는 아이들이 성장할 수 있습니다. 잘할 땐 무관심이 아니라 칭찬, 못할 땐 책망이 아니라 격려, 언제나 근심, 염려가 아닌 언제나 축복해 주는 부모의 기대감이 아이들에게 진동으로 느껴질 때 공명의 순간이 오고 아이들의 무의식이 달라집니다. 아이들은 부모의 칭찬을 들으면서 성취 의욕이 생기고, 부모의 격려를 통해서 자존감이 높아지고, 부모의 기대감으로 성장합니다. 칭찬, 격려, 기대는 마법의 언어입니다. 오늘 이 문장만 기억하셔도 자녀 양육의 반은 성공입니다. 칭찬! 격려! 기대!

〈잘할 땐 칭찬, 못할 땐 격려, 언제나 기대 생각해 보기〉

잘할 땐 칭찬, 못할 땐 격려, 언제나 기대! 다른 문장은 잊어 버려도 꼭 이 문장만큼은 마음에 새기셨으면 좋겠습니다. 가정의 문화를 바꾸는 마법의 언어입니다. 가정에서부터 부모가 미래에 행복 기대감을 가지고 이 문장을 지속적으로 활용한다면 모든 아이들의 무의식이 달라질 수 있다고 확신합니다. 저희 아이들도 이 문장 때문에 달라질 수 있었습니다. 아이들은 7세 이전에 보고 듣고 경험한 모든 것을 다운로드합니다. 무의식으로 각인된 스스로에 대한 인식이 평생을 따라다닙니다. 특히 부모로부터 들었던 부정 암시는 아이들의 성취 의욕을 떨어트립니다. 따라서 아이들에게 각인된 부정 무의식부터 바꿔 주지 않으면 아무리 좋은 교육과 훈육을 하더라도 결국 자기 스스로에 대한 축복 적합감이 생기지 않기 때문에 아이들의 탁월성이 발휘될 수 없습니다. 아이들의 탁월성을 살릴 수 있는 마법의 언어 칭찬, 격려, 기대 이것만 기억하세요!

Q. 탁월성 교육을 위한 질문

1. 아이들이 어떤 행동을 잘못했을 때 너의 감정이 옳다는 반응이 필요합니다. 우리는 누군가와 상담을 하거나 대화를 할 때 이야기를 잘 들어 주면서 흔히 하는 실수 중에 하나가 섣부른 충고나 조언 평가 또는 판단을 하게 됩니다. 하지만 이러한 말로는 갈등이 치유되기 어렵습니다. "그렇구나! 네 마음이 그런 마음이었구나."라는 아이들의 감정을 먼저 읽어 주세요. 그래야 아이들 입장에서 '내가 말하지 않아도 우리 엄마가 내 마음을 이해하고 있구나!'라는 안정감이 들면서 마음이 편안해집니다. 자신이 한 행동이 틀리지 않았다는 너는 옳다는 공감을 받아야 그다음 단계인 행동 수정 단계로 갈 수 있습니다.
2. 아이를 바라보는 생각의 패러다임을 바꿔 보세요! 잘할 땐 칭찬, 못할 땐 격려! 언제나 기대라는 패러다임으로 아이를 보는 눈이 달라져야 합니다.

④

아이 인생을 바꾸는 말버릇

"인생에서 능력이나 재능보다 더 중요한 변수는 언어 습관
이다. 말이 그 사람의 성공에 결정적인 역할을 한다."

– 마틴 셀리그만 –

말의 알고리즘

"어떤 말의 알고리즘을 갖고 있느냐에 따라 인생이 결정된다." 덕성여
대 심리학과 김정호 박사와 고은미 박사가 『말의 알고리즘』[77]에서 주장한
이야기입니다. 그들에 따르면, 말의 알고리즘은 두 가지로 나누어지는데
우울이나 좌절, 분노 등 부정적인 감정을 일으키고 삶을 무의미하게 만드
는 '병든 말의 알고리즘'과 희망을 품게 하고 삶의 의미를 찾아주는 '건강
한 말의 알고리즘'이 있는데 이러한 말 습관으로 인생이 바뀔 수 있다는
주장입니다.

고작 말 습관 하나로 인생이 바뀐다는 게 잘 믿기지 않을 수 있습니다.
그러나 이는 뇌과학과 수많은 심리 실험을 통해 과학적으로 입증된 사실

---

77 『말의 알고리즘』, 고은미, 김정호, 한밤의책, 2022.

입니다. 캐나다 퀸스대 연구진에 따르면 인간은 1분당 평균 6.5번의 생각이 전환된다[78]고 합니다. 깨어 있는 시간으로 계산해 보면 대략 6,000번 정도의 생각이 무의식적으로 떠오른다는 것입니다. 연구진은 좀 더 자세히 알아보기 위해 생각이 떠오를 때마다 뇌의 활동 패턴을 이미지로 변환했는데 모습이 애벌레 같아서 '생각 벌레(thought worm)'라는 이름을 붙였습니다. 성인의 경우 평균 6,000번의 생각을 하니 매일 6,000개의 생각 벌레가 생겼다 사라집니다. 그런데 우리가 6,000번이나 생각을 하고 있다는 사실보다 더 중요한 것은 주로 어떤 생각을 하느냐입니다. 즉 내가 무슨 생각을 많이 하느냐에 따라 삶의 방향성과 태도가 된다는 사실입니다. 보통의 경우 우리는 자신이 주로 어떤 생각을 많이 하면서 사는지 잘 의식하지 못합니다. 의식하지 못한다고 했을 때 생각을 분석해 보면 대부분 긍정적인 생각보다는 부정적인 생각을 더 많이 하면서 산다고 합니다. 다시 말해 부정에 초점을 맞추면서 생각하기 때문에 부정의 방향으로 생각의 레일이 깔려 있는 것입니다.

뇌 신경가소성의 원리

우리 주변에 유독 화를 잘 내는 사람들이 많이 있습니다. 이들은 별거 아닌 일에도 습관적으로 버럭 화부터 내는데 이들의 뇌를 살펴보면 뇌 신경가소성의 원리에 따라 특정 회로가 뇌에 만들어졌습니다. 일명 '화 전용 고속도로'가 자신의 뇌에 깔린 것입니다. 이렇게 화가 많은 사람인 경우 심리적으로 반응성(reactivity)이 높게 나타납니다. 그러니 누가 옆에

---

78 같은 책, 28-29p.

서 툭 하고 건드리기만 해도 자동 반사적 반응으로 화부터 내는 것입니다. 이러한 반응성 때문에 뇌에 특정 회로가 만들어진 것이고 화를 자주 내는 것입니다. 이처럼 우리가 무의식적으로 올라오는 수많은 생각들 특히 우울, 불안, 분노 등의 생각을 습관적으로 의식하지 못하고 반복해서 계속 생각한다면 자동으로 감정이 만들어지게 되고 결국에는 자신의 이미지가 될 수 있습니다. 따라서 이러한 뇌의 메커니즘을 이해했다면 반대로 새로운 뇌의 회로를 의식적으로 만들어야 합니다.

플라세보 효과는 과학이다

'플라세보 효과(placebo effect)'는 라틴어로 '내가 기쁨을 줄 것이다(I shall please).'란 뜻에서 유래되었습니다. 의사가 자신의 환자에게 가짜 약을 진짜 약이라고 말한 후 복용케 하면 가짜 약인데도 긍정적 심리 효과가 발휘되어 병세가 호전되는 현상을 말합니다. 2차 세계 대전 당시 많은 군인들이 총상에 의한 상처를 입었는데 약이 턱없이 부족해 치료할 수 없는 상황이었습니다. 이러한 상황에 고민한 의사들은 진통제에 밀가루를 넣어 반죽한 다음 환자들에게 진통제라고 속여서 나누어 주었습니다. 놀랍게도 밀가루 약을 먹은 환자들의 통증이 거짓말처럼 사라졌습니다. 하지만 의료계에서는 이 용어를 사용하는 것에 대해 큰 부담을 느꼈습니다. 플라세보 효과가 없는 것은 아니지만 그 효과를 과학적으로 증명하기가 매우 힘들었기 때문입니다.

그런데 최근 이 플라세보 효과가 실제로 발생하고 있다는 과학적인 연구 결과가 잇따라 발표되고 있습니다. 특히 뇌과학에 도움을 받고 있는 연구 보고서들이 다수 등장하고 있는데 특정 뇌 부위인 중전두회(中前頭回, mid-frontal gyrus)에 대한 연구가 집중되고 있습니다. 2016년 11월 5일 《가디언》지에 따르면 미국 노스웨스턴대학 의과대학 재활의학 연구소(RIC: Rehabilitation Institute of Chicago)의 마르완 발리키(Marwan Baliki) 박사와 바니아 아프 카리비안(Vania Apkarian) 박사는 퇴행성 무릎 관절염으로 만성 통증을 겪고 있는 환자 95명을 대상으로 임상실험을 진행한 실험에서 환자 중 일부 환자들에게는 진통제를, 일부 환자들에게는 설탕으로 만든 정제를 투여했습니다. 그리고 뇌 반응을 상세히 들여다보기 위해 기능성 자기공명 영상(fMRI)으로 뇌가 어떤 반응을 하는지 관찰했습니다. 그러자 이마엽 안에 있는 중전두회가 반응하기 시작했습니다. 반응을 보인 이 부위가 진통제를 복용한 환자들과 큰 차이가 있음을 발견한 것입니다. 이마엽은 대뇌반구의 앞에 있는 부분으로 기억력, 사고력 등을 주관하고 다른 연합 영역으로부터 들어오는 정보를 조정하고 행동을 조절하는 기관입니다. 이 안에 들어 있는 중전두회는 주로 감정과 결정이 이루어지는 부위인데 발리키 박사는 "만성 통증 환자에게 플라세보 효과가 어디서 일어나고 있는지 그 부위를 정확히 찾아냈다."[79]라고 말했습니다. 그동안 플라세보에 대한 연구는 건강한 정상인을 대상으로 주로 심리학적인 방식을 통해 진행돼 왔는데 이번 연구는 환자를 대상으로 한 최초의 임상실험이었습니다. 플라세보 효과를 환자 치료에 활용할 수 있는지의 여부를 제시한다는 점에서 매우 중요한 의미를 담고 있습니다.

---

79 The Science Times, 〈플라시보 효과, 뇌과학이 증명〉, 이강봉, 2016.11.07.

또 다른 연구에서는 플라세보 효과가 이 효과를 믿는 사람들에게 집중적으로 일어나고 있다는 연구 결과도 있습니다. 포르투갈 ISPA-Instituto 대학의 클라우디아 카르발로(Claudia Carvalho) 교수는 "정상적인 상황에서 가짜 약이라는 사실을 숨기지 않고서도 치료 효과를 거둘 수 있는 가능성을 말해 주고 있다."[80]라고 말했습니다. 그녀는 "실제 임상 참가자 가운데 약 30%가 가짜 약이라는 사실을 알면서도 고통과 장애가 줄어드는 효과를 경험했다."라고 설명했습니다. 이 연구 결과는 기존 진료 체계에 플라세보 의약품을 투입할 수 있다는 가능성을 말해 주고 있습니다. 이런 상황에서 노스웨스턴대 연구 결과는 플라세보 효과가 일어나고 있는 정확한 부위를 지목했다는 점에서 큰 주목을 받고 있습니다. 기존의 연구 결과와 뇌 과학의 성과 등을 결합해 플라세보 의약을 개발할 수 있는 단초를 제공하고 있다는 큰 연구 업적입니다. 이처럼 말은 누군가에게 진심으로 마음을 담아 전달하게 된다면 상대방은 그 말을 믿게 되고 그 믿음이 뇌에 영향을 미쳐서 생각, 감정, 행동, 신체 감각 기관을 바꾸는 힘이 될 수 있습니다.

플라세보 효과 아이에게 적용하기

플라세보 효과를 이해했다면 이런 원리를 활용해서 아이들의 뇌를 바꾸고 인생을 바꿀 수 있습니다. 말은 뇌를 변화시키는 파동의 힘을 가지고 있기 때문입니다. 앞에서 설명했듯이 누군가의 말 한마디로 뇌의 반응을 불러일으켜 결국에는 생각과 몸의 영향으로까지 이어질 수 있기 때

---

80 같은 기사.

문입니다.

말은 상대방에게 생각과 감정을 에너지 형태 바꿔서 뇌에 그대로 전달됩니다. 따라서 "너는 정말 훌륭한 사람이 될 거야."라고 말하거나 그런 믿음을 가지고 반복하고 시도할 때 자신은 물론 아이의 뇌에 긍정의 에너지로 전달됩니다. 뇌는 생각보다 단순하기 때문에 반복해서 듣는 말을 진실이라고 여깁니다. 그래서 말이 중요합니다. 반대로 아이에게 짜증, 불안, 공포 등의 부정적인 말을 전달하면 부정의 파동으로 부정적인 감정을 불러일으켜 뇌에 심어 주게 됩니다. 그러니 오늘부터라도 아이들에게 긍정의 언어로 "너는 세계적인 탁월한 아이다."라는 말로 반복해서 적합한 감정이 생길 수 있도록 말해 주세요. 반복적으로 부모들에게 칭찬받고 인정받은 아이들은 자존감이 높아지고 자신감도 생깁니다. 부모의 기대감으로 성장합니다. 아이들에 대한 긍정적인 믿음을 가지고 항상 잘될 거라는 축복의 언어로 생각의 레일을 깔아 주세요. 아이들은 부모님이 하는 말을 들으면서 자신의 정체성이 되고 아이를 믿어 주는 만큼 성장할 수 있습니다.

뇌과학이 밝혀낸 말의 법칙 8가지
1. 걱정하는 말이 현실이 된다.
2. 언어 패턴이 관계 패턴을 만든다.
3. 말을 바꾸면 생각도 따라서 변한다.
4. 말에 의해 몸의 모든 기관이 움직인다.
5. 언어습관이 삶의 행복과 불행을 결정한다.

6. 부정적인 감정은 긍정적인 말로 지울 수 있다.

7. 슬퍼서 우는 게 아니라 울어서 슬퍼지는 것이다.

8. 성공에 있어 능력과 배경보다 중요한 건 말 습관이다.

– 고은미, 김정호 『말의 알고리즘』 –

〈아이 인생을 바꾸는 말버릇 생각해 보기〉

말은 누군가에게 진심으로 마음을 담아 전달하게 된다면 상대방은 그 말을 믿게 되고 그 믿음이 뇌에 영향을 미쳐서 생각, 감정, 행동, 신체 감각 기관을 바꾸는 힘이 될 수 있습니다. 아이들에게 "너는 정말 훌륭한 사람이 될 거야."라고 말하거나 그런 믿음을 가지고 반복하고 시도할 때 자신은 물론 아이의 뇌에 긍정의 에너지로 전달됩니다. 뇌는 생각보다 단순하기 때문에 반복해서 듣는 말을 진실이라고 여깁니다. 그래서 말이 중요합니다. 반대로 아이에게 짜증, 불안, 공포 등의 부정적인 말을 전달하면 부정의 파동으로 부정적인 감정을 불러일으켜 뇌에 심어 주게 됩니다. 그러니 오늘부터라도 아이들에게 긍정의 언어로 "너는 세계적인 탁월한 아이다."라는 말로 반복해서 아이 스스로 적합한 감정이 생길 수 있도록 말해 주세요.

Q. 탁월성 교육을 위한 질문

1. 인간의 뇌는 생각보다 단순합니다. 우리가 반복해서 내뱉는 말을 진실로 여깁니다. 부모가 진심으로 내뱉는 말이 아이들 마음속에 내면화될 아이들 행동 패턴을 바꿀 수 있습니다. 아이들에게 진심으로 긍정적인 말을 반복해서 사용해 보세요. 부모의 말이 바꾸면 생각이 바뀌고, 생각이 바뀌면 행동이 바뀌고, 행동이 바뀌면, 아이들 인생이 달라집니다.
2. 말은 파동입니다. 내가 긍정적인 말을 하면 아이들에게도 긍정적인 파동 에너지로 전달됩니다. 선한 말에는 선의 에너지가 작용해 좋은 일을 부르지만 악한 말에는 악한 에너지가 작용해 악한 결과를 부릅니다.

천재라는 생각이 천재를 만든다

"모든 사람은 천재다. 하지만 만약 당신이 물고기를 나무에
오르는 능력으로 평가한다면, 물고기는 평생을 자신이 멍청
하다고 믿으며 살 것이다."

– 아인슈타인 –

"천재라는 생각이 천재를 만든다." 이 무슨 괴변일까요? 물론 저도 처음에는 이 말을 믿지 않았습니다. '어떻게 천재라는 생각만으로 천재를 만들 수 있는지는 전혀 과학적인 근거가 없는 이야기이다.'라고 생각했습니다. 하지만 양자물리학을 공부하면서부터 '과학적으로 근거 있는 이론이다.'라는 것을 알게 되었습니다. 그렇다면 도대체 천재라는 생각이 어떻게 천재를 만들 수 있는지에 대한 근거를 양자물리학으로 설명드려 보겠습니다.

세계관을 바꾼 양자물리학의 등장

양자물리학은 20세기 초에 등장한 물리학으로 미시 세계를 규명한 학문입니다. 미시 세계란 쉽게 말해서 원자(atom)보다 작은 세계를 의미합

니다. 미시 세계에서는 우리가 일상적으로 보고 느끼지 못하는 원자·광자·전자들의 계를 뜻합니다. 미시 세계에서는 뉴턴 역학의 지배를 받지 않습니다. 뉴턴 역학에서는 거시 세계에서 일어나는 모든 자연 현상을 수학적으로 설명 가능하지만 미시 세계에서는 아직까지 완벽하게 설명이 불가능합니다.

예를 들면 이런 것입니다. 파동과 입자는 서로 배타적인 개념이어서, 파동이면 입자일 수 없고, 입자이면 파동일 수 없습니다. 하지만 양자역학에서는 이 두 개념이 하나의 물질을 이룬다고 설명하고 있습니다. 빛과 전자를 예로 들어 보겠습니다. 빛은 파동의 전형적인 특성인 간섭을 일으키므로 파동이어야 합니다. 그런데 광전 효과와 같은 현상은 빛이 입자가 아니라면 설명되지 않습니다. 이는 빛이 보통은 파동처럼 행동하지만, 상황에 따라서는 입자처럼 행동할 수도 있다는 것을 보여 줍니다. 전자도 입자라고 생각되지만, 어떤 때는 회절 현상을 보이면서 파동처럼 행동하기도 합니다. 이처럼 상황에 따라서 양자가 파동의 측면을 드러내기도 하고 입자의 측면을 드러내기도 하는데 양자역학에서는 이러한 현상을 이중성이라고 합니다.

애리조나 대학의 의식 연구소장인 스튜어트 해머오프(Stuart Hameroff) 박사는 이러한 현상에 대해 이렇게 합니다. "이 우주는 아주 이상하다. 두 개의 법칙이 우주를 지배하는 것처럼 보인다. 수백 년 동안 운동 법칙을 설명한 뉴턴의 법칙이 적용되는 일상의 삶인 고전적인 세상이 존재한다(거시 세계). 하지만 원자처럼 아주 작은 단위로 내려가게 되면 또 다른 법칙이 지배한다. 이것이 바로 양자의 법칙이다(미시 세계)."[81]

그렇다면 양자역학에서 이야기하는 핵심은 무엇일까요? 바로 '우주는 양자로 채워져 있다.' 그리고 서로 '연결되어 있다.'입니다. 여기서 제가 이야기하고 싶은 부분이 '물질을 변화시키는 근본적인 힘이 우리의 생각 에너지다.'라고 저는 생각합니다. 다시 말해 인간의 생각이 우주를 구성하는 양자에 영향을 미치고, 현실화할 수 있는 동력이 될 수 있다는 것입니다. 한마디로 생각이 곧 에너지이고, 물질을 현실화할 수 있는 근원적인 토대가 양자역학으로 설명할 수 있다는 뜻입니다. 만약 이러한 법칙이 성립한다면 천재라는 생각이 천재를 만들 수 있다는 말도 가능합니다.

어떻게 이것이 가능한가?

고전 물리학자들은 세상을 물질과 생각은 서로 분리되어 있다고 믿었습니다. 더 정확하게는 물질과 에너지는 서로 다른 영역으로 생각했습니다. 그런데 최근 양자물리학이 발전하면서 물질에 대한 이원론이 일원론으로 합쳐질 수 있다는 사실이 밝혀졌습니다. 직관적으로 이야기하면 우리가 원하는 현실을 창조하는 데 마음을 이용할 수 있다는 뜻입니다. 생각은 에너지이고 강력한 힘을 가지고 있습니다. 지금까지 우리는 인간의 마음을 물질세계를 이해하는 법칙이 아니기 때문에 과학적 연구의 경계 밖에 있었습니다. 그래서 인간의 마음에 대한 연구는 영적인 세계이거나

---

81 『독서, 심리학을 만나다』, 189p, 남상철, 마음 동네, 2018.

종교적인 영역이라고 분리시켰습니다. 이러한 뉴턴의 운동역학이 지배했던 세계관에서 큰 혁명적인 사건이 일어났는데 바로 슈퍼스타 아인슈타인이 등장하면서부터 이러한 세계관이 붕괴되었습니다.

$E=mc^2$

아인슈타인의 유명한 방정식 $E=mc^2$(에너지=질량×광속의 제곱)이라는 공식이 있습니다. 이는 질량과 에너지는 서로 동등하며 에너지는 질량으로 변화될 수 있음을 나타내는 수식입니다. 이러한 방정식이 기존의 뉴턴 운동역학 체계를 뒤집어 놓았습니다. 우주가 어떻게 작동하는지에 대한 새로운 패러다임을 제시한 것입니다. 쉽게 설명하면 빛이 어떤 때는 파동처럼 행동하고 어떤 때는 입자처럼 행동한다는 사실이 밝혀진 것입니다. 뉴턴의 관점에서는 이러한 현상은 불가능합니다. 빛은 파동이거나 입자 둘 중 하나여야 했기 때문입니다. 하지만 아인슈타인의 등장으로 원자는 빈 공간으로 되어 있으며 에너지라는 것이 입증된 셈입니다. 양자물리학에서 말하는 물질은 원자로 구성되어 있으며 전자현미경을 통해 원자를 들여다보면 원자핵 주변을 구름처럼 둘러싼 빈 공간을 전자가 빠르게 움직이면서 진동하고 있습니다. 원자 크기의 10만분의 1밖에 되지 않는 핵도 전자처럼 생성과 소멸을 반복하고 있어 모든 사물은 진동하는 에너지가 됩니다. 그리고 이러한 양자가 바로 우주와 연결되어 있다는 것입니다.

그럼 입자들은 왜 사라지는가?

우주의 모든 것은 전자와 같은 아원자 입자들로 이루어져 있습니다. 이러한 입자들은 극미하고 일시적으로만 존재하기 때문에 거의 존재하지 않는 것이나 다름없습니다. 중요한 점은 아원자는 단순히 물질적인 특성만 있는 것이 아니라 에너지라는 특성도 동시에 가지고 있다는 점입니다. 더 구체적으로 설명하면 아원자 수준에서의 물질은 일시적인 현상으로 존재했다가 사라지기도 하면서 끊임없이 반복하고 있다는 사실입니다. 3차원에 나타났다가 시간도 공간도 없는 무(無)의 상태인 양자장 속으로 돌아가기도 하며 양자가 입자에서 파동으로 바뀌거나 반대로 양자장에서 3차원의 시공간 속으로 돌아오면서 파동에서 다시 입자로 바뀔 수도 있습니다.

그렇다면 갑자기 사라지는 입자는 어디로 갔다가 다시 나타날까요? 바로 이것이 핵심 기술입니다. 양자물리학자들이 연구한 바에 따르면 원자를 구성하는 매우 작은 입자들은 관찰할 때(다른 말로 측정이라는 용어를 사용하기도 함) 관찰자가 에너지와 물질의 행동에 영향을 미친다는 사실을 실험을 통해 증명했습니다. 관찰자가 어떤 한 전자의 위치에서 집중할 때에만 그 전자가 나타납니다. 다시 말해 입자는 관찰하지 않으면 현실에 나타날 수 없다는 뜻입니다. 이러한 현상을 양자물리학에서 파동 함수의 붕괴 또는 관찰자 효과라고 합니다. 이러한 발견으로 인간은 더 이상 물질과 생각 에너지는 서로 분리된 것이 아닌 본질적으로 물질과 생각 에너지는 서로 연관될 수밖에 없다는 것이 현대 과학의 정설입니다.

스위스 제나바 실험

1977년 스위스 제네바 대학에서 우주 만물의 연결성을 알아보기 위해 광자 실험[82]을 진행합니다. 연구팀은 똑같은 특성을 지닌 2개의 쌍둥이 광자를 서로 반대 방향으로 발사했습니다. 11km씩 이동한 다음 각각의 광섬유를 2개로 나누어 임의로 선택할 수 있도록 장치를 준비했습니다. 실험 결과 두 입자는 한 번의 예외도 없이 똑같은 선택을 했습니다. 기존 과학에는 두 입자는 분리되어 있기에 서로 소통이 불가능합니다. 그런데도 그 둘은 서로 연결된 것처럼 행동했던 것입니다. 제네바 연구팀의 책임자인 니콜라스 기신 박사는 이러한 현상에 대하여 "광자 사이의 연결성이 너무 강해서 동시에 움직이는 것처럼 보였다."[83]라고 말했습니다. 아무리 멀리 떨어져 있어도 두 광자는 하나의 존재인 듯 같이 움직였다는 뜻입니다. 이러한 실험을 통해서 세상 만물은 연결되어 있고 서로 이어져 있다는 사실이 실험을 통해 증명된 것입니다.

미 육군 실험

1993년 미 육군에서도 비슷한 실험이 진행됐습니다. 사람의 세포와 DNA 샘플을 채취한 후 특별히 고안된 장치에 넣어서 수십 km 떨어진 곳에서 실험이 진행됩니다.[84] 샘플 제공자의 감정에 반응하는지 관찰하는 실험이었습니다. 먼저 샘플 제공자에게 영상을 보여 주면서 다양한 감정

---

82 『기적의 상상 치유』, 57-58p, 이송미, 한언 2022.

83 같은 책, 57p.

84 줄리 모츠, 〈누구나 기(氣) 치유사가 될 수 있다(Everyone an Energy)〉, 산타페의 The Treat V 컨퍼런스, 〈Advances: The Journal of Mind-Body Health〉, vol.9(1993).

을 느끼도록 유도했습니다. 코미디를 보여 주거나 에로물 등을 보여 주면서 감정의 반응을 관찰한 것입니다. 그러자 놀랍게도 샘플 제공자가 상황에 따라 감정 반응을 보였을 때 멀리 떨어져 있는 세포와 DNA는 동시에 강한 전기적 반응을 보였습니다.

이후 수백 km 거리를 두고 진행한 실험에서도 역시 한 몸인 듯 결과는 마찬가지였습니다. 감정이 생기는 즉시 세포와 DNA가 영향을 받았습니다. 같은 장소에 있든 수백 km 떨어져 있든 결과는 마찬가지였습니다. 이 실험을 통해 알 수 있는 건 세포와 DNA는 에너지장을 통해 서로 연결되어 소통하고 있다는 사실이고 그 영향력은 거리와 상관없음이 밝혀진 것입니다. 그뿐만 아니라 인간의 감정은 살아 있는 DNA에 직접적인 영향을 준다는 사실도 밝혀졌습니다. 컴퓨터 지질학자인 그렉 브레이든은 『디바인 매트릭스』라는 책을 통해 미 육군 실험 결과에 대해 다음과 같은 결론을 내렸습니다. 첫째 살아 있는 조직 사이에는 우리가 전에는 몰랐던 형태의 에너지가 존재한다. 둘째 세포와 DNA는 이러한 에너지장을 통해 서로 소통한다. 셋째 인간의 감정은 살아 있는 DNA에 직접적으로 영향을 준다. 넷째 이 영향력은 얼마나 떨어져 있든 거리와 상관없이 계속된다.[85]

---

85 『디바인 매트릭스』, 105p, 그렉 브레이든, 김영사 2021.

결론 천재라는 생각이 천재를 만든다

양자물리학의 핵심은 '생각이 현실을 창조한다.'입니다. 다시 말해 양자 세계에서의 생각 에너지가 물질을 만드는 원료입니다. 이미 수많은 양자 실험을 통해 증명됐듯이 우리가 눈으로 직접 볼 순 없지만 우주를 메운 무수한 양자들은 생각만으로 반응한다는 것을 알았습니다. 만약 전자현미경을 통해 미시세계를 관찰한다고 했을 때 양자들의 반응이 어떻게 모여드는지를 보면 우리가 생각을 집중해서 시선을 준 곳으로 빠르게 모여드는 것을 관찰할 수 있습니다. 이것이 물리학에서 말하는 관찰자의 의식, 생각의 힘을 보여 주는 현상입니다. 그러므로 아이를 믿어 주는 천재라는 생각이 천재를 만들 수 있습니다.

캘리포니아의 공립학교 전교생에게 지능검사를 실시했습니다. 교사들에게는 앞으로 성장이 기대되는 학생들 즉 영재를 알아보는 실험이라고 기대감을 심어 주었습니다. 그리고 20%의 무작위로 뽑은 학생들에게는 "앞으로 학업 성장이 기대되는 영재들이다."라고 말해 주었습니다. 하지만 실제는 다른 학생들과 지능적으로는 차이가 없는 학생들이었습니다. 교사들의 심리상태가 아이들 학업 성적에 어떤 영향을 알아보기 위한 연출이었던 것입니다. 약 8개월 후 놀랍게도 무작위로 선정된 20%의 학생들은 실제로 지능 지수가 우월한 것으로 측정되었습니다. 달라진 점이라면 20%의 아이들이 영재들이라고 믿는 교사들의 생각뿐이었습니다. 바로 교사들의 기대 심리가 아이들의 지능을 실제로 높여 주었습니다. 생각이 현실화를 만든 것입니다. 교사들은 이 아이들에게 의식적이든 무의식적이든 교육의 기회를 더 주었고 질문과 대답의 기회를 부여하였으며 특별한 애정과 관심으로 학업 분위기를 만들었습니다. 교사들이 영재라고 믿는 생각을 학생들에게도 반영하는 행동을 했던 것입니다. 이러한 교사들의 생각이 무의식적인 행동에 영향을 주었고 학생들을 변화시키는 현실적인 결과를 낳았습니다. 이러한 생각의 집중 즉 기대감이라는 에너지가 현실을 창조했던 것입니다.

하와이 군도 북서쪽 끝에 있는 작은 섬 '카우아이 섬'은 〈쥬라기 공원〉의 촬영지로도 유명한 섬으로 한때는 지옥의 섬이라 불리는 곳이었습니다. 이곳에 살고 있는 다수의 주민들이 가난과 질병에 시달렸고, 범죄자, 알코올 중독자, 정신질환자였으며 청소년들은 그런 어른들을 보고 배우며 똑같이 성장하고 있었습니다. 그런데 어느 날 미국 본토로부터 다양한 학문과 관심을 가진 학자들이 이 섬에 상륙합니다. 이들은 열악한 성장 환경이 과연 아이들 인생에 어떤 영향을 미치는지 연구하고 싶었습니다. 그리고 곧바로 종단 연구가 시작되었습니다. 1955년에 태어난 신생아 833명이 30세 성인이 될 때까지의 성장 과정을 추적하는 매우 큰 규모의 프로젝트였습니다. 실험 전 학자들은 "불우한 환경에서 자란 아이들은 인생에 잘 적응하지 못해서 비행 청소년이 되거나 범죄자, 알코올 중독자의 삶을 살 것이다."라고 예측했습니다. 심리학자 에미 워너 교수는 833명 중, 고아나 범죄자의 자녀 등 가장 열악한 환경에서 자라고 있는 201명을 따로 정해 그들의 성장 과정을 집중 추적하면서 연구했습니다.[86]

그런데 결과는 예상 밖이었습니다. 3분의 1에 해당하는 72명의 아이

---

86 『회복탄력성』, 46-60p, 김주환, 위즈덤하우스 2019.

들이 학교에서 뛰어난 성적을 거두었고, 대학교에 장학생으로 입학하는 등 좋은 환경에서 자라난 아이들보다 더 모범적으로 성장한 것입니다. 에미 워너 교수는 도대체 이런 결과가 어떻게 나왔는지 궁금했습니다. 조사 결과 이들에겐 하나의 공통점이 있었습니다. 아이들에게는 끝까지 자기편이 되어 믿어 주고, 공감해 주고, 응원해 주는 단 한 사람의 존재. 어떤 상황에서도 아이의 입장을 무조건적으로 믿어 주면서 이해와 사랑을 베푸는 단 한 명의 어른이 최소 한 명은 있었다는 것입니다.[87] 의지할 수 없는 부모 대신 조부모, 친척, 성직자, 선생님 등이 그 역할을 해 주었습니다. 언제든 내 편이 되어 주는 단 한 사람의 존재가 바로 이들의 탁월성이 발휘될 수 있었던 원동력이었습니다.

양자물리학은 무한한 가능성은 실재한다는 과학입니다. 뇌과학에서의 뇌신경 가소성의 원리, 유전학에서의 잠재력, 심리학에서 이야기하는 잠재의식 등 전부 양자물리학으로 설명 가능한 과학적인 이론입니다. 이러한 과학적인 근거를 생각해 볼 때 부모는 관찰자의 눈이 됩니다. 끝까지 기대감으로 아이들의 성장 가능성을 믿어 주는 존재입니다. '우리 아이는 앞으로 탁월하게 성장할 것이 너무 기대된다!' 실제 그렇게 믿고 행동해 보세요. 제2의 카우아이 섬과 같은 기적이 일어날 것이라 확신합니다.

---

87 같은 책, 57p.

〈천재라는 생각이 천재를 만든다 생각해 보기〉

양자물리학의 핵심은 '생각이 현실을 창조한다.'입니다. 다시 말해 양자 세계에서의 생각 에너지가 물질을 만드는 원료입니다. 이미 수많은 양자 실험을 통해 증명됐듯이 우리가 눈으로 직접 볼 순 없지만 우주를 메운 무수한 양자들은 생각만으로 반응하고 있습니다. 전자현미경을 통해 미시세계를 관찰한다고 했을 때 양자들의 반응이 어떻게 모여드는지를 보면 우리가 생각을 집중해서 시선을 준 곳으로 빠르게 모여드는 것을 관찰할 수 있습니다. 이것이 양자물리학에서 말하는 관찰자의 의식, 생각의 힘을 보여 주는 현상입니다. 이러한 과학적인 원리를 생각해 볼 때 부모의 역할은 아이를 끝까지 믿어 주는 믿음이 필요합니다. 관찰자의 시선에서 아이를 끝까지 진심으로 믿어 줄 때 아이는 부모의 생각에 반응하고 달라집니다. 바로 이것이 천재라는 생각이 천재를 만들 수 있는 원리입니다.

Q. 탁월성 교육을 위한 질문

1. 양자물리학의 핵심은 '생각이 물질을 바꾼다.'입니다. 아이들과 함께 식물을 키우면서 실험해 보세요. 한쪽 식물에는 부정적인 말, "짜증 나.", "넌 못생겼어!", "싫어!", "더러워!"라고 말해 주고 다른 식물 에게는 "예뻐!", "사랑해.", "고마워.", "행복해." 와 같이 긍정적인 단어를 계속해서 진심으로 말하면서 키워 보세요. 식물이 서로 다르게 반응하는 것을 보면서 아이들도 스스로 어떤 말을 해야 할지 배웁니다.
2. 당신이 된다고 생각하든, 안 된다고 생각하든 당신의 생각은 옳다! 자동차왕 헨리 포드의 말입니다. 된다고 생각하는 사람은 될 수밖에 없는 이유와 방법을 찾으면서 집중해서 생각합니다. 결국 그것을 이루어 내는 삶을 살 것입니다. 반대로 안 된다고 생각하는 사람은 계속해서 부정적인 생각과 변명, 그리고 자신을 합리화하는 것에만 몰입하며 살게 됩니다.

6

아이와 함께하는 과정 동행

"아이들은 가르치는 대로 배우지 않고, 부모의 뒷모습을 보
고 배웁니다. 부모의 삶은 살아 있는 가장 중요한 교육과정
입니다. 아이에게 무엇을 가르치려 하기보다, 무엇을 보여
줄 것인지, 어떤 세상과 만나게 할 것인지가 중요합니다."
– 임미령(아이 미소 유아교육연구소 소장) –

행동주의 심리학에서는 인간의 모든 행동이 환경으로부터 학습된다
고 이야기하고 있습니다. 사람이 어떤 행동을 할 때 의지를 가지고 이성
적인 판단을 통해서 행동하는 것이 아닙니다. 행동은 환경으로부터 학습
된 결과입니다. 특히 중요한 것은 부모의 행동입니다. 부모가 아이 행동
에 대해 마음에 들지 않는다고 윽박지르고 소리 지른다면 아이도 똑같이
마음에 들지 않은 상황에서 부모의 행동을 보면서 함께 소리 지르게 됩
니다. 이것이 부모라는 환경으로부터 학습된 결과이고, 가정의 문화입니
다. 따라서 가정의 문화는 부모의 행동으로부터 시작됩니다.

아이는 부모의 뒷모습을 보면서 배운다

어느 날 퇴근하고 집에 돌아왔는데 4살 된 딸아이가 베란다에서 헬스기구를 잡고 "하나! 두~울! 셋!" 하면서 팔 굽혀 펴기를 하더니 다시 윗몸 일으키기를 하는 것이었습니다. 조막만 한 여자아이가 운동하는 모습이 어찌나 귀엽던지 한참을 멍하니 웃으면서 바라보고 있었습니다. 저는 딸아이에게 한 번도 운동하는 방법이나 운동을 시킨 적이 없었는데 어떻게 알고 팔 굽혀 펴기와 윗몸 일으키기를 따라 할 수 있을까 너무 궁금하고 신기했습니다. 이처럼 아이들은 가르쳐 주지 않아도 자연스럽게 부모를 행동을 관찰하고 모방하면서 세상을 배웁니다. 가정의 문화를 바꾸고 싶다면 가장 먼저 부모의 행동부터 달라져야 합니다. 아빠가 아이들에게 서로 존중하고 배려하면서 사랑해야 한다고 말로 훈육해도 뒤에서 엄마한테 베개 한 한 번 집어던지면 존중과 배려에 대한 교육은 끝입니다. 자녀들에게 가서 "책 읽고 공부해!"라고 말해 놓고 엄마는 거실 소파에 누워서 리모컨 들고 드라마 한 번 시청하면 공부에 대한 기대감은 끝입니다. 부모가 신호등을 무시하고 길을 건넌다면 아이들도 신호등을 무시하고 길을 건널 것입니다. 부모의 언행일치가 안 될 때 아이들도 백 프로 똑같이 따라 하게 됩니다. 그래서 부모라는 환경이 무섭습니다.

부모의 수준이 아이들의 지적 수준이다

1960년대 미국에서 교육의 불평등은 어디에서 오는가를 연구했습니다. 콜만(Coleman)이라는 사회학자에게 연구 프로젝트를 맡기게 됩니다. 약 4,000개 학교, 60만 명의 학생을 대상으로 조사하고 연구한 결과

약 700페이지 분량의 대규모 보고서를 만들었는데 이것이 바로 그 유명한 콜만의 보고서입니다. 보고서가 발표된 순간 교육계가 발칵 뒤집혔습니다. 왜냐하면 결과가 굉장히 충격적이었기 때문이죠. 콜만의 보고서에 따르면 학교의 환경과 시스템, 예산, 교과과정의 완성도, 학생 수, 교사의 수준, 고교 평준화 정책 등 창의적인 수업 내용이 아이들 학업 성적을 향상하는 데 전혀 상관이 없었습니다. 다시 말해 아이가 어느 학교를 들어가나 결국 시간이 흐르면 다시 원점으로 돌아가게 됩니다. 결과적으로 학교 자체만의 혁신적인 변화로 아이의 학업 성적이 오른다는 것은 틀렸다는 이야기를 보고서를 통해 말해 줍니다.

이러한 콜만의 보고서는 60년이 지난 현재까지도 교육 현장에서 매우 설득력이 있는 주장이라고 생각합니다. 그렇다면 아이들의 학업 성적에 영향을 직접 주는 원인은 무엇일까요? 그것은 바로 부모의 사회 경제적인 상태입니다. 좀 더 구체적으로 설명하면 '부모가 어떤 수준의 사람이냐에 따라 학업 성적에 영향을 줄 수 있다.'라는 뜻입니다. 학업 성적을 높이는 데 있어 가장 큰 변수가 부모라는 뜻입니다. 프랑스에서도 콜만의 보고서와 비슷한 연구가 있었는데 결과도 비슷하게 나왔습니다. 프랑스의 일간지 르피가로에 따르면 '무엇이 학생들 학업 성적에 가장 큰 영향을 미치는가?'에 대한 실험이었는데 주요 변수가 아이들이 공부에 투자한 시간의 합, 읽은 책의 숫자, 아이큐와 같은 것을 예측하고 조사했는데 놀랍게도 학업 성적에 가장 큰 영향을 미친 것은 철학, 고전, 예술, 등 인문학을 대하는 부모의 자세와 기초 소양이 아이들 학업 성적에 영향을 주었다는 결과로 나왔습니다. 결국 부모가 어떤 사람이냐가 중요한 변수였습니다.

영국의 언어학자인 번스타인은(Bernstein, 1971)도 사회 계층과 어법 (codes)에 관한 연구를 통하여 중상류 계층과 하류 계층(노동자 계층)의 언어 능력에는 현저한 차이가 있다고 주장합니다. 특히 여기에는 부모의 어휘 능력뿐만 아니라 언어 구조(문장 구조)에 있어서도 차이가 있는데 이러한 차이로 인하여 가정의 문화를 만들어 내고 반영되면서, 자녀들이 성장하는 과정 동안 부모의 언어가 내면화되고 이것이 아이들의 인지적 발달에도 영향을 주었습니다.

부모의 과정 동행이 아이의 행동을 바꾼다

결국 가정 환경의 가장 큰 변수가 부모이고 아이의 행동을 바꿀 수 있는 직접적인 영향도 부모입니다. 아마 여기까지는 누구나 알고 있는 상식이라고 생각할 것입니다. 문제는 그래서 부모가 어떻게 해야 하는지에 대한 방법이 너무 추상적이고, 이론적입니다. 현실적으로 실천하기 어렵다는 데 있습니다. 이러한 고민을 생각해 볼 때 가장 현실적이면서 부모의 행동을 통해 자녀를 바꿀 수 있는 구체적인 방법이 무엇일까 고민해 봤습니다. 정답은 부모의 과정 동행에 있었습니다. 과정 동행이란 아이가 어떤 습관이 만들어질 때까지 옆에서 동행해 주는 교육을 말합니다. 아이들은 아직 사회 경험이 부족하기 때문에 부모만큼 문제 해결력이나 지적인 수준, 사회적인 관계, 태도가 당연히 부족합니다. 그런데 부모들이 아이들에게 요구하는 수준은 답정너처럼 답은 이미 정해져 있습니다.

부모가 생각하는 정답에 벗어나면 지적부터 하고 정답만 알려 줍니다. 중간 단계인 과정이 빠져 있습니다.

예를 들면 이런 것입니다. 만약 아이들에게 방 청소를 하라고 시키면 했는지? 안 했는지만 검사합니다. 숙제를 시키기만 하고 숙제는 어떻게 하는지 과정은 알려 주지 않고 했는지? 안 했는지? 검사만 합니다. 책을 읽으라고만 했지 어떤 책을 읽어야 하는지? 수준에 맞는 책을 골라 주거나 읽어 주지는 않습니다. 부모의 입장에서는 당연한 일이지만 아이들에게는 낯설고 동기 부여도 안 되고 익숙하지 않은 행동입니다. 그래서 먼저 아이의 마음 상태를 읽고, 아이 수준에 맞춰서 어떻게 어떤 말로 설득해야 하는지 부모가 먼저 차근차근 과정 동행의 경험이 필요합니다.

저희 집 둘째 아이가 살이 많이 찌는 것 같아서 운동을 가르쳐 주고 싶었습니다. 그래서 처음에는 "운동해야 한다. 너 그러다가 뚱뚱해진다."라고 잔소리만 했습니다. 아이도 아빠의 잔소리가 듣기 싫은지 "알았어. 운동할게."라고 이야기만 했지 행동하지 않았습니다. 그러다 문득 아빠부터 운동하는 모습을 보여 줘야겠다는 생각에 저부터 매일 운동하기 시작했습니다. 아침 6시에 일어나서 40분 거리 동네 뒷산을 올라갔습니다. 올라가서 혼자 인증샷을 찍고 짧은 멘트와 함께 가족 카톡 방에 올렸습니다. 그렇게 2주가 지나자 어느 날 아이가 저보고 이렇게 물었습니다. "아빠 나도 아빠 따라서 등산 가고 싶어!" 저는 기다렸다는 듯이 "좋아! 그러면 내일부터 아빠하고 함께 등산 가자!"라고 이야기했습니다. 다음 날부터 아이는 저와 함께 아침에 등산하기 시작했습니다. 함께 마실 물통을 준비하고 매일 왕복 2시간 정도 걸었습니다. 서로 대화하는 시간도 많아지고 머리도 맑아지고 무엇보다 몸이 건강해져서 좋았습니다. 아이에게 물어봤습니다. "너 왜 갑자기 운동할 생각을 했니?", "그냥 아빠가 매일 운동하는 거 보니까 나도 따라서 하고 싶은 마음이 생겼어!", "아빠하고 함께 등산하니까 기분도 상쾌해지고 좋은 거 같아!"

저는 이때 느꼈습니다. 아이는 어떤 행동이 옳은 것이기 때문에 하는 것보다는 부모와 함께하는 것에 더 큰 동기 부여를 느끼는 것을 깨달았습니다. 백번 부모가 말로 아이에게 이렇게 해야 한다고 하는 잔소리보다는 아이와 함께 **과정 동행**을 경험해 보세요. 아이는 부모의 모습을 관찰하면서 따라 하고 싶은 의욕이 생기고 몸을 움직이게 만들 수 있습니다. 책 읽기도 만찬가지였습니다. 제가 먼저 아침에 일어나서 매일 책 읽는 모습을 보여 줬고 어느 날 아이가 제 옆에 앉기 시작했고 본인도 책을 읽고 싶어 해서 좋아하는 책을 골라 주고 제가 읽어 줬습니다. 그렇게 시간이 흐르자 어느 날 자연스럽게 아이가 책을 좋아하기 시작했고 이제는 스스로 책을 골라 읽는 습관이 생겼습니다. 모든 교육의 출발은 말이 아닌 부모의 행동이 먼저입니다. 그다음은 아이와 함께 안정감을 느낄 수 있도록 과정 동행해 줄 수 있는 경험이 필요합니다. 저는 이러한 방법이 아이의 행동을 바꿀 수 있는 가장 빠른 방법이고 가정의 문화를 바꿀 수 있는 원리라고 생각합니다. 부모가 먼저 행동하고, 아이와 동행해 주세요. 어느 순간 아이도 자연스럽게 따라 하게 되고 행동이 달라집니다. 이것이 바로 과정 동행의 원리입니다.

〈아이와 함께하는 과정 동행 생각해 보기〉

아이와 함께 과정 동행을 경험해 보세요. 아이는 부모의 모습을 관찰하면서 따라 하고 싶은 의욕이 생기고 몸을 움직이게 만들 수 있습니다. 책 읽기도 만찬가지였습니다. 제가 먼저 아침에 일어나서 매일 책 읽는 모습을 보여 줬고 어느 날 아이가 제 옆에 앉기 시작했고 본인도 책을 읽고 싶어 해서 좋아하는 책을 골라 주고 제가 읽어 줬습니다. 그렇게 시간이 흐르자 어느 날 자연스럽게 아이가 책을 좋아하기 시작했고 이제는 스스로 책을 골라 읽는 습관이 생겼습니다. 모든 교육의 출발은 말이 아닌 부모의 행동이 먼저입니다. 그다음은 아이와 함께 안정감을 느낄 수 있도록 과정 동행해 줄 수 있는 경험이 필요합니다. 저는 이러한 방법이 아이의 행동을 바꿀 수 있는 가장 빠른 방법이고 가정의 문화를 바꿀 수 있는 원리라고 생각합니다. 부모 먼저 행동하고, 아이와 동행해 주세요. 어느 순간 아이도 자연스럽게 따라 하게 되고 행동이 달라집니다.

Q. 탁월성 교육을 위한 질문

1. 자녀 교육은 잘하고 싶은 마음에 아이를 끌고 가면서 가르치는 것이 아니라 아이와 함께 성장을 향해 가는 부모의 '동행'입니다. 아이들과 함께는 다양한 과정 동행 경험을 통해 아이 스스로 깨달을 수 있도록 부모가 먼저 동참해 주세요.

2. 아이와 함께 정기적으로 도서관이나 서점에 놀러 가 보세요. 처음부터 '도서관은 공부하는 곳이고, 서점은 책을 사고 읽는 곳이다.'라는 마음으로 의도하는 것이 아니라 '아이와 함께 놀러 간다.'라는 마음으로 놀이터처럼 자연스럽게 맛있는 것도 먹으면서 아이가 하고 싶은 행동을 스스로 할 수 있도록 기다려 주세요. 서점에서도 아이가 좋아하는 코너에서 좋아하는 물건도 사 주고, 맛있는 것도 먹으면서 최대한 행복한 경험을 많이 해 주세요. 점점 시간이 지나면 아이는 도서관이나 서점에 대한 기억이 행복한 기억으로 남게 됩니다.

7

환경에 따라 달라지는 탁월성의 원리

"쑥이 삼밭에서 자라면 붙들어 주지 않아도 곧게 자라고 흰 모래는 진흙 속에 섞이면 함께 검어진다."

– 순자 –

중국 속담에 강남종귤 강북위지(江南種橘 江北爲枳)라는 말이 있습니다. "강남 쪽에 심은 귤을 강북 쪽에 심으면 탱자가 된다."라는 뜻입니다. 이 속담이 생겨나게 된 재밌는 유래가 있습니다. 춘추시대 제나라에 안영(安嬰)이라는 재상이 있었습니다. 공자가 그를 귀히 여겼을 정도로 지혜와 언변이 탁월했던 인물이었습니다. 그는 키가 워낙 작았기 때문에 안영이라는 이름이 사람들에게 많이 알려져 있었습니다. 그러던 어느 날 초나라 왕이었던 영왕은 안영을 정식으로 초나라에 초청했습니다. 영왕은 각국에서 안영을 입이 마르도록 칭찬했기 때문에 도대체 어떤 인물인지 한번 테스트해 보고 싶기도 하고 기를 꺾어 보고 싶은 마음에 그를 초청했던 것입니다. 영왕은 안영을 보자마자 비아냥거리듯 대뜸 이렇게 말합니다. "아니 제나라에는 경과 같은 작은 사람밖에 없었나 보군" 영왕의 비꼬는 말에도 안영은 당황하지 않고 침착하게 응수합니다. "어찌 그런 말씀을요. 우리나라에서는 사신을 선발할 때 상대방 나라의 격에 맞도록 사람을 선별해서 보내는 관례가 있습니다. 작은 나라에는 작은 사람을 보내고 큰 나라에는 큰 사람을 보내고 있습니다. 신은 그중에서 가장 작은 편에 속하기 때문에 뽑혀서 초나라에 오게 되었습니다." 안영을 놀리려다 오히려 영왕은 역공을 당한 것입니다.

화가 난 영왕은 다시 한번 복수해 주고 싶은 마음에 죄인을 끌고 지나가던 포졸을 불러 세웠습니다. "그 죄인은 어느 나라 사람이냐?" 포졸이 대답했습니다. "예. 이 죄인은 제나라 사람입니다. 남의 물건을 훔치려다 붙잡혀 왔습니다." 옳거니 잘됐다 싶은 영왕은 다시 안영에게 비꼬는 듯한 말투로 되물었습니다. "아니 제나라 사람들은 저렇게 도둑질을 잘하오?" 면전에 대고 모욕을 당하는 입장이었지만 이번에도 안영은 당황하지 않고 태연하게 대답합니다. "강남 쪽의 귤을 강북 쪽에 옮겨 심으면 탱자가 되는데 까닭은 풍토 때문이옵니다. 저 죄인이 제나라에 있을 때는 원래 도둑질이 무엇인지도 모르고 살았는데 초나라로 와서 도둑질을 한 것을 보면 초나라의 풍토 때문이 아닌가 생각합니다." 안영의 슬기로움에 감탄한 영왕은 그제야 항복하고 안영의 명성을 인정하면서 다시는 제나라를 넘볼 생각을 하지 않았다고 합니다.

"강남 쪽에 심은 귤을 강북 쪽에 심으면 탱자가 된다." 식물은 풍토가 중요하다는 것을 빗대어 사람도 바로 환경이 중요하다라는 뜻입니다. 실제로 내셔널 지오그래픽에서 이 속담이 사실인지 아닌지 실험을 했습니다. 황하강 남쪽에 심겨 있는 귤의 씨를 가져다가 황하강 북쪽에 심었는데 몇 년 뒤 귤이 아니라 탱자가 열렸습니다. 왜 이런 결과가 일어났을까요? 쉽게 말해서 황하강 남쪽 토양은 귤이 자라기에 영양분이 많은 토양이었고, 황하강 북쪽 토양은 영양분이 많지 않은 토양이기 때문이었습니다. 똑같은 씨앗임에도 불구하고 풍토에 따라 다른 열매를 맺게 됩니다. 이처럼 사람도 마찬가지입니다. 어떤 환경에서 성장하느냐에 따라 개인의 탁월성이 계발되거나 반대로 평범해질 수 있습니다.

손흥민과 선동열의 차이

2022년 카타르 월드컵 우리나라는 16강 진출을 앞두고 포르투갈과 1대 1로 팽팽하게 맞선 상황이었습니다. 후반 46분 손흥민의 폭풍 드리블로 약 70m를 혼자서 내달리며 상대 선수 7명을 제치고 절묘한 스루패스로 황희찬에게 공을 넘겼습니다. 공을 이어받은 황희찬은 기다렸다는 듯이 오른발로 골 망을 때리는 극적인 역전 골을 만들어 냈습니다. 이 장면을 본 영국의 BBC 해설가 앨런 시어러는 손흥민의 골에 대하여 이렇게 극찬합니다. "손흥민이 먼저 달려간 것, 길을 찾아 짧은 패스를 날린 능력, (황희찬이) 달려드는 타이밍과 마무리까지, 마치 운명 같았다. 믿어지지 않을 정도."라며 "모든 것이 완벽한 골"이었다. 지난 5월 영국의 '90MIN'은 2021-22시즌 EPL(잉글랜드 프리미어리그)' 공격수들의 랭킹 TOP10을 선정해서 발표했는데 대한민국의 손흥민이 당당히 1위를 차지했습니다. 손흥민 선수는 월드클래스임이 분명합니다.

손흥민이 월드클래스가 된 이유

월드클래스 손흥민 그는 분명 개인의 기량이나 자질이 뛰어나다는 데에는 두말할 필요가 없지만 저는 한 가지 더 큰 이유가 있다고 생각합니다. 바로 프리미엄 리그라는 환경 때문입니다. 손흥민은 영국의 프리미어 리그를 경험하면서 자신의 기량이 한 층 더 업그레이드됐습니다. EPL은 영국 축구의 자부심이자, 유럽 4대 리그 중 가장 성공한 리그입니다. 전 세계 212개국에 방영되고, 시청자는 47억 명에 달합니다. 한일 양 삼성경제연구소 수석연구원은 '잉글랜드 프리미어 리그(EPL)는 어떻게 성공했나'라는 보고서를 통해 영국의 프리미어 리그의 성공 요인을 분석했습니다. 크게 세 가지로 분석했는데 개방성에 기반한 다양성, 상호작용, 선별 메커니즘이 중요한 성공 요인이라고 분석합니다. 손흥민은 프리미어 리그를 경험하면서 세계 최고의 기량을 가진 축구 천재들과 상호 교류하였고, 치열한 경쟁을 통해서 실력이 업그레이드되었습니다. 한마디로 프리미엄이라는 시스템 안에서 성장했던 것입니다.

한편 우리나라의 프로 축구 시장을 보면 잉글랜드 프리미어 리그와는 다르게 K리그에는 승강제가 없습니다. 물론 하부 리그가 있지만 영국처럼 하부 리그에서 올라오는 구조가 아닙니다. K리그가 가지고 있는 가장 큰 모순입니다. 영국 축구의 위상은 풀뿌리 축구에서부터 시작됐습니다. 수많은 리그컵들이 있었기에 상부 리그로의 기회를 보장하면서 선수들의 경기력이 높아질 수밖에 없습니다. 또한 구단주들의 열악한 재정 상태를 꼽을 수가 있습니다. 우리나라 프로 축구 구단들은 대부분 재정난이 심각합니다. 특히 시민 구단이나 도민 구단들은 지자체의 예산 말고는 돈이 없기 때문에 좋은 잠재력과 기량을 가진 선수를 영입할 수 없게 되고, 좋은 선수의 부족은 성적의 부진으로 이어지고 성적의 부진은 관중들의 외면으로 악순환됩니다. 매우 열악한 환경입니다. 그러다 보니 아무리 재능 있고 유능한 선수라고 할지라도 시스템 안에서 축구로 성공할 수 있는 확률이 상대적으로 어려울 수밖에 없습니다.

손흥민이 월드클래스가 된 비결은 실력 플러스 프리미엄이라는 환경이 만났기 때문입니다. 프리미어 리그라는 환경 속에 있었기 때문에 자극받고 노력했을 것입니다. 마치 철이 철을 더 날카롭게 만들 듯이 손흥민의 뛰어난 기량을 더해 큰 무대 위에서 뛸 수 있었기 때문에 무대에 맞는 실력이 만들어진 것입니다. 우리나라 야구 역사에서 가장 뛰어난 선수로 지목받는 투수는 국보급 투수였던 선동열입니다. 0점대 방어율, 통산 1.2 방어율 지금까지 야구 역사에서 깨지지 않고 있습니다. 1982년 서울에서 열린 세계야구선수권대회에서 한국을 우승으로 이끌며 대회 MVP를 차지한 선동열은 이미 세계적인 선수였습니다. 알 캄파니스 당시 다저스 단장은 선동열을 메이저 리그로 스카우트하고 싶었습니다. "선동열이 메이저 리그에 오면 몇 승을 할 수 있을까?", "계약금 얼마면 영입이 가능할까?" 허구연 전 해설 위원에게 물었다고 합니다. 이에 허위원은 "선동열은 메이저 리그에서 10승 이상 가능하다. 적어도 50만 달러는 줘야 한다."[88]라고 답했습니다. 그 후 다저스를 비롯해 뉴욕 양키스, 밀워키 브루어스 등이 거액에 영입을 제안했지만 우리나라의 병역 문제로 인해 결국 메이저 리그의 꿈은 이루지 못했습니다. 만약 당시 선동열이 메이저 리그

---

88 OSEN, 〈"다저스가 원했던 선동열, ML 갔다면 무조건 10승" 허구연 회고〉, 이상학, 2021.05.28.

에 진출했다면 과연 어땠을까 상상해 보면 제 생각에는 박찬호보다 먼저 메이저 리그의 한 획을 그은 선수가 됐지 않았을까 생각해 봅니다.

제가 이야기하고 싶은 건 한 인간이 성장하기 위해서는 개인의 역량도 중요하지만 역량이 발휘될 수 있는 풍토 즉 환경도 매우 중요하다고 생각합니다. 아무리 개인적인 자질이 뛰어나더라도 역량을 키워 줄 수 있는 환경이 뒷받침되지 못한다면 평범해질 수 있습니다.

가정이라는 환경이 아이들의 미래다

어린 시절 가정 환경은 아이들 뇌 발달에도 큰 영향을 미칩니다. 스웨덴 카롤린스카 인스티튜트 연구팀은 다양한 사회·경제적 환경을 가진 551명의 유럽 청소년을 대상으로 연구를 진행했습니다. 연구팀은 연구 시작 당시 참가자들의 DNA 샘플을 채취하고, 인지 능력 테스트를 진행했습니다. 또한 참가자들이 각각 14세, 19세일 때 MRI(자기 공명 영상)를 촬영해 뇌 변화도 관찰했습니다. 연구 결과, 사회·경제적 차이는 뇌에 위치한 '신피질'의 전체 표면적 차이와 연관성을 보였습니다. 사회·경제적 지위가 낮을수록, 신피질 표면적이 적었습니다. 연구팀에 따르면 "이는 유전적 차이보다 50~100% 강한 연관성을 가진 것이다."[89]라고 이야기합니다.

신피질은 인간의 뇌에서 가장 늦게 발달하는 부위로, 주로 이성적인

---

89 헬스조선, 〈가정환경, 아이 '뇌 발달'에도 영향 미쳐〉, 전혜영, 2020.05.21.

판단을 담당합니다. 운동, 시각, 청각, 고도의 정신작용, 학습 등에도 중요한 영향을 미칩니다. 연구를 주도한 토르켈 클링 베르크 박사는 "이번 연구를 통해 어린 시절 가정 환경이 얼마나 중요한지 알 수 있었다."라고 말합니다. 너무 당연한 이야기 같지만 당연하기 때문에 소홀하게 생각하시는 분들도 많이 있습니다. 아무리 좋은 씨앗이 태어나도 풍토가 나쁘면 좋은 열매를 맺지 못하는 것처럼 모든 아이들은 천재로 태어나지만 평범해지는 가장 큰 변수는 바로 가정이라는 환경입니다. 아이의 탁월성이 발휘될 수 있도록 가정의 문화부터 바뀌어야 합니다. 아무리 뛰어난 역량을 가지고 태어난 아이라고 할지라도 만약 가정이 불행하다면 아이의 역량이 제대로 발휘될 수 없습니다.

"행복한 가정은 서로 닮았지만, 불행한 가정은 모두 저마다의 이유로 불행하다." 톨스토이의 대작 『안나 카레니나』의 유명한 첫 구절입니다. 톨스토이가 말하고자 했던 핵심은 '행복한 가정이란 수많은 요소들이 성공적이어야 한다.'라는 뜻입니다. 가족 구성원들이 건강해야 하고, 경제적으로도 여유가 있어야 하며, 형제간에도 우애가 있고, 부부간에 금술이 좋아야 합니다. 모든 조건이 탁월하지 않더라도 어느 정도는 충족이 되면 행복한 가정을 만들 수 있습니다. 만약 이러한 조건 중에서 어느 하나라도 문제가 있다면 불행한 가정이 될 수 있습니다. 따라서 자녀를 탁월하게 키우기 위해서는 자녀에게만 초점을 맞추는 것이 아니라 무엇보다 신경 써야 할 것이 있다면 가정이라는 풍토입니다. 지금 우리 가정의 문제가 무엇인지 진단해 보고 해결 방법 등을 함께 고민해 보면서 다양한 조건들이 충족될 수 있도록 가족 구성원들이 함께 노력해야 행복한 가정이라는 풍토를 만들 수 있습니다. 바로 이것이 자녀를 탁월하게 키울 수 있는 제1조건입니다.

〈환경에 따라 달라지는 탁월성의 원리 생각해 보기〉

아무리 좋은 씨앗이 태어나도 풍토가 나쁘면 좋은 열매를 맺지 못하는 것처럼 모든 아이들은 천재로 태어나지만 평범해지는 가장 큰 변수가 바로 가정입니다. 따라서 아이의 탁월성이 발휘될 수 있도록 가장 먼저 우리 가정의 풍토를 생각해 보세요. "행복한 가정은 서로 닮았지만, 불행한 가정은 모두 저마다의 이유로 불행하다." 톨스토이의 대작 『안나 카레니나』의 유명한 첫 구절입니다. 톨스토이가 말하고자 했던 핵심도 '행복한 가정이란 수많은 요소들이 성공적이어야 한다.'라는 뜻입니다. 가족 구성원들이 건강해야 하고, 경제적으로도 여유가 있어야 하며, 형제간에도 우애가 있고, 부부간에 금술이 좋아야 합니다. 모든 조건이 탁월하지 않더라도 어느 정도는 충족이 되면 행복한 가정을 만들 수 있습니다. 지금 우리 가정의 문제가 무엇인지 진단해 보고 해결 방법 등을 함께 고민해 보면서 다양한 조건들이 충족될 수 있도록 가족 구성원 모두가 함께 노력해야 행복한 가정이라는 풍토를 만들 수 있습니다. 바로 이것이 자녀를 탁월하게 키울 수 있는 제1조건입니다.

Q. 탁월성 교육을 위한 질문

1. 혹시 지금 우리 가정은 어떤 문제 때문에 힘든가요? 경제적인 문제, 부부 관계, 자녀와의 갈등, 형제간의 우애 등 어떤 문제가 있는지 생각해 보고 하나씩 조금이라도 성장하는 모습을 자녀들에게 보여주세요. 너무 뻔하고 당연한 이야기지만 그만큼 아이를 양육하는데 가장 중요한 본질입니다.

2. 먼저 '우리 가정은 행복한 가정이다!'라는 결과를 정해 놓고 그다음부터는 일치시키기 위한 구체적인 행동만 실행하시면 됩니다. '현실은 행복한 가정이 아닌데.'라는 생각을 불러내지 마세요. 계속 핑계만 찾아냅니다. 지금부터 결과를 정했기 때문에 해야 할 행동에만 집중해 보세요. 분명 행복한 가정의 문화로 바뀔 수 있습니다.

8

몰입하지 않으면 몰입당한다

"오늘이 무슨 요일인지도 몰라요. 날짜도 모르고요. 전 그저
수영만 해요."

– 마이클 펠프스 –

"엄마, 내일 새벽 4시에 깨워 주세요."

"왜 갑자기 그래?"

"우리 반 친구들이랑 만나서 마트에 가기로 했어요."

"뭐 하러 그래?"

"포켓몬 빵 사러 가려고요….."

포켓몬 빵에 최면에 걸리다

아이는 실제로 새벽 4시에 일어나 친구와 만나서 대형 마트에 갔습니다. 그리고 4시간을 넘게 기다리다 포켓몬 빵 두 개를 들고 아주 행복한 표정을 지으며 집으로 돌아왔습니다. 아이는 며칠 전부터 포켓몬 빵을 구입하기 위해 시장 조사도 하고, 자발적으로 빵을 구매하기 위한 계획도 세웠습니다. 그리고 새벽까지 빵을 사기 위해 지루함까지 견뎠습니다.

자신이 원하는 목표를 달성하기 위해 저렇게까지 열정적으로 몰입하는 모습은 처음입니다. 포켓몬 빵은 일본의 빵 제조 회사인 롯데에서 출시된 제품으로 1990년대 후반부터 2000년대 초반까지 일본을 비롯한 아시아 여러 지역에서 큰 인기를 끌었던 제품입니다. 2022년, 한국에서 포켓몬 열풍이 다시 불면서 아이들은 포켓몬 빵에 최면되었습니다. 지역 편의점에서는 포켓몬 빵을 사기 위해 대기하는 경우가 많았고, 인터넷 쇼핑몰에서는 포켓몬 빵 품절 현상도 있었습니다. SNS나 인터넷 커뮤니티 등을 통해 빠르게 퍼지면서 포켓몬 빵 신드롬이 생겼습니다. 포켓몬 빵에는 다양한 포켓몬 캐릭터들이 포함되어 있는데 아이들은 이를 찾아내고 모으는 재미를 느끼며 친구들과 교환하는 문화현상도 있었습니다. 포켓몬 빵이라는 신드롬에 아이들은 최면됐습니다.

최면의 원리

최면은 일종의 정신 상태로, 개인을 깊은 집중 상태로 유도하거나 일부 자극에 대한 반응을 억제하거나 조작하는 기술입니다. 미국 의학 협회(American Medical Association)는 최면을 "의식적인 억제 및 집중의 상태로, 외부 자극에 반응하지 않는 정신 상태"로 정의하고 있습니다. 최면의 원리를 살펴보면 의식적인 생각을 억제하고, 부분적으로 혹은 전적으로 무의식적인 상태로 유도하여, 인간의 인지 과정을 조작하거나 조절하는 원리입니다. 쉽게 설명해서 최면이란 한마디로 고도의 집중 상태와 몰입 상태를 의미합니다. 제가 서두에 딸아이의 행동을 묘사하면서 "아이는 포켓몬 빵에 최면됐다."라고 이야기했습니다. 이러한 집중과 몰입 상태가 바로 최면의 원리입니다.

최면이란 단순히 최면술사만의 전유물이 아니다

대부분의 사람들이 최면이라고 했을 때 떠오르는 이미지는, 텔레비전 프로그램이나 영화에서 자주 등장하는 최면술사가 대상자의 눈을 고정시키면서 부드러운 목소리로 말을 거는 모습일 것입니다. 이는 개인의 의식을 일부 억제하고, 개인을 부분적으로 혹은 전적으로 무의식적인 상태로 유도하는 최면의 일부 테크닉 중 하나입니다. 최면의 모든 형태를 대표하는 것이 아닙니다. 최면은 다양한 방법과 기술이 존재하며, 최면을 이용하는 분야도 다양합니다. 예를 들어, 최면은 치료 방법으로도 사용될 수 있고, 자기 계발이나 스포츠 분야에서도 사용될 수 있습니다. 따라서 최면에 대한 이미지를 좁은 의미에서의 테크닉으로만 보는 것이 아니라 원리를 확장시켜서 살펴본다면 인간 행동의 본질을 파악해 볼 수 있습니다.

최면은 고도의 집중과 몰입이다

우리나라 최면멘탈의 대가인 박세니 마인드코칭 대표는 그의 책 『초집중의 힘』에서 최면 상태를 '고도의 집중과 몰입 상태'로 설명하고 있습니다. 그는 최면 상태에서의 집중과 몰입이 학습 능력에 큰 영향을 미친다는 것을 발견했습니다. 최면 상태에서는 심리적으로 더욱 안정되어 있어 불필요한 생각을 배제하고 집중할 수 있다고 합니다. 뿐만 아니라 매일 우리가 경험하는 일상에서도 고도의 집중과 몰입 상태로 최면의 원리를 설명합니다. 저도 이러한 그의 주장에 전적으로 동의합니다. 그렇다면 실제 우리의 일상 속에서 고도의 집중과 몰입을 경험하는 최면 상태는 무엇인지 몇 가지 예시를 근거로 설명해 보겠습니다.

먼저 운동을 할 때, 우리는 운동에 몰입하며 다른 생각을 떠나게 됩니다. 이때 우리의 뇌는 운동에 집중하게 되며, 운동하는 동안의 경험은 우리에게 매우 현실적으로 느껴집니다. 이러한 경험은 최면 상태와 매우 유사합니다. 음악 감상도 마찬가지입니다. 음악을 들을 때 우리는 음악에 몰입하게 되며, 노래에 따라 우리의 감정이 변화합니다. 이때 우리는 외부 세계에 대한 인식이 약해지고, 음악과 함께하는 순간에 빠져들게 됩니다. 명상을 할 때도 우리는 명상에 집중하게 되며, 몸과 마음을 집중시킵니다. 이때 우리의 뇌파는 최면과 유사한 상태로 변화하며, 명상이 끝난 후에는 여유와 편안함을 느끼게 됩니다. 사랑에 빠지는 행위도 상대방에게 집중하게 되며, 상대방의 말이나 행동에 민감하게 반응합니다. 이때 우리는 상대방과 함께 있는 순간에 몰입하며, 최면 상태와 비슷한 경험을 하게 됩니다.

독서의 경험도 그렇습니다. 책을 읽을 때 우리는 책의 이야기에 몰입하며, 이야기에 대한 상상력이 높아집니다. 이때 우리는 외부 세계에 대한 인식이 줄어들고, 이야기 속으로 빠져들게 됩니다. 게임이나 스마트폰 사용도 최면에 해당할 수 있습니다. 예를 들어, 게임을 즐기는 동안에는 게임 내의 이야기나 세계관에 몰입하게 되고, 게임 내의 목표를 달성하기 위해 무의식적으로 반복적인 작업을 수행하게 됩니다. 이 때문에 게임 내에서 시간이 얼마나 지났는지, 주변 환경이 어떤지 등의 정보를 인지하지 못하고 몰입하게 됩니다. 스마트폰 사용 중에도 마찬가지입니다. 스마트폰을 사용하면서 SNS를 이용하거나 영상을 시청하는 등의 활동을 하면, 해당 활동에 몰입하게 되고 주변 환경이나 시간의 흐름 등을 인지하지 못하게 됩니다. 또한, 스마트폰 사용 중에는 뇌파의 주파수가 감마파 수준으로 상승하는 것이 관측되기도 합니다. 이는 뇌가 게임이나 스마트폰 사용 등에 몰입하게 되어 최면 상태에 빠지기 때문입니다. 이처럼 최면이란 한마디로 고도의 집중과 몰입 상태를 경험하는 것입니다. 결국 우리의 인생은 지금 무엇에 집중하고 몰입하고 있느냐가 현재 자신의 모습입니다.

집중 몰입의 힘

결국 인생은 최면입니다. 지금 내가 무엇에 집중하고 몰입하느냐에 대한 싸움입니다. 우리가 의식적으로 생각하면서 어떤 목표에 집중하지 않으면 다른 것에 집중하고 몰입하게 됩니다. 특히 아이들의 뇌는 아직 발달 중이며, 성인과 달리 경험과 학습을 통해 형성되지 않은 뉴런의 연결망이 많기 때문에, 새로운 정보를 처리하는 능력이 상대적으로 약합니다. 따라서 아이들이 성장하기를 원한다면 의도적인 연습을 통해서 보다 생산적인 활동에만 집중하고 몰입할 수 있는 환경을 조성해 줘야 합니다.

예를 들면 이런 것입니다. 곤충에 관심이 있는 아이는 곤충 도감을 읽거나, 곤충에 대한 이야기가 담긴 소설을 읽으면서 즐겁게 책을 읽으면서 학습에 대한 부정 의식을 바꾸면서 곤충에 집중하고 몰입할 수 있는 환경을 만들어 줄 수 있습니다. 또한 수학 공부에 부정적인 아이들은 블록 놀이를 통해서도 수학적 개념을 배우거나, 퍼즐을 통해 문제 해결 능력을 키우면서 놀이를 통해 무의식인 집중력과 몰입을 유도할 수 있습니다. 마지막으로 아이들이 원하는 목표 설정과 계획 세우기를 통해 명확한 방향성을 알려 주면 아이들이 목표를 달성하기 위해서 선택적인 생각에 집중하고 몰입합니다. 핵심은 인간의 뇌는 집중과 몰입을 도와주는 메커니즘이 내재되어 있다는 사실입니다. 하지만 아이들에게는 무수히 많은 방해 요소들이 존재하기 때문에 의식적으로 꾸준한 훈련과 반복을 통해서 의식적인 부정 패턴을 우회시키면서 성장하는 데 집중하고 몰입할 수 있도록 부모의 도움이 필요합니다. 성장의 반대는 멈춤이 아닌 퇴행입니다. '몰입하지 않으면 몰입당한다.'는 사실을 기억하면서 아이들이 성장에 집중하고 몰입할 수 있도록 최면의 원리를 활용해서 성장에 최적화된 환경을 만들어 보세요.

〈몰입하지 않으면 몰입당한다 생각해 보기〉

결국 인생은 최면입니다. 지금 내가 무엇에 집중하고 몰입하느냐에 대한 싸움입니다. 우리가 의식적으로 생각하면서 어떤 목표에 집중하지 않으면 다른 것에 집중하고 몰입하게 됩니다. 특히 아이들의 뇌는 아직 발달 중이며, 성인과 달리 경험과 학습을 통해 형성되지 않은 뉴런의 연결망이 많기 때문에, 새로운 정보를 처리하는 능력이 상대적으로 약합니다. 따라서 아이들이 성장하기를 원한다면 의도적인 연습을 통해서 보다 생산적인 활동에만 집중하고 몰입할 수 있는 환경을 조성해 줘야 합니다.

Q. 탁월성 교육을 위한 질문

1. 최면이라는 관점에서 보면 아이들은 핸드폰에 과몰입된 상태입니다. 이러한 문제를 해결할 수 있는 유일한 방법은 다른 것에도 집중 몰입할 수 있는 환경을 만들어 줘야 합니다. 아이가 어디에 가장 관심이 있는지 유심히 관찰해 보세요. 만약 자동차에 관심 있다면 다양한 자동차의 특징과 이름 회사 등에 대한 정보를 재밌게 알려 주면서 다른 자동차와 비교할 수 있는 기회를 제공해 줍니다. 아이는 관심 있는 것을 통해 흥미를 지속시키다 보면 집중력도 향상되고 새로운 몰입할 수 있는 기회를 이끌어 낼 수 있습니다.

2. 아이가 자신의 적성에 맞는 일을 선택한 순간 최면에 절반 이상 성공했다고 볼 수 있습니다. 아이가 어떤 것에 진정으로 즐거움을 느끼고 행복해하는지 부모의 안목이 필요합니다. 아이가 관심과 흥미가 있는 것에 집중 몰입할 때 성장할 수 있습니다.

꾸준히 운동하는 습관이 아이들의 뇌를 바꾼다

"인생은 정신력 싸움이 아니라 체력 싸움이다."

– 유영만 교수 –

저는 퇴근 후 집에 돌아오면 둘째 아이가 자전거 앞에서 아빠를 목 빠지게 기다립니다. 아빠와 자전거 탈 때의 표정을 보면 너무 행복합니다. 자전거로 동네 한 바퀴를 한 시간 정도 돌고 오면 심장 박동이 빨라지면서 호흡이 깊어집니다. 유산소 운동을 한 효과가 있습니다. 한 달 정도 꾸준히 아이와 함께 자전거를 탔더니 근력도 강화되었고 무엇보다 저의 영원한 숙제인 체지방도 감소했습니다. 하지만 가장 좋은 점은 아이와 함께 정서적인 유대감도 형성하고 자전거를 타면서 스트레스를 해소할 수 있어 좋았습니다. 아이와 함께하는 운동은 신체 능력뿐 아니라 아이들의 뇌 발달과도 매우 밀접한 관련이 있습니다. 실제 아이와 함께 운동 후 책상에 앉아서인 지적인 학습을 했는데 매일 핸드폰만 보던 아이가 운동 후에는 아빠와 관계가 좋아져서 말도 잘 듣고 학습 태도, 주의력, 집중력, 기억력 등이 전반적으로 운동 후 했을 때가 훨씬 더 높았습니다. 아이들의 뇌는 성장과 발달이 빠르게 이루어지는 단계에 있기 때문에 적절한 운동이 아이들의 신체 발달과 더불어 인지 능력에도 큰 영향을 미칩니다.

운동은 뇌에 산소와 영양소를 공급해서 뇌 기능을 최적화하고 뇌 내 뉴런 (신경세포)들의 연결을 촉진시켜 뇌 발달에 큰 도움을 줍니다. 아이들과 함께 운동하는 습관을 만들어 보세요.

운동은 아이들 뇌 발달에 도움을 준다

몸을 움직이는 활동은 아이들의 뇌를 활성화시키고 개선하는 데 도움이 됩니다. 우리의 뇌는 운동과 관련된 신경 회로를 포함하고 있으며, 이들은 운동 활동을 통해 자극받습니다. 뇌는 근육의 수축과 이완, 심장 박동 및 호흡과 같은 생체 기능을 제어하고, 이러한 활동은 뇌의 기능을 유지하고 향상시키는 데 중요한 역할을 합니다. 특별히 몸을 많이 움직이는 아이들일수록 학습 능력에도 긍정적인 영향을 미칩니다. 지난 2018년에 공개된 「Acute Exercise Enhanced Mathematics Performance in ADHD」라는 논문에 따르면 9~10세의 ADHD(주의력 결핍과 과다행동장애)를 가진 아이들을 대상으로, 운동 후 수학 문제를 푸는 실험이 진행되었습니다.

실험은 두 개의 그룹으로 나누어졌습니다. 첫 번째 그룹은 20분 동안 쉬운 운동 예를 들면 스쿼트, 조깅을 한 후, 10분 동안 수학 문제를 푸는 시험을 보았습니다. 두 번째 그룹은 수학 문제를 푸는 시험을 보기 전에 20분 동안 쉬었다가, 수학 문제를 푸는 시험을 보았습니다. 실험 결과, 운동을 한 후 수학 문제를 푸는 그룹의 수학 성적이 더욱 개선되었습니다. 또한 이들은 운동을 하기 전보다 수학 문제를 더욱 빠르고 정확하게 풀었습니다. 이러한 실험 결과는 운동이 아이들의 뇌 기능을 개선해 수학 문제 해결 능력을 향상시킬 수 있다는 것을 시사합니다. 해당 연구는 ADHD를 가진 아이들을 대상으로 진행되었지만, 운동이 아이들의 뇌 기능을 개선해 학습 능력을 향상시키는 데에도 큰 영향을 미칠 수 있음을 시사합니다.

또한 2017년에 발표된 「미취학 아동의 운동 기술 및 실행 기능 발달에 대한 신체 운동 중재의 효과」에서도 유치원 아이들을 대상으로 8주간 매일 70분씩 유산소 운동 및 장애물 코스 등의 신체 활동을 시행했습니다. 실험은 두 개의 그룹으로 나누어졌습니다. 첫 번째 그룹은 매일 70분씩 운동 및 신체 활동을 시행하고, 두 번째 그룹은 정상적인 유치원 활동을 유지하였습니다. 실험 기간 동안, 각 아이들의 운동 능력, 신체 구성, 모터 스킬 및 실행 기능이 평가되었습니다.

실험 결과, 운동 및 신체 활동을 시행한 그룹은 두 번째 그룹에 비해 모든 실행 기능에서 개선된 결과를 보였습니다. 특히, 추상적 사고와 작업 기억에서 차이가 가장 크게 나타났습니다. 추상적 사고는 아이들이 개념을 이해하고 추론하는 능력을 의미하며, 작업 기억은 아이들이 정보를 처리하고 유지하며 작업을 수행하는 능력을 말합니다. 이러한 결과는 운동 및 신체 활동이 아이들의 인지적 발달을 촉진시키는 데 매우 중요한 역할을 한다는 것을 보여 줍니다. 이는 운동 및 신체 활동이 아이들의 뇌 활동을 증진시켜 더 나은 학습 능력을 발휘할 수 있게 만들어 준다는 것을 시사합니다. 더 나아가, 이러한 인지적 발달은 아이들의 학업 성취와 미래의 경제적, 사회적 성공과도 관련이 있으므로 운동 및 신체 활동이 아이들의 건강한 발달과 더불어 교육적인 측면에서도 중요한 역할을 한다는 것을 알려 줍니다.

운동은 아이들의 스트레스를 감소시킨다

운동은 아이들의 스트레스를 줄일 수 있습니다. 아이들이 받는 스트레스란 일반적으로 성인들이 받는 스트레스와 다르게, 아이들이 경험하는 사건이나 상황에 대한 대처 능력이 부족하거나, 경험이 부족하여 생기는 신체 및 정신적인 반응을 의미합니다. 예를 들면, 학교에서의 과제, 시험, 친구 관계, 선생님과의 관계, 가족 내 문제, 부적절한 선배의 대처 등이 아이들이 받는 스트레스 요인으로 대표될 수 있습니다. 이러한 스트레스의 영향으로 뇌는 호르몬을 분비하고, 이 호르몬은 신체의 다른 부분으로 전달되면서 혈압, 심장 박동 수, 호흡 속도 등이 증가하면서, 호르몬 분비와 면역 반응도 변화합니다. 이러한 생리적인 변화는 일시적으로는 유익할 수 있지만, 지속적으로 스트레스가 발생하고 적절히 대처하지 못하면, 신체에 부정적인 영향을 미칠 수 있습니다. 하지만 운동을 하면 체내에서 산소와 영양소를 더 많이 필요로 하기 때문에 혈액 순환을 촉진시키면서 체내 화학 물질들의 농도가 변합니다. 이때 일시적으로 스트레스 호르몬인 코르티솔 분비량이 증가하지만, 장기적으로 운동을 지속할 경우 체내의 호르몬 농도와 균형을 조절해 주면서 코르티솔의 분비량이 감소하면서 스트레스도 함께 줄어들게 됩니다.

운동은 아이들에게 성취감을 제공한다

마지막으로 운동은 아이들에게 성취감을 제공합니다. 운동 시에는 혈류가 증가하면서 산소와 영양소가 더 많이 공급되고, 이에 따라 체내 화학 물질의 농도도 변화하게 됩니다. 이러한 화학 물질들 중에는 신경 전달 물질인 도파민과 세로토닌 등이 있습니다. 특히 도파민과 세로토닌은 행동 조절, 기분 조절 등 다양한 신경 생리 과정에서 중요한 역할을 하고 있습니다. 운동을 하게 되면 체내에서 화학 물질의 분비가 증가하면서 아이들에게 새로운 기분과 성취감을 느끼게 해 줍니다. 예를 들어, 아이가 처음에는 10분 동안 뛰기를 하지 못하다가 몇 주 후에는 20분 이상 뛰기를 할 수 있다면, 이것은 아이에게 큰 성취감을 제공합니다. 운동을 통해서 아이는 점점 자신의 신체적인 능력을 발견하고 향상시키면서 가능성이 있다는 것을 깨닫고 자신감을 높일 수 있습니다.

운동 권장 방법

아이들마다 신체 활동 능력이 다르지만 일반적으로 일주일에 최소한 3일 이상 1일 30분 정도가 적당한 운동으로 권장되고 있습니다. 일주일에 3일 이상 운동을 하게 되면 심혈관 기능이 개선되고, 혈압과 콜레스테롤 수치가 낮아집니다. 또한 아이들의 근력 강화와 뼈 건강을 유지하기 위해서는 꾸준한 근력 운동도 필요합니다. 일주일에 최소한 2일 이상 근력 운동을 하면 근육의 크기와 강도가 증가하고, 뼈 밀도가 높아집니다. 아이들과 함께할 수 있는 운동으로는 가벼운 산책이 좋습니다. 너무 무리하거나 격하지 않고 아이들과 이야기하면서 가볍게 걸으면서 자연과 함께하는 시간을 가질 수 있습니다. 또한 시간과 장소에 구애받지 않고 언제든지 쉽게 할 수 있는 운동입니다. 요즘에는 아이들과 함께 유튜브를 보면서 좋아하는 아이돌 그룹의 댄스를 따라 하면서 운동하면 서로의 모습을 보면서 운동 효과도 누리고 관계 행복도 느낄 수 있습니다. 아이들과 함께하는 축구나 농구, 배드민턴 등도 아이들이 즐겨 하는 스포츠입니다. 중요한 건 규칙적인 시간에 함께 즐겁게 운동을 하는 것이 가장 좋습니다.

운동은 아이들의 뇌 건강을 개선하는 데 큰 역할을 하며, 꾸준하게 운동을 하면 인지 능력과 논리적 사고 능력을 증진시키고, 스트레스를 감소시키면서 아이들의 성취 의욕과 가족들 간의 관계 행복이 좋아집니다. 따라서 아이들의 인지적인 학습과 더불어, 몸을 움직이는 활동을 통해 아이들의 뇌 건강도 챙기고 매주 일정한 시간을 정해 가족과 함께 운동하는 시간을 가져 보시기를 적극 추천드립니다.

〈꾸준히 운동하는 습관이 아이들의 뇌를 바꾼다 생각해 보기〉

아이와 함께하는 운동은 신체 능력뿐 아니라 아이들의 뇌 발달과도 매우 밀접한 관련이 있습니다. 실제 아이와 함께 운동 후 책상에 앉아서인 지적인 학습을 했는데 매일 핸드폰만 보던 아이가 운동 후에는 아빠와 관계가 좋아져서 말도 잘 듣고 학습 태도, 주의력, 집중력, 기억력 등이 전반적으로 운동 후 했을 때가 훨씬 더 높았습니다. 아이들의 뇌는 성장과 발달이 빠르게 이루어지는 단계에 있기 때문에 적절한 운동이 아이들의 신체 발달과 더불어 인지 능력에도 큰 영향을 미칩니다. 운동은 뇌에 산소와 영양소를 공급해서 뇌 기능을 최적화하고 뇌 내 뉴런(신경세포)들의 연결을 촉진시켜 뇌 발달에 큰 도움을 줍니다. 아이들과 함께 운동하는 습관을 만들어 보세요.

Q. 탁월성 교육을 위한 질문

1. 운동을 해야 아이들의 정신 즉 마인드가 컨트롤됩니다. 정신은 체력에서 나옵니다. 체력이 약하면 실행할 수 없고, 실행할 수 없으면 해야 할 일을 미루게 되고, 해야 할 일을 미루면 실력이 쌓이질 않습니다. 그래서 운동이 중요합니다. 생각이 몸을 컨트롤하는 게 아니라 몸이 생각을 컨트롤합니다.
2. 30분 이상 아이들과 함께 걷기나 달리기를 해 보세요. 달리면 어느 순간 몸이 가벼워지고 머리가 맑아지면서 경쾌한 느낌이 듭니다. 이를 '러너스 하이(runners high)' 혹은 '러닝 하이(running high)'라고 하는데 이때에는 오래 달려도 전혀 지치지 않을 것 같고, 계속 달리고 싶은 마음이 듭니다. 짧게는 4분, 길면 30분 이상 지속되기도 합니다. 이때 의식 상태는 헤로인이나 모르핀 혹은 마리화나를 투약했을 때 나타나는 것과 유사합니다. 한마디로 행복한 기분을 만들어 낼 수 있는 최고의 방법이 달리기와 걷기입니다. 아이들과 함께 가벼운 달리기를 통해 행복 감성을 느낄 수 있도록 적극 추천드립니다.

⟨10⟩

셀프 어포메이션(자기 확언)의 원리

"나와 세상을 바꾸는 힘은 불굴의 의지가 아니라 실패를 두려워하지 않는 마음근력에서 나온다!"

– 김주환『내면소통』–

1. 나는 좋아하는 일로 돈을 벌면서 행복하게 일하는 사람이다.
2. 나는 세상에서 가장 특별하고 멋진 사람이다.
3. 나는 매일 발전하는 사람이다.
4. 나는 모든 일에 탁월성을 추구하는 사람이다.
5. 나는 내 전문 분야에서 가장 성공한 사람이다.
6. 나는 내게 주어진 삶을 감사한다.
7. 나는 모든 문제를 해결할 수 있다.
8. 나는 대체 불가능한 사람이다.
9. 나는 어떤 시련과 도전에도 두려워하지 않는다.
10. 나는 뛰어난 체력과 정신을 가지고 있다.
11. 나는 사람들을 끌어당기는 매력이 있다.
12. 나는 언제나 겸손하고 자신감이 넘친다.
14. 나는 모든 일에 적극적이고 열정적이다.

15. 나는 모든 면에서 밝고 긍정적이다.

16. 나는 매일 매일이 기대되고 설레인다.

17. 나는 오늘도 행복한 하루를 시작한다.

18. 나는 사랑받는 사람이다.

19. 나는 사람들에게 도움을 주는 사람이다.

20. 나는 베스트셀러 작가이자 성공한 셀럽이다.

21. 나는 모든 일에 목표가 뚜렷하다.

22. 나는 어떤 일이든 극복할 수 있다.

23. 나는 내가 하는 일에 대한 사명감이 있다.

24. 나는 내가 원하는 만큼 돈을 벌 수 있다.

25. 나는 지금 필요한 모든 걸 갖췄다.

26. 나는 올바른 결정과 판단을 내리고 바로 실행하는 사람이다.

27. 나는 남과 나를 비교하지 않는다.

28. 나는 언제나 행복한 사람이다.

29. 나는 넘어져도 다시 일어난다.

30. 나는 나를 사랑하고 믿는다.

이것이 제가 매일 아침 선언하는 셀프 어포메이션(Self affirmation)입니다. 셀프(self) '나'에게 어포메이션(affirmation) '확언'하다. 즉 내가 나한테 하는 '자기 확언'입니다. 자기 확언을 통해서 달라지고 싶은 내 모습 원하는 모습을 글로 적으면서 확언하는 프로그램입니다. 확언을 통해 뇌에 선택 체계를 만들고, 집중하고 몰입력을 높여서 목표 달성을 끌어올릴 수 있는 방법입니다. 앞에서도 자기 암시, 긍정 선언, 플라세보 효과 등에 대해 이야기했습니다. 그럼에도 또다시 셀프 어포메이션(자기 확언)을 언급하는 이유는 그만큼 익숙한 행동 패턴을 바꾸는 가장 현실적인 방법이기 때문입니다. 이번 장에서는 왜 셀프 어포메이션이 중요한지? 도대체 어떤 과학적인 근거로 이야기하는지에 대한 원리를 설명드리겠습니다.

먼저 셀프 어포메이션(Self affirmation)의 모델은 제프리 코헨 (Geoffrey Cohen)이 개발한 '자기 가치 확인'을 근거로 하고 있습니다. 실제 코헨이 개발한 '자기 가치 확인'으로 흑인 학생들의 여러 가지 지표와 학업 성취도가 유의미하게 향상되었다는 연구가 있고[90] 그러한 효과가 2년 이상 지속되었다는 보고도 있습니다.[91] 또한 셀프 어포메이션 글쓰기가 이공계 과목에 대한 여학생의 성적을 향상시켰다는 연구도 있으며[92] 학교 조직에 대한 소속감을 높여 주는 글쓰기를 했는데 성적 향상뿐 아니라 건강에도 큰 효과가 있었다[93]는 연구도 있습니다. 최근 한국에서 김주환 교수가 쓴 『내면소통』[94]이라는 책에서 이러한 자기 확인 즉 셀프 어포메이션에 대한 다양한 과학적인 근거와 사이언스지에 실린 연구 논문을 바탕으로 셀프 어포메이션이 어떻게 인간의 행동 패턴이 바뀌는지에 대한 원리를 자세하게 설명하고 있습니다. 이 글에서는 김주환 교수의 셀프 어포메이션의 원리를 참고하고 있음을 미리 밝혀 둡니다.

---

90 cohen et al. 2006.
91 cohen et al. 2009.
92 Miyake et al. 2010.
93 Walton & Cohen(2011).
94 『내면소통』, 김주환, 인플루엔셜, 2023.

'인간'의 실체는 과연 무엇인가?

'나'라는 인간의 실체는 과연 무엇일까요? '나'라는 존재는 단 하나의 실체가 아닙니다. 여러 구성 요소로 이루어진 복합체입니다. 즉 여러 가지 자아가 끊임없이 상호 작용하면서 살아 움직이는 존재가 나를 구성하고 있습니다. 그래서 '나'라는 존재는 하나의 실체가 아닌 하나의 기능이며 현상입니다. 좀 더 쉽게 설명해서 '나'라는 개념은 명사로써의 존재가 아닌 '동사'입니다. 그래서 데카르트는 "나는 생각한다. 고로 존재한다."라는 말을 남겼습니다. '생각한다'는 기능이 바로 '나'가 되는 것입니다. 따라서 기억상실증에 걸린 환자는 '나'가 아닙니다. 왜냐하면 의식이 존재하지 않기 때문입니다.

'의식'의 본질은 기억된 자아다

그렇다면 '나'라는 존재를 구성하는 의식이란 무엇일까요?? 의식이란 다양한 경험을 근거로 하나의 플롯을 만들어서 의미 있는 사건으로 재구성한 '스토리'입니다. 존 로크(John Locke)는 '의식'의 실체를 '일화적 기억(episodic memory)의 산물이다.[95]라고 정의했습니다. 여기서 말하는 일화적 기억이란 장기 기억의 한 형태로서 삽화 기억이라고도 하며, 구체적인 자서전적 사건들에 대한 기억을 의미합니다. 내가 언제, 어디서 그 사건이 발생하였는지에 관한 기억입니다. 기억의 주체인 개인이 과거에 경험했던 크고 작은 사건들, 예를 들면 학창 시절 선생님께 꾸중을 들었

---

95 Conway, MA; Pleydell-Pearce, CW(April 2000). 「The construction of autobiographical memories in the self-memory system」. 《Psychol Rev》.

던 일, 동창회에 가서 은사와 친구들을 만났던 일, 생일날 파티를 열어 축하를 받았던 일, 애인으로부터 실연을 당했던 일과 같이 기억에 남아 있는 사건들을 일화적 기억이라고 합니다.[96] 이러한 일화적 기억이 바로 스토리입니다.

스토리가 의식으로 작동되는 원리

마틴 콘웨이(Martin Conway)는 스토리텔링에 기반한 일화기억의 시스템을 자아-기억-체계(Self-Memory-System: SMS)로 개념화했습니다.[97] 쉽게 말해 '나'라는 관념 즉 나의 자의식은 과거 온갖 경험에 대한 스토리텔링의 결과입니다. 이러한 스토리텔링은 다른 사람과 공유됨으로써 다시 한번 완성됩니다. 예컨대 내가 경험했던 자아의 기억이 다른 사람들과 공유될 때 주관적인 의식이 확실한 객관적인 실체로 내면화됩니다. 예를 들면 어제 먹었던 맛집에 대한 느낌을 누군가와 공유했는데 다른 사람도 내 경험에 대해 공감해 주면 내가 기억하는 맛집이라는 스토리가 의식으로 완성되는 원리입니다.

문제는 내 경험이 부정적이거나 불완전한 정서적 경험이 많을 때 내 의식의 스토리는 신념이 되고 자의식에 한계를 제한하고 부정적인 행동 패턴을 만든다는 사실입니다. 따라서 지금까지 부정적인 행동 패턴을 바꾸기 위해서는 먼저 의식의 본질이 무엇인지 알아야 합니다. 다시 한번

---

96 [네이버 지식백과] 일화 기억[episodic memory, 逸話記憶](상담학 사전, 2016. 01. 15., 김춘경, 이수연, 이윤주, 정종진, 최웅용).
97 Conway(2005).

말하지만 의식의 본질은 경험으로 재구성된 스토리입니다. 따라서 부정적인 행동 패턴을 바꾸기 위해서는 지금까지 기억 속에 경험된 자아가 만든 스토리의 결과를 바꿔야 합니다. 쉽게 말해 뇌에 잘못 깔린 프로그램(스토리)를 바꿔야 신념이 바뀌고, 신념이 바뀌어야 스토리가 바뀌면서 새로운 행동 패턴을 만들 수 있습니다. 새로운 스토리로 신념을 만들 수 있는 방법은 현실에서 성공 경험이 많아야 합니다. 아이들에게 성공 경험은 스토리로 각인되고 각인된 스토리가 새로운 신념으로 형성됩니다.

새로운 행동 패턴 만들기

인간은 내면에서 진심으로 자신이 원하는 행동을 얘기하면 즉시 실행할 수 있는 힘이 생깁니다. 예를 들어 '나는 오늘 오후 6시 이후에 절대로 야식을 먹지 않겠다!'라는 다짐을 하면 자신과의 약속을 지키기 위해 실제 그렇게 행동합니다. 별 큰 어려움이 없습니다. 지킬 수 있습니다. 나에게 진심으로 이야기했기 때문에 지킬 수 있는 실행력이 나올 수 있습니다. 문제는 자기 확언과 불일치하는 내용을 선언할 때 발생합니다. 예를 들면 '나는 베스트셀러 작가이자 성공한 셀럽이다.'라고 확언할 경우 내면에서 이런 목소리가 들립니다. '네가 무슨 베스트셀러 작가야?', '너는 지금 초보 수준이지 그게 말이 돼?', '너는 성공하지도 못한 사람이잖아!' 처럼 자기 확언과 현실에서의 내 모습이 불일치할 때 모순이 발생합니다. 자꾸만 내면에서 자기모순이 발생하기 때문에 아무리 확언을 100번, 1000번 확언해도 행동 패턴이 쉽게 바뀌지 않습니다. 내면에서부터 진심으로 믿지 않기 때문입니다. 현실에서의 삶이 일치하지 않기 때문에 내면에서는 진심이 생기지 않습니다. 바로 이러한 문제를 해결할 수 있는 두 가지 방법이 있습니다. 스몰스텝의 원리와 반복하기입니다.

스몰스텝의 원리를 활용하라

스몰스텝의 원리란 여러 개의 프레임으로 내가 원하는 목표와 내용을 쪼개어 점진적으로 실행하면서 목표 달성 가능성을 높여 주는 것입니다. 내가 할 수 있는 작은 것 아주 간단한 것에서부터 한 단계씩 높은 수준으로 실행하는 방법입니다. 핵심은 작은 성공에 머물러 있는 것이 아니라 오늘 5분 성공했다면 그다음 단계는 6분, 7분, 8분으로 계속해서 수준 높여 올라가야 합니다. 예를 들어 '아침에 일어나면 이불부터 갠다!', '일어나면 방 정리부터 한다!', '하루 10분 운동한다!', '매일 1개의 스쿼트 한다!' 처럼 처음에는 스텝 바이 스텝으로 쉽게 실행할 수 있는 것들로 계획합니다. 이러한 작은 성공 경험이 쌓이면 자존감이 높아지고, 성취의 경험을 통해 할 수 있다는 자신감이 생깁니다. 실행력이 높아지면서 할 수 있겠다는 진심이 생깁니다.

반복하기

처음 스몰스텝을 통해 작은 성공을 했다고 만족하면 안 됩니다. 다시 예전으로 돌아갈 수 있습니다. 계속 꾸준히 반복해야 합니다. 최소한 90일은 반복해야 효과가 있습니다. 반복은 뉴런 간 시냅스 연결로 기억회로를 형성합니다. 이러한 연결을 통해 효율적인 경로를 만들 수 있습니다. 반복을 지속하면 초기에는 의식적인 노력과 많은 에너지가 필요하지만 반복을 통해 자동화되면서 실력이 향상됩니다. 능숙하게 처리할 수 있는 실행력이 생깁니다. 반복을 통해 뇌의 자원을 절약할 수 있고, 다른 활동에 더 많은 집중을 할 수 있게 됩니다. 무엇보다 반복은 자신의 오류가 무엇인지 인지할 수 있고 능력을 향상시킬 수 있습니다.

스몰스텝과 반복하기는 내가 원하는 모습을 내면에서부터 진심으로 믿게 하는 마음 근력 훈련입니다. 내가 나를 바라볼 때 진심으로 할 수 있겠다는 확신을 만들어 줍니다. 바로 이러한 확신이 생길 때 부정적인 신념이 바뀌면서 목표를 달성할 수 있는 추진력이 생기고 추진력을 바탕으로 구체적인 실행 방법과 아이디어에 집중하게 돼서 행동 패턴이 달라지는 원리입니다.

성공 스토리가 쌓여야 신념이 바뀐다

지금까지 한 이야기를 정리해 보면 아이들의 부정적인 행동 패턴을 바꾸기 위해서는 뇌에 새로운 스토리로 신념을 만들어줘야 합니다. 새로운 신념을 만들 수 있는 방법은 셀프 어포메이션 즉 자기 확언입니다. 자기 확언을 통해 적합한 마음이 생겨야 자신감이 생기고, 실행력이 생깁니다. 문제는 자기 확언과 현실이 불일치할 때 모순이 발생합니다. 그래서 진심이 생기지 않고, 진심이 생기지 않기 때문에 실행력이 뒷받침되지 못합니다. 따라서 실행력을 끌어올리기 위해서는 스몰스텝의 원리와 반복의 경험을 통해 성공 스토리를 만들어야 합니다. 이러한 성공 스토리가 쌓여서 자의식에 새로운 신념으로 형성되고 새로운 신념이 형성될 때 행동 패턴이 바뀝니다.

셀프 어포메이션은 단순히 긍정 선언이나 주술, 주문 같은 것이 아닙니다. 과학적인 연구와 실험을 토대로 사이언스지 공개된 행동경제학입니다. 인간을 바꾼다는 의미는 단 한 번의 다짐과 각오로 위대한 존재로 다시 태어나는 것이 아니라 부정적인 행동 패턴을 바꾼다는 의미입니다. 셀프 어포메이션의 원리를 통해 아이들의 신념과 행동 패턴을 바꿔 보세요.

〈셀프 어포메이션(자기 확언)의 원리 생각해 보기〉

아이들의 부정적인 행동 패턴을 바꾸기 위해서는 뇌에 새로운 스토리로 신념을 만들어 줘야 합니다. 새로운 신념을 만들 수 있는 방법은 셀프 어포메이션 즉 자기 확언입니다. 자기 확언을 통해 적합한 마음이 생겨야 자신감이 생기고, 실행력이 생깁니다. 문제는 자기 확언과 현실이 불일치할 때 모순이 발생합니다. 그래서 진심이 생기지 않고, 진심이 생기지 않기 때문에 실행력이 뒷받침되지 못합니다. 따라서 실행력을 끌어올리기 위해서는 스몰스텝의 원리와 반복의 경험을 통해 성공 스토리를 만들어야 합니다. 이러한 성공 스토리가 쌓여서 자의식에 새로운 신념으로 형성되고 새로운 신념이 형성될 때 행동 패턴이 바뀝니다.

Q. 탁월성 교육을 위한 질문

1. 아이와 함께 목표를 세우고 잘게 쪼개 보세요. 그리고 실행하기 아주 쉬운 일부터 차근차근 성공 경험을 만들어 주세요. 자신감이 생기고 성취하고 싶은 의욕이 생깁니다.
2. 오타니 쇼헤이가 실천한 '만다라차트 실천법'이 있습니다. 9칸짜리 매트릭스 중심에 최종적인 목표를 적고 나머지 8칸에 그 꿈을 실현하기 위한 구체적 목표를 세워 서로 교차하게 만들면 됩니다. 중앙의 큰 목표를 이루기 위해 나머지 8개의 목표가 정리되어 명확하게 실행력을 높일 수 있습니다.

아이 안에 잠든 거인을 깨워라

"어제 가르친 그대로 오늘도 가르치는 건 아이들의 내일을
빼앗는 짓이다."

– 존 듀이 –

동물학교 우화

어느 날 동물들이 모여서 다가오는 새로운 시대에 대비하기 위해 학교를 만들었습니다. 필수로 배워야 하는 과목도 만들었습니다. 수영, 달리기, 나무 오르기, 하늘 날기 과목이었습니다. 모든 학생은 반드시 이 과목을 이수해야만 졸업이 가능했습니다. 좋은 성적을 받으면 졸업 후 취업이 보장된다는 소문도 돌았습니다. 오리는 탁월한 수영 능력을 보이면서 1등 했지만 나무 오르기와 달리기에서는 평균이었습니다. 다른 과목을 보충하라는 부모님의 강요 때문에 오리는 오르기 평균 점수를 올리기 위해 인터넷 강의를 들으며 공부했고, 대치동에 있는 달리기 일타 강사에게 찾아가서 밤늦도록 수업을 받았습니다. 그런데 너무 부족한 과목에 몰두한 나머지 그만 자신의 물갈퀴가 닳아 없어지는 것도 몰랐습니다.

토끼는 달리기를 잘했습니다. 하지만 수영에서는 평균 이하의 점수를 받았습니다. 수영을 더 잘하고 싶어서 수영 강사인 물개한테 찾아가 강도 높은 수영 수업을 받았습니다. 하지만 너무 오랫동안 물에서 연습하다 보니 그만 다리가 퉁퉁 부어올라 달리기조차 할 수 없게 되었습니다. 다람쥐는 오르기 과목을 탁월하게 잘했습니다. 하지만 날기 점수가 다른 과목들과 비교해 낮자 따로 갈매기를 찾아가 과외를 받으면서 보충 학습을 받았습니다. 다람쥐도 너무 무리하게 하늘 날기 연습을 하다 보니 다리가 부러져 그만 오르기 과목에서도 낮은 점수를 받았습니다. 덩치가 큰 독수리는 학교에서 하늘 날기에서는 타의 추종을 불허하는 탁월한 능력을 가졌습니다. 하지만 다른 과목에서는 전부 낙제점을 받아 학교에서 문제 학생으로 찍혔습니다. 결국 수영을 잘하고, 달리기와 오르기, 날기를 조금씩 할 줄 아는 뱀장어가 학교에서 가장 좋은 점수를 받고 졸업생 대표가 되었습니다. 뱀장어는 졸업 후 동물나라 주식회사에 취업했습니다. 20년째 직장에 다니고 있지만 항상 퇴사를 꿈꾸고 있습니다. 그런데 자신이 앞으로 무엇을 하며 살아야 할지 몰라서 지금도 억지로 꾸역꾸역 회사에 다니고 있습니다.

교육학자 리브스(R H Reeves) 박사의 '동물학교' 우화를 보면서 각색해 보았습니다. 저는 이 우화를 보면서 우리나라 공교육의 현실을 그대로 보여 주는 듯한 느낌을 받았습니다. 국어를 잘하는 학생이 수학이 부족해서 억지로 수학 학원에 매달리게 하고, 역사를 좋아하는 학생이 역사 공부보다는 국, 영, 수를 잘해야 한다며 역사 공부에 흥미를 잃게 만드는 교육, 영어는 잘하지만 과학 실력이 부족한 학생에게 계속해서 과학 보충 수업을 하도록 강요합니다. 그림을 잘 그리지만 그림에 대한 가치를 인정받지 못하게 만드는 교육, 컴퓨터 프로그래밍에 대해서는 전혀 관심도 없는 학생에게 코딩 열풍이 불면서 꼭 필요한 교육이라며 강요합니다. 국가에서 정해 준 표준과목을 정해 놓고 아이들을 평균 점수로 평가하고 관리합니다. 아이들은 학교에서 정해 준 표준 과목에 몰두하면서 치열한 입시 경쟁을 치르고 있습니다. 이러한 교육은 아이들 각자가 가지고 태어난 고유한 탁월성을 살리는 교육이 아닙니다. 리브스의 동물학교처럼 못하는 것에 매달리도록 하는 교육입니다.

교육의 폐해

여전히 한국 사회는 입시 위주의 교육에서 벗어나지 못하고 있습니다. 학력별 소득 차이도 좁혀지지 않고 학벌에 따라 기회가 제한되는 관행도 개선되지 않고 있습니다. 오히려 갈수록 스펙 경쟁은 치열해지고 취업은 힘들어지면서 사회적인 불안감은 점점 더 커지고 있습니다. 이러한 사회에서 부모들의 불안감은 아이들에게 고스란히 전달됩니다. 명문대는 아이들에게 안정적인 보험과도 같은 곳입니다. 명문대에 들어가야만 돈과 안정적인 삶이 보장되고 남들처럼 잘 살 수 있다는 신념을 아이들에게 무의식적으로 심어 주고 있습니다. 그러나 여기에는 큰 함정이 있습니다. 인간이 타고난 능력에 대한 차이를 고려하지 못하고 있다는 사실입니다. 인간이 타고난 다양한 능력 가운데 오직 수리 능력과 언어 능력이 우수한 학생들에게만 유리하도록 입시 제도가 짜여 있다는 불편한 진실이 숨겨져 있습니다. '논리적 추론이 정교하고, 계산이 빠르고, 잘 외우는 능력만을 평가하고 기회의 문을 열어 줄 것이다.'라는 일종의 암묵적인 사회적 합의가 숨어 있습니다.

각자의 개별적인 탁월성이 길이 되는 시대

모든 아이들이 타고나는 지능은 서로 다릅니다. 하버드 교육학과 교수인 하워드 가드너의 말처럼 지능은 IQ와 같이 단편적인 것이 아니라 독립적인 여러 가지 지능으로 구성되어 있으며 한 지능이 다른 지능보다 더 우월하지도 열등하지도 않습니다. 따라서 아이들마다 각자가 타고난 지능이 무엇인지 발견하는 것이 매우 중요합니다. 단순히 논리수학 지능이 높다고 성공할 수 있는 시대가 아닙니다. 평균, 표준, 학벌, 학연, 지역을 중시하는 '매스의 시대'는 저물고 있습니다. 이제는 개인의 시대입니다. 각자가 가지고 있는 스마트폰으로 나이, 직업, 국적과 관계없이 자신의 취향, 취미, 정보 등을 공유하면서 관심사가 비슷한 사람들끼리 커뮤니티를 형성하는 시대입니다.

한마디로 개인이 정보를 생산하고 공유하면서 정보의 주체가 되는 시대입니다. 과거처럼 방송사나 신문사 등 미디어가 권력을 독점해 콘텐츠를 생산하고 사람들의 생각을 통제하고 조종하면서 막대한 광고 수익을 올리는 시대가 아닙니다. 이제는 각자 개성 있는 크리에이터의 영향력이 점점 더 커지고 있습니다. 대기업들도 제품을 세분화하고 있습니다. 각 개인별 취향과 개성에 맞게 타깃층을 세분화합니다. 수십, 수백만 구독자를 보유한 인플루언서는 연예인 못지않은 인기와 함께 광고와 협찬 등으로 큰 수입을 올리고 있습니다. 서로 각자의 관심사에 따라 헤쳐 모이는 시대에 우리는 살고 있습니다. 한마디로 "가장 개인적인 것이 가장 창의적이다."라는 봉준호 감독의 말처럼 지금은 개별적인 것, 자기만의 스토리, 각자의 탁월성이 길이 되는 시대입니다.

아이 안에 잠든 거인을 깨워라

치열한 입시 경쟁이 아닌 우리 아이만의 탁월성이 무엇인지 주목해야 합니다. 그리고 아이의 탁월성을 최대치로 이끌어 낼 수 있도록 도와줘야 합니다. 4차 산업 혁명 시대라는 말이 나오기 무섭게 ChatGPT 시대라는 용어가 등장했고 이제는 AI(인공지능) 시대라는 말이 더 이상 낯설지 않습니다. 디지털 전환이 앞으로 더욱 가속화 될 전망입니다. 이러한 시대 디지털 이주민은 부모 세대입니다. 19세기식 교실에서 20세기식 교육을 받은 부모는 신인류 '디지털 네이티브 세대를'를 어떻게 키워야 할지 반드시 고민해야 합니다. 더 이상 할아버지의 재력과 엄마의 정보력, 아빠의 무관심이 아이의 능력을 만들 수 있는 시대라는 생각을 버리셔야 합니다. 진짜 부모의 안목이 필요한 시대입니다. 진짜 부모의 안목이란 엄마 친구의 아들을 보는 것이 아닌 우리 아이가 진짜 좋아하고 잘하는 것이 무엇인지 원하는 것이 무엇인지 발견하고 아이의 탁월성을 최대치로 이끌어 주는 부모입니다. 안목이 없는 부모는 아이가 못하는 부분에만 매달립니다. 못하는 부분에만 매달리는 교육은 아이가 성인이 되어서도 자기 삶에 만족하지 못합니다. 늘 비교 의식 속에서 낮은 자존감으로 자신의 한계를 규정지으며 살아가게 됩니다.

　우리의 아이들은 아직 발휘되지 않는 각자의 탁월성이 내면에 존재합니다. 동물에 비유하자면 오리, 토끼, 다람쥐, 독수리처럼 서로 다른 탁월성을 지닌 아이들입니다. 각자의 탁월성이 무엇인지 부모가 먼저 발견해 주고 어떻게 하면 발휘될 수 있는지에 주목해 주세요. 만약 어른들이 똑같이 평균이라는 잣대를 들이대면서 아이들을 교육하고 평가한다면 우리 아이들도 뱀장어처럼 모든 과목의 평균 점수가 높아야 한다는 시각에서 세상을 바라보게 됩니다. 우리 아이 안에 잠든 거인을 깨워 주세요.

CHATGPT 시대
탁월성 교육

ⓒ 진정용, 2023

초판 1쇄 발행 2023년 12월 8일

지은이   진정용
펴낸이   이기봉
편집   좋은땅 편집팀
펴낸곳   도서출판 좋은땅
주소   서울특별시 마포구 양화로12길 26 지월드빌딩 (서교동 395-7)
전화   02)374-8616~7
팩스   02)374-8614
이메일   gworldbook@naver.com
홈페이지   www.g-world.co.kr

ISBN   979-11-388-2560-3 (03370)